Novas ideias em administração 4

Novas ideias em administração 4

ORGANIZADORES

Paulo Roberto Motta
Roberto Pimenta

FGV | EBAPE EDITORA

Direitos desta edição reservados à
FGV EDITORA
Rua Jornalista Orlando Dantas, 37
22231-010 | Rio de Janeiro, RJ | Brasil
Tels.: 0800-021-7777 | 21-3799-4427
Fax: 21-3799-4430
editora@fgv.br | pedidoseditora@fgv.br
www.fgv.br/editora

Impresso no Brasil | *Printed in Brazil*

1ª edição: 2019

Preparação de originais: Sandra Frank
Editoração eletrônica: Abreu's System
Revisão: Fatima Caroni | Marcia Glenadel Gnanni
Capa: aspecto:design

Ficha catalográfica elaborada pela Biblioteca Mario Henrique Simonsen/FGV

Novas ideias em administração 4 / Paulo Roberto Motta, Roberto Pimenta (Organizadores). – Rio de Janeiro : FGV Editora, 2019.
256 p.

Inclui bibliografia.
ISBN: 978-85-225-2111-1.

1. Administração de empresas. 2. Desenvolvimento institucional. 3. Tecnologia da informação. 4. Marketing de serviços. 5. Ambiente de trabalho. 6. Aprendizagem organizacional. 7. Administração local. I. Motta, Paulo Roberto. II. Pimenta, Roberto da Costa. III. Fundação Getulio Vargas.

CDD – 658.4

Sumário

Prefácio

Em sintonia com os propósitos atuais da FGV EBAPE de divulgar os estudos que aqui se realizam, temos a satisfação de apresentar o quarto livro da série *Novas ideias em administração*. Os três primeiros tiveram boa aceitação e recebemos várias solicitações para a continuidade do projeto iniciado há nove anos.

Trata-se de uma oferta de ideias produzidas por profissionais e acadêmicos e baseadas nas conclusões de suas teses de doutorado. Portanto, os textos não reproduzem diretamente os trabalhos anteriormente realizados. Muitos incluem novas reflexões sobre o tema pesquisado já revelando um avanço intelectual. Por modos diferentes, todos os autores tiveram êxito em produzir análises sobre suas conclusões. Há nos textos uma perspectiva interdisciplinar valiosa construída pelo interesse de uma nova geração de pesquisadores em ampliar as fronteiras do pensamento administrativo.

Mariana Lima Bandeira abre o livro com o capítulo "Vácuo institucional ou institucionalização plural? Uma análise dos discursos presentes no campo da educação superior peruana", no qual discute a dinâmica da mudança institucional a partir de pesquisa realizada no contexto das instituições de ensino superior peruano. A pesquisa constata práticas descentralizadas que atuam como mecanismos microinstitucionais para ajuste das regras institucionais do ambiente às realidades regionais.

Em "A interação entre sistemas de informação e o trabalho no setor bancário no Brasil", Elaine Tavares analisa como os sistemas de informação são reconstruídos por seus usuários, nas práticas do trabalho, e como o trabalho é modificado pela inserção de novos sistemas. A pesquisa indica que a interação entre os sistemas de informação e o trabalho é definida por uma estrutura de conversão recíproca, que se dá pela humanização dos sistemas e pela tecnicização do trabalho.

Eduardo Espíndola Halpern aborda o marketing de serviços em "Apropriação de ambientes físicos de serviços por tribos urbanas: o caso Casa da Matriz", no qual analisa como determinados ambientes físicos de serviços são apropriados por diferentes grupos de indivíduos que os utilizam para construir sua identidade cultural. A pesquisa identifica as abordagens utilizadas para projetar e gerenciar ambientes físicos, bem como as práticas de apropriação adotadas pelas tribos urbanas.

Em "O global e o contextual no aprendizado gerencial de multinacionais: uma perspectiva brasileira", Américo Ramos analisa como aspectos globais e contextuais influenciam o aprendizado gerencial em multinacionais no contexto brasileiro. Os resultados da pesquisa indicam que o aprendizado gerencial da interação entre matriz e subsidiárias de multinacionais está sujeito a dois tipos de forças: a relacionada a práticas organizacionais e globais, e a que insere o aprendizado como prática social influenciada pelo ambiente cultural.

Denise Salles explora a influência do sistema de trabalho confinado nas representações do ambiente organizacional e nos comportamentos sociais, dentro e fora do ambiente de trabalho, no capítulo "Tempo e espaço: as representações do trabalho em regime de confinamento na indústria petrolífera brasileira". Os resultados do estudo indicam a influência dos ambientes de trabalho confinados na formação de crenças e na consolidação de comportamentos específicos, baseados em mecanismos de defesa que visam manter a estabilidade psicológica do trabalhador.

"Autodeterminação local e desenvolvimento: a dinâmica de transformação social, produtiva e econômica no município de São Roque de Minas (MG)", de Rodrigo Gava, analisa a dinâmica social peculiar ao desenvolvimento de um pequeno município mineiro, São Roque de Minas, com base no conceito de autodeterminação local. O estudo explicita a dinâmica da ação social coletiva em condições de estagnação econômica e enfatiza a conjugação de esforços individuais e coletivos sustentados pela identidade local.

Boa leitura!

Flávio Vasconcelos
Diretor da FGV EBAPE

1. Vácuo institucional ou institucionalização plural? Uma análise dos discursos presentes no campo da educação superior peruana*

*Mariana Lima Bandeira***

Resumo

A pesquisa tratou de mudança, de descontinuidade, de reorganização de padrões. A teoria institucional, que por princípio projeta a perenidade das instituições, apresenta a mudança como um processo estrutural, e muitas vezes incremental, de difícil e lenta execução. Este capítulo resgata a face dinâmica da mudança institucional, com o entendimento dos processos de desinstitucionalização e reinstitucionalização como interdependentes e correlatos, que existem pelo movimento interativo e iterativo das organizações. Nessa proposta, não haveria um vácuo, como defendem certos teóricos, mas uma *desordem institucional*, ou uma *ordem* híbrida e plural, em que estariam disputando legitimidade diversas forças institucionais. A pesquisa empírica foi feita por meio de entrevistas a um grupo de docentes de universidades peruanas e processadas pela análise de discurso. Identificaram-se práticas descentralizadas que muitas vezes atuam como mecanismos microinstitucionais para ajuste das regras institucionais do ambiente às realidades de cada região. As experiências posteriores da pesquisadora no Equador reforçam que em

---

* Reconhecimento à Capes pela bolsa de estudos, cujo apoio foi imprescindível para o desenvolvimento da pesquisa.

** Doutora em administração pela FGV EBAPE. Coordenadora do Programa de Doutorado em Administração e professora titular da Universidad Andina Simón Bolivar (Equador). E-mail: <limabandeira.mariana@gmail.com>.

um processo de mudança institucional existe uma desordem institucional, provocada pelos discursos e vozes, o que revela práticas agônicas e momentos de ressignificação dos discursos institucionais vigentes.

Introdução

A descontinuidade é traço marcante da modernidade e do conjunto de valores que regem as relações sociais. Segundo Giddens (1991), esse período é peculiar e nada se lhe assemelha em termos de mudanças. Afirma-se que, até então, a teoria institucional não poderia explicar a mudança nas organizações, uma vez que a lógica de análise desse corpo teórico está pautada na perenidade e homogeneidade das instituições.[1] Ao incluir como nível de análise o campo institucional, os teóricos institucionalistas ampliam a capacidade de explicação da mudança, segundo assinalam Dacin, Goodstein e Scott (2002).

O conceito de campo organizacional foi explorado por DiMaggio e Powell (1983) com o propósito de explicar a homogeneidade organizacional em suas práticas e formas. Para tais autores, um campo organizacional seria o resultado de atividades de diversas organizações e, ainda, da homogeneização dessas organizações – e, consequentemente, dos novos entrantes – no que diz respeito às práticas vigentes. Entende-se que, ao pertencer a um campo, as organizações compartilham uma racionalidade específica que as orienta em sua estrutura e conjunto de valores. Quanto maior o grau de institucionalização e quanto mais o campo for estruturado, maior a dificuldade de adaptação a inovações e menor sua capacidade de mudança. Esta se restringe a manter os padrões de comportamento já institucionalizados, conforme Hasselbladh e Kallinikos (2000) observam.

A noção de campo de Bourdieu (1996) complementa os conceitos aqui tratados, uma vez que este autor enfatiza a dimensão política inerente às relações interpessoais e interorganizacionais, ainda que não negue a natureza estruturalista de seu pensamento.

---

[1] Conforme Hasselbladh e Kallinikos (2000), grande parte das pesquisas fundamentadas na escola institucional buscou entender por que as organizações se assemelham em sua estrutura, ainda que o ambiente seja instável.

Ora, se Selznick (1971) propõe que uma organização se transforma em instituição a partir da infusão de valores e que esse processo se denomina institucionalização, decorreria naturalmente daí que a desinstitucionalização constituiria o inverso: quando a instituição destitui os valores e se torna meramente uma organização. No entanto, essa lógica não implica que os processos de institucionalização e de desinstitucionalização tenham dinâmicas idênticas. Quando uma prática ou atividade organizacional entra em declínio ou sofre uma descontinuidade, é permitido dizer que essa prática está se desinstitucionalizando. O conceito embute a perda gradativa da legitimidade de uma prática, conforme Oliver (1992:564): "Desinstitucionalização se refere à deslegitimação de uma prática ou procedimento instituídos como resultado de desafios organizacionais ou falhas da organização em reproduzir ações tomadas como certas ou legitimadas".

Oliver (1992:58) defende que há um colapso resultante dessa "deterioração gradual da aceitação e uso das práticas institucionalizadas". A esse colapso, ela associa a noção de vácuo institucional, uma vez que a desinstitucionalização provocaria uma vulnerabilidade organizacional de modo que haveria um momento de vazio institucional até que tenham sido redefinidas as novas instituições.

A ausência total de regras que constitui a ideia de vácuo institucional, contudo, não parece estar coerente com a dinâmica da desinstitucionalização. Alguns autores sugerem que a desinstitucionalização levaria inevitavelmente a uma reinstitucionalização,[2] cujo conceito traduz uma reformulação ou redefinição das novas concepções do que seria legítimo e referência de ação para as organizações (Jepperson, 1991; Machado-da-Silva e Fonseca, 1993; Fonseca, 2003).

Institucionalização e desinstitucionalização seriam, então, conceitos correlatos, estreitamente vinculados um ao outro e caminhariam juntos na prática sócio-organizacional. Assim, pensados de forma simultânea, poderiam orientar a mudança institucional. Nesse processo, entretanto, não haveria um vácuo, mas uma *desordem institucional*, ou uma *ordem* híbrida e plural, em

---

[2] O conceito de reinstitucionalização é usado no sentido de Oliver (1992:58): "redefinição e posterior relegitimação de novas concepções e operações, o que caracteriza um processo de 're-institucionalização'".

que estariam disputando legitimidade diversas forças institucionais. Essa é a pesquisa defendida neste capítulo.

Nesta pesquisa, a desinstitucionalização não aparece descolada da (re)institucionalização: correm concomitantes e se permeiam, por vezes se confundem. Uma não se define como o inverso da outra, mas a partir da outra. Apresentam, *de per se*, dinâmicas específicas, capazes de conduzir à mudança institucional.[3] Os processos de desinstitucionalização e reinstitucionalização indicam que uma – ou mais – nova ordem surge no campo e sua legitimidade vai sendo construída à medida que os atores do campo a reconhecem como válida e projetam essa legitimidade nos seus discursos.

Spink (2000) complementa que a linguagem, como prática social, atua como mediadora da construção da realidade, refletindo os discursos compartilhados e legitimados dos grupos sociais. Nessa linha, a linguagem, segundo Berger e Luckmann (1976), consiste num sistema de "sinais vocais", responsável por expressar direta e claramente a subjetividade humana, ainda que nem sempre seja bem-sucedida em seu intento. A linguagem é um sistema capaz de construir símbolos e, por meio da troca social, traz a possibilidade de reavaliar e reconstruir esses símbolos.

O conceito de *práticas discursivas* de Spink (2000), construído com base no conceito de formação discursiva de Foucault (1996, 1999), se refere aos momentos de ressignificações, de rupturas, de produção de sentidos, remetendo aos momentos de uso da linguagem num contexto social. Práticas discursivas seriam, nesse entender, a linguagem em ação. Consistem nas "diferentes maneiras em que as pessoas, através dos discursos, ativamente produzem realidades psicológicas e sociais" (Pinheiro, 2000:186), "produzem sentidos e se posicionam em relações sociais cotidianas" (Spink, 2000:45).

Este capítulo se propôs a investigar se esta pesquisa pode ser verificada, ou não, dentro de um contexto específico. Para tanto, elegeu-se o campo da educação superior como objeto de estudo, em razão de sua forte característica

---

[3] O termo "mudança institucional" é usado nesta pesquisa como o conjunto de transformações que ocorrem nas instituições de um mesmo campo organizacional. Uma vez modificadas as práticas e seus correspondentes significados – caracterizando a instituição – para determinado grupo de organizações, entende-se a mudança institucional. O campo organizacional, por sua vez, refere-se ao conjunto das relações entre atores relevantes a determinada organização, refletindo também os significados compartilhados nessas relações (Vieira, Carvalho e Lopes, 1999).

institucional, comprovada por estudos anteriores (Scott e Meyer, 1991; Oliver, 1992). Ademais, a educação superior vem passando por diversas transformações em toda a América Latina ao longo de sua história (Aguirre, 1973; Gazzola e Didriksson, 2008), potencializadas, possivelmente, pelas mudanças sociais e pelas políticas públicas que afetam direta ou indiretamente as instituições de ensino no que tange à sua estrutura, valores e estratégias organizacionais: ênfase na pesquisa acadêmica, no vínculo da universidade com a sociedade, fomento de politicas de inclusão, interculturalidade e ação afirmativa, foco na qualidade da educação superior, aperfeiçoamento docente etc.

Conforme Carnoy e Castro (1997), vários países da região da América Latina e do Caribe iniciaram reformas educacionais na década de 1980. O Peru, motivado a analisar seu sistema de ensino superior, uniu-se ao bloco desses países e, atualmente, vem passando por uma série de discussões que foram formalizadas em uma proposta de reforma. Além disso, desde 2004 é considerado um país em processo de mudança institucional, no que diz respeito à descentralização política e administrativa, à regulamentação do ensino superior (Ley General de Educación nº 28.044 de 28/7/2003 e projeto de lei que cria e regula o Consejo Nacional de Evaluación, Acreditación y Certificación de la Calidad de la Educación Superior (Coneaces), Ley nº 29.394/2009, de Institutos y Escuelas de Educacion Superior, entre outros projetos posteriores, e recentemente a nova Ley Universitaria, de 2014) e práticas de suas universidades (Vereau e Tafur, 2004), razões pelas quais foi escolhido como *locus* para esta pesquisa. Os atores envolvidos nesse processo de mudança reproduzem discursos percebidos como legítimos e a pesquisa aqui proposta buscou identificar quais discursos estão constituindo a ordem institucional vigente nessa "transformação institucional".[4]

Com base nesses antecedentes, o campo escolhido parece se ajustar aos propósitos da pesquisa, por ser tradicionalmente institucionalizado e supostamente estar se desinstitucionalizando e reorganizando suas instituições

[4] Esta pesquisa foi desenvolvida em 2003, quando começava o processo de mudança no campo. Atualmente, observa-se uma forte acentuação do interesse no questionamento e na regulação da qualidade da educação superior. A partir de minha experiência pessoal no Equador, que vem passando por esse tipo de mudança desde 2008, me atrevo a afirmar que, a partir de agora, as universidades peruanas passarão por um momento de transição cujas características serão similares ao que defendemos nesta pesquisa: um ambiente institucional plural.

de forma diferenciada do *status quo*. Dessa maneira, supõe-se sustentar as preocupações teóricas e práticas apresentadas nesta pesquisa, traduzidas na seguinte pergunta condutora da pesquisa empírica: *Que práticas discursivas constroem as instituições presentes nas organizações de ensino superior peruano?*

Consequentemente, o objetivo central desta pesquisa consistiu em identificar que discursos estão construindo as instituições vigentes nas organizações de ensino superior peruanas, por meio das interpretações e intertextualidades dos docentes. Nesse sentido, estão presentes nessa troca a forma, a dinâmica e os repertórios interpretativos, o que significa dizer que foram consideradas as práticas discursivas[5] contextualizadas. Os discursos presentes permitiram verificar a pesquisa de que existe uma desordem num processo de mudança institucional no contexto peruano, partindo-se das premissas de que os processos de desinstitucionalização e reinstitucionalização correm concomitantes e que a realidade institucional é cognitiva e socialmente construída.

Referencial teórico

O corpo teórico usado como referência se fundamenta na escola institucional, enfatizando a mudança institucional. Este capítulo apresenta um recorte do trabalho original, com o objetivo de resgatar os principais conceitos utilizados na análise dos dados. São evidenciados os conceitos de desinstitucionalização e vácuo institucional, a descrição de mudança tratada de maneira mais dinâmica, identificando o papel da construção e reconstrução dos discursos que validam as práticas organizacionais.

Sobre a mudança institucional

A teoria institucional possui uma natureza primordialmente sociológica, e muitos conceitos usados na análise organizacional, consequentemente, receberam essa influência como legado. Instituição e institucionalização são exemplos claros desse fato.

---

[5] Cabe ressaltar, entretanto, que discurso, formação discursiva e prática discursiva serão usados como sinônimos a partir de agora.

Estes são dois construtos entrelaçados, um interferindo no outro. Enquanto o primeiro remete à ideia de um estado ou resultado, o outro consiste em uma dinâmica ou um processo.

Russo (2001) trata instituições exclusivamente pelo enfoque normativo e regulatório, em que regras formais e informais existem para prescrever e regular o comportamento social. Johnson (1973) complementa que algumas regras são mais importantes do que outras para viabilizar as interações sociais e que normas que operam em um grupo podem não funcionar em outro.

Numa sociedade ou grupo social tido como institucionalizado, as instituições adquirem o *status* de incontestáveis, o que lhes dá poder suficiente para controlar o comportamento sem necessidade de usar mecanismos explícitos de coerção ou convencimento. Uma vez institucionalizadas, as instituições são reproduzidas e reforçadas por seus atores, que automaticamente as percebem e reconhecem como válidas e legítimas. A troca social, nesse sentido, sustenta as instituições, uma vez que os indivíduos necessitam da aceitação do grupo. Os discursos tendem a ser mais uniformes num grupo fortemente institucionalizado. E é nesse sentido de Zilber (2002) que a instituição é usada nesta pesquisa.

Essa perspectiva sustenta como a mudança institucional tem sido tratada tradicionalmente: a partir de alterações na estrutura, o que leva a uma visão estática de mudança. Por meio de três mecanismos, as organizações mudam sua estrutura[6] para se igualar às que tomam como referência ou modelo. A esses mecanismos DiMaggio e Powell (1983) denominaram processos isomórficos, salientando que *isomorfismo* capta melhor o significado do processo de homogeneização das organizações em um campo organizacional. Como indicam, Hawley conceituou o isomorfismo como um processo de constrangimento, em que uma unidade populacional é forçada a se assemelhar a outras unidades que enfrentam condições ambientais comuns. Adaptando essa ideia ao nível organizacional, DiMaggio e Powell (1983) identificaram três processos isomórficos, a saber: coercitivo, mimético e normativo.

Os processos isomórficos podem atuar em conjunto, e muitas mudanças tendem a ser decorrentes das imposições, declaradas ou não, oriundas dessas pressões institucionais. Ao priorizar a legitimidade em detrimento de competências próprias, as organizações elegem a opção de pertencer ao campo

[6] Nota-se que estrutura não se refere apenas à parte física, mas também a características axiológicas.

como mais importante do que adquirir eficiência. Powell e DiMaggio (1991) sistematizaram as possibilidades de ocorrência de mudança isomórfica a partir de algumas reflexões sobre as origens das pressões institucionais.

Em que pesem a existência e a importância dos processos isomórficos, Hatch (1997) observa que nem todos os ambientes se tornam institucionalizados, e esse fato não pode ser relacionado meramente a uma questão de racionalidade.

Para North (1994),[7] a mudança institucional é tão somente um processo incremental, por ser consequência de escolhas diárias, mesmo que tais decisões envolvam alteração nos contratos entre indivíduo e organização. Muitas vezes, esse "recontrato" pode ser sustentado pela estrutura institucional existente, mas outras vezes há necessidade de novas formas institucionais. E nesse sentido é levada a cabo a mudança.

Quando as instituições promulgadas não apresentam uma interpretação comum e consensual entre os atores executores, a evolução institucional se transforma em uma rede de interpretações que podem incorrer em conflitos desagregadores. Outra consequência possível, segundo Lindner e Rittberger (2003), consiste em que os atores podem ser vagos sobre aplicações práticas. Isso não quer dizer que tais instituições estejam livres de contestação.

Os processos de mudança geralmente são lentos porque dependem da capacidade de assimilação dos indivíduos, sendo esta imprevisível de ser mensurada. Cada grupo possui um ritmo de assimilação de valores que não pode ser determinado precisamente. Mas, uma vez modificados os valores e espaços de significação – representação social –, acredita-se que as mudanças podem deixar de ser incrementais apenas. E, nessa dinâmica, outros espaços institucionais vão sendo construídos, num mesmo campo organizacional.

Conforme Silva (1997), as mudanças podem ocorrer também à medida que as resistências vão sendo institucionalizadas. Dessa forma, a institucionalização é o veículo de disseminação desses processos, seja na mesma direção do pensamento vigente, seja na direção oposta, seja em qualquer outra direção. Pode mesmo servir para implementação de transformações do *status quo*.

---

[7] Oriundo da economia, North (1994) usa seu conceito de instituição em sua pesquisa que ganhou o prêmio Nobel em 1993: afirma que as crenças de indivíduos, grupos e sociedades, determinantes de suas escolhas, são consequência direta da aprendizagem ao longo do tempo.

A dinâmica anterior faz crer que a desinstitucionalização e (re)institucionalização são características da natureza das relações sociais, em que os valores vão adquirindo novos significados conforme as trocas interpessoais e interorganizacionais acontecem. Um pressuposto subjacente a esse entendimento diz respeito a lidar com a realidade como sendo construída por meio das interações sociais, conforme Berger e Luckmann (1976) defendem. Nesse sentido, pressupõe-se importante entender essa dimensão da desinstitucionalização/(re)institucionalização como elemento central da dinâmica organizacional e, claro, como parte do processo de interação social.

O processo de institucionalização

Scott (1987) apresenta a institucionalização como um processo de adaptação a valores que são infundidos pela interação social. O autor atenta para o fato de que a proposta de Selznick (1957) contém a ideia de permanência da organização ao longo do tempo. Após a institucionalização dos valores, as práticas organizacionais assumem um sentido maior que os interesses utilitários, imprimindo uma diferenciação na organização.

Um segundo significado da institucionalização está baseado no trabalho de Berger e Luckmann (1976), em que a premissa central é a realidade social sendo uma contínua construção do homem. A ordem social seria resultado não só da ação individual, mas da interpretação conjunta e compartilhada dessa ação.

A institucionalização é definida, conforme essa visão, como um processo de repetição de ações cujos significados sejam semelhantes perante um grupo de atores sociais. Evidencia-se que essa produção vai depender do grupo que se está considerando, uma vez que cada um possui pressupostos específicos. Assim, a história do grupo faz parte dessa construção social.

A institucionalização apresenta três momentos, segundo Berger e Luckmann (1976): a externalização, a objetivação e a internalização. A primeira fase se refere a uma ação que é externalizada pelo grupo, ou seja, é produzida por ele. Na interação, estão subentendidas expectativas, obrigações, projeções de resultados, interesses. A objetivação diz respeito à interpretação dessa ação como externa à realidade individual: é quando os atores se dão conta de que a ação não pertence apenas ao universo do indivíduo, mas ao grupo.

A última fase do processo de institucionalização ocorre quando a realidade objetificada é incorporada pelo grupo, passando a fazer parte das estruturas de significação.

Para Berger e Luckmann (1976), graças ao hábito não há necessidade de redefinições dos significados na ação social. Estes já estão embutidos na ação habitual, construída num processo histórico de significações. No entanto, se focarmos apenas o hábito, o conceito parece estar congelado. Rituais e rotinas sem significados não podem receber o nome de instituição. A instituição está atravessada por sentidos e significados para o grupo que a constitui.

Como se observa, é um fluxo contínuo, que não ocorre em mão única. Cabe ressaltar que as trocas sociais não ocorrem de maneira previsível, determinística e contínua. Observa-se, durante a interação social, uma série de "idas e vindas" na interpretação, ainda que não totalmente conscientes, em que os atores avaliam e reavaliam a validade das instituições. Essas revisões atuam como um processo iterativo,[8] em que as repetições não são ordenadas ou lineares, mas se apresentam aleatoriamente e sem previsibilidade. Nesse contexto instável, o *status quo* pode ser modificado e instituições serem questionadas e fragilizadas.

Reflexões sobre a desinstitucionalização

Ao abordar a desinstitucionalização e a consequente, talvez simultânea, reinstitucionalização, levanta-se aqui a possibilidade de estudar a mudança organizacional tentando entender como as pressões institucionais podem influenciar a mudança institucional, especificamente sua influência na desinstitucionalização e na (re)institucionalização de outras práticas.

Scott (apud Dacin, Goodstein e Scott, 2002:46) define esse conceito como "processo pelo qual as instituições enfraquecem e desaparecem". Para Oliver (1992), é o processo de perda de legitimidade que se reflete na descontinuidade de uma prática estabelecida. A reinstitucionalização, defende-se aqui, seria o processo como outras instituições se sobrepõem às instituições enfraquecidas ou em processo de enfraquecimento.

---

[8] O conceito de iteração está em Molina (2001).

Oliver (1992) identificou três fontes de pressão nas normas institucionalizadas: a funcional, a política e a social. Este autor chamou essas pressões de antecedentes da desinstitucionalização e partiu do princípio de que alguns fatores intraorganizacionais e interorganizacionais podiam ser considerados determinantes críticos de um processo de desinstitucionalização. Defende a pesquisa de que a entropia e pressões inerciais são propostas como inerentes à organização e são processos de competição que moderam o grau da desinstitucionalização: a entropia organizacional tende a acelerar a desinstitucionalização, ao passo que a inércia tende a impedi-la. Essas pressões determinam a probabilidade de dissipação ou rejeição de uma prática organizacional institucionalizada. O quadro 1 sintetiza alguns exemplos dos três tipos de pressão: funcional, política e social.

Quadro 1
Antecedentes de desinstitucionalização

Nível de análise	Pressões políticas	Pressões funcionais	Pressões sociais
Organização	Crise no desempenho	Mudança na utilidade econômica	Aumento na fragmentação social
	Interesses internos conflitantes	Aumento da especificidade técnica	Redução da continuidade histórica
	Aumento de pressão para inovação	Aumento da competição por recursos	Mudança nas regras e valores institucionais
Ambiente	Mudança na dependência externa	Surgimento de eventos e dados	Aumento da desagregação estrutural

Fonte: Oliver (1992:567).

Com relação à dimensão política, problemas de desempenho organizacional ou situações de crise podem criar uma falta de consenso político interno e levar a questionamentos sobre a legitimidade de uma prática organizacional. Há um rompimento da credibilidade da prática, ou seja, o que foi antes bem-sucedido pode não funcionar mais. Quanto aos eventos externos, para que tenham o mesmo efeito de pressão sobre uma prática institucionalizada, eles têm de ser associados aos eventos internos (piora do desempenho) e à percepção das pessoas e ao significado que atribuem a essa relação. Assim, uma crise de desempenho e de conflito interorganizacional pode extrapolar a desinstitucionalização para as relações de dependência entre organizações no mesmo campo ou setor institucional.

Por essa perspectiva, caso se deseje uma mudança, as organizações poderiam desencadear um dissenso político para romper a unanimidade de acordo entre os membros sobre um valor ou uma prática específica. Tal conflito, no entanto, não emergiria fora de situação de crise. Em algumas circunstâncias, o dissenso aparece quando certos *stakeholders* com grande poder ou visibilidade não possuem qualquer interesse em sustentar alguma prática organizacional ou percebem essa prática como conflitiva com outros interesses, agendas ou crenças.

A desinstitucionalização consistiria, ainda, em uma resposta política às disputas e distribuições de poder. Além da discordância política, são também exemplos de fatores de desinstitucionalização: sucessão, mudança nos padrões de dependência entre as organizações de um campo, crescimento numa situação crítica, representação de membros que se opõem ao *status quo* – contracultura – ou uma reação de proteção para o que é percebido pela organização como uma ameaça iminente, falência ou obsolescência. Desinstitucionalização, nessas condições, significaria um esforço político da organização em proteger seus próprios interesses e para acomodar ou resolver conflitos políticos que rodeiam o valor ou a legitimidade de uma prática organizacional institucionalizada.

As pressões funcionais, por sua vez, estão vinculadas à mudança na utilidade técnica ou instrumentalidade percebida no que se refere às práticas organizacionais. A título de ilustração, pode haver desinstitucionalização quando critérios sociais e econômicos do sucesso organizacional começam a conflitar significantemente com outras experiências organizacionais.

Pressões sociais para mudança geralmente desinstitucionalizam atividades estabelecidas na ausência do reconhecimento consciente da organização ou controle dessas mudanças. Primeiro, a fragmentação social e descontinuidades históricas são causas de desinstitucionalização. Esses preditores incluem alta rotatividade, sucessão, aumento na diversidade da força de trabalho, enfraquecimento nos mecanismos de socialização e mudança cultural nas relações interorganizacionais, como resultado de uma alteração na estrutura e padrão de interação entre organizações, por exemplo, *joint ventures*, fusão etc.

Em suma, a pressão funcional emerge de problemas práticos, especialmente focados em níveis de desempenho. As pressões políticas resultam de mudanças nos interesses e nas distribuições de poder que suportam e legitimam os arranjos institucionais. Pressões sociais dizem respeito às crenças e práticas sociais que divergem num grupo.

Para Johnson (1973), nenhum sistema social possui perfeita conformidade às normas, ainda que algumas dessas instituições estejam bem ajustadas. No entanto, o autor salienta que o funcionamento do sistema está diretamente ligado ao conhecimento dessas instituições e sua aceitação. A desinstitucionalização ocorreria quando uma prática se "atrofia" pelo uso, enfraquecimento ou cai na indiferença, quando surge alguma ferramenta, método ou prática mais eficiente ou quando surge a paixão pelo novo, e quando há a perda repentina de credibilidade e confiança, ou seja, uma súbita decepção. A conjugação desses fatores poderia levar à reinstitucionalização de uma nova prática.

North (1994) afirma que a institucionalização de novas regras, isto é, a reinstitucionalização, depende da necessidade percebida e reconhecida de mudança nas interações sociais. Os fatores que desencadeiam as mudanças podem ser exógenos, mas a fonte de mudança mais forte e essencial é o aprendizado dos indivíduos que trabalham e são membros das organizações. A abordagem de North (1994) é cognitiva e social. Para ele, as mudanças ocorrem porque indivíduos percebem que podem fazer melhor pela reestruturação das trocas e porque "aprendem ao longo do tempo".

Nessa perspectiva, a reinstitucionalização, mais do que a institucionalização, seria então um processo de aprendizagem. Novas instituições apareceriam como frutos desse processo. A institucionalização, desinstitucionalização ou reinstitucionalização serviria para melhorar as trocas sociais quando já não estiverem mais servindo aos interesses do grupo. Esses processos institucionais estariam diretamente ligados à percepção da necessidade de mudança nas interações sociais e à consequente aprendizagem quanto à busca dessa necessidade.

Qualquer que seja o tipo de pressão para desinstitucionalização e reinstitucionalização, a partir da desinstitucionalização total da prática não haveria outra prática institucionalizada, acarretando um vazio institucional.

A mudança e o vácuo institucional

A discussão sobre a mudança institucional aponta para os complexos caminhos em que novas formas institucionais interagem com os arranjos institucionais existentes para criar "novas" estruturas e processos variados. O reordenamento implica uma desinstitucionalização e consequente reinstitucionalização e, segundo Oliver (1992), haveria como resultante o vácuo institucional. O vácuo institucional se vincula à ideia de ausência total de regras, como um vazio em que os elementos do campo ficariam perdidos, sem orientação alguma.

Uma ausência de regras, para Durkheim, possui diferente conotação. Durkheim (apud Quintaneiro, Barbosa e Oliveira, 2001:37-38), ao estudar o suicídio, analisou variáveis e condições sociais que estimulariam ou deteriam o ato, negando que seria uma decisão pura e exclusivamente individual:

> A maior coesão e vitalidade das instituições às quais o indivíduo está ligado, a intensidade com que se manifesta a solidariedade em seu grupo religioso, a solidez dos laços que o unem à sua família, a força dos sentimentos que o vinculam à sociedade política contribuem para preservá-lo de cometer um ato dessa natureza.

Transportando o conceito de anomia de Émile Durkheim para nossa análise, o estado de anomia numa sociedade ocorreria quando as relações entre grupos e órgãos não estivessem regulamentadas ou os órgãos sociais não mantivessem contato suficiente entre eles. Em consequência, a interdependência se amorteceria, as relações seriam mais precárias e as regras, vagas. O conceito mais genérico está associado a essa ausência de regras, que levaria à anarquia. De acordo com a *Enciclopédia Digital Master*, o termo "anomia" é originário do grego, significando "sem normas". A implicação direta consiste em uma situação em que as ações dos indivíduos não estariam mais dirigidas por normas claras e compartilhadas.

A necessidade de um padrão que forneça uma linha condutora é condição *sine qua non* de ordem, dentro de uma visão positivista e moderna. Conforme explica Morrish (2001), a visão marxista da estrutura social da sociedade fornece um padrão para o trabalho, para o comportamento e para o estilo de vida das pessoas. Se esse padrão se fragiliza ou é contestado, na visão durkheimiana, emerge o caos, a desordem.

Em uma situação de crise, a sociedade se torna temporariamente incapacitada de exercer o poder moral de orientar as ações de seus membros. A própria coesão social se vê ameaçada e Durkheim vai mais adiante, afirmando que o mundo moderno se caracteriza por uma redução da eficácia de determinadas instituições (Quintaneiro, Barbosa e Oliveira, 2001).

No entanto, conforme explica Cabral (2003), essas transições são naturais e esperadas, fazem parte do curso da humanidade. Durkheim argumentava que uma das tarefas dos sociólogos era estudar os *determinantes* sociais do comportamento - *deveres*, *leis*, e *costumes* - que unem e mantêm as pessoas em sociedade. Para ele, havia duas sociedades: a tradicional, regida pela solidariedade mecânica (instrumental e que não reconhece o homem como consciente de suas escolhas), e a sociedade industrial, orientada pela consciência coletiva, que se baseava em um sistema consciente e compartilhado de valores, normas e crenças. O sistema de divisão de trabalho e diferenciação funcional implicava, consequentemente, uma interdependência das partes. E Durkheim preconiza que o estado de anomia surgiria no processo de transição das sociedades tradicionais para as industriais.

Como se pode perceber, Durkheim se referia a instituições sociais numa visão funcionalista e positivista, enfatizando as dimensões macro e sociológica, como não podia deixar de ser, dadas suas origens. Além disso, a relação era tratada unilateralmente, como se as regras fossem impostas e os indivíduos não pudessem refletir sobre elas. Apenas fatores externos poderiam modificar ou fragilizar essas regras, cuja premissa defende uma realidade dada.

Em que pesem essas observações, o conceito de anomia serve a esta pesquisa para ampliar a visão da simples ausência de regras. A desordem não precisa ser necessariamente vista em seu lado negativo, pois poderia implicar um ressurgimento de uma nova ordem. É necessária a renovação de instituições para reconstruir e melhorar as relações sociais, e, para tanto, o questionamento das instituições antigas e a desinstitucionalização são inevitáveis. Ao questionar, ou seja, ao fazer jus ao uso agônico da razão, os indivíduos passam a pensar e refletir com outros esquemas interpretativos, já demonstrando que uma nova ordem está se formando. Nesse sentido, entende-se que a presença de outros discursos paralelos aos discursos formais institucionalizados indicaria essa desordem, mas não um vácuo institucional.

Metodologia

Dentro dos pressupostos assumidos, assinalou-se como opção metodológica a estratégia qualitativa, sustentando-se nos seguintes critérios:

- O foco da pesquisa se deu no campo como fonte de dados, e o pesquisador é considerado instrumento-chave na coleta e interpretação de dados. Em consequência, a subjetividade do pesquisador pode também interferir na leitura dos resultados, uma vez que a intersubjetividade se faz inevitável no processo de interpretação.
- Esse fato leva a que resultados são construções inacabadas, e não um produto final. Não é possível fazer generalizações, e sim aprofundar dimensões do objeto de estudo.
- Esta pesquisa usou múltiplas formas de coletar dados, e a análise deles seguiu critérios da técnica de análise do discurso. Buscou-se ser o mais possível fiel aos relatos dos participantes, mesmo estando-se consciente da intersubjetividade inevitável.
- O fenômeno estudado foi problematizado com fundamentação na própria teoria e numa realidade que tem se modificado e assumido outra configuração. Nesse sentido, considerou-se essa realidade um horizonte inexplorado por estar em fase de transição.

A coleta de dados se desenvolveu em três etapas, não sequenciais e muitas vezes simultâneas. As pesquisas bibliográfica e documental foram conduzidas durante o período de maio a dezembro de 2004. No entanto, a consulta ao material e às demais fontes aconteceu até março de 2005 e foi atualizada até 2014. A pesquisa de campo foi conduzida de novembro de 2004 a janeiro de 2005, por meio das entrevistas semiestruturadas com docentes[9] de IES peruanas.[10] O tratamento dos dados foi feito com base na análise do discurso.

---

[9] Segundo Spink (1995), a coleta de dados em pesquisa qualitativa exige longas entrevistas semiestruturadas acopladas a levantamentos paralelos sobre o contexto social e conteúdos históricos constitutivos dos sujeitos sociais. Em face do exposto, estabelecida a caracterização de cada população, foram selecionados 30 docentes e gestores representativos das principais universidades peruanas. Situados no mesmo contexto cultural, social, político e econômico, compartem o mesmo universo de significações, especialmente no que tange aos movimentos de mudança no ensino superior. Apenas 17 puderam participar da pesquisa empírica.

[10] Participaram as seguintes universidades, privadas e públicas (nacionais) peruanas, por sua relevância e tradição dentro do contexto de educação superior no país: Universidad Nacional Mayor de San Marcos; Universidad Nacional San Cristóbal de Huamanga; Universidad Católica de Perú; Universidad Nacional San Agustín de Arequipa; Universidad Nacional de Cajamarca; Universidad Nacional de Piura; Universidad Católica de Santa Maria; Universidad Particular Inca Garcilaso de La Vega; Universidad Nacional Pedro Ruiz Gallo.

Os elementos constituintes do campo são as unidades de observação, pois os dados foram coletados a partir dos atores selecionados.[11] A esses atores dá-se o nome de agentes de legitimação do campo, uma vez que seus valores, crenças, referências e práticas expressam a conformidade ou não com as instituições do campo.

Objeto de estudo

Configuração atual da educação superior peruana

Além de carregar os discursos textuais presentes na literatura sobre a especificidade peruana, a evolução histórica mostra as interdiscursividades, ou seja, os discursos constituintes do cenário latino-americano que influenciaram a realidade estudada. Assim, foi possível perceber o quão articulado estão os sistemas educacionais na América Latina, por meio dos seus discursos, ainda que em um país se observe certo avanço ou atraso no que se refere a políticas públicas e práticas organizacionais.

O trabalho original descrevia a evolução histórica da educação superior peruana e seus movimentos de institucionalização. Dessa exploração se podia observar uma história que foi se consolidando, a partir de suas práticas sociais, como um campo institucionalizado. É possível afirmar que a universidade peruana teve, durante as etapas analisadas, alguns momentos de efetiva vida institucional e acadêmica, mesmo sendo bastante efêmeros e que estiveram às voltas com movimentos políticos que aconteciam na sociedade desse tempo.

Durante os últimos dois anos, estudos realizados pela Unesco sobre a educação superior na América Latina tornaram público que, na maioria dos países, foram implantados sistemas de avaliação e "acreditação" da

---

[11] O campo implica necessariamente um conjunto de agentes que detêm recursos de poder que extrapolam a dimensão econômica para outras esferas de influência. Baseados em Leca e Demil (apud Vieira e Carvalho, 2003), neste estudo assumiu-se escolher apenas um dos atores do campo, qual seja, o conjunto de docentes representativos das universidades peruanas, com vistas a viabilizar a investigação. No entanto, crê-se importante sinalizar que o campo é formado por outros elementos que se interconectam e se influenciam mutuamente no que se refere à educação superior e às suas problemáticas atuais.

educação superior como meio para promover a melhoria da qualidade de ensino, alguns obrigatórios e outros não. Discursos sobre qualidade, inclusão, interculturalidade, acreditação já vêm sendo institucionalizados em toda a região, e algumas propostas de reforma vêm sendo discutidas e outras implementadas.

As reformas educativas advêm de questionamentos internos e externos sobre diversos elementos e, principalmente, perpassam pela adequação da estrutura e prática organizacional ao contexto político, social e econômico de cada momento. Por ser uma instituição sólida e plural, a universidade é um *locus* de contradições e tensões, conforme Aguirre (1973:15-16):

> Estas contradições e tensões não só se produzem em seu interior, como também em suas inter-relações com o mundo exterior, a sociedade de que forma parte e na qual se insere, o todo nacional e internacional, fato pelo qual se diz que a universidade é uma caixa de ressonância que reproduz e registra em seu microcosmo a vida inteira do macrocosmo.

Conforme se observa nos discursos vigentes, o Peru, nos últimos 30 anos, vem experimentando uma série de mudanças acompanhadas de transformações nas políticas sociais e que afetam particularmente as relações entre Estado e sociedade na economia.

Uma das mudanças mais importantes tem sido a descentralização do Estado, que se apresenta como um dos mecanismos mais interessantes para iniciar e potenciar uma relação diferente entre o Estado e a modernização da estrutura institucional. Nesse marco, os temas especialmente importantes são os vinculados com as políticas sociais: saúde, educação, emprego e previdência social. A educação universitária tem buscado ajustar-se às novas demandas e desafios para responder melhor às exigências dos tempos atuais.

No Peru, apesar de a Ley General de Educación nº 28.044, de julho de 2003, especificar que as instituições de ensino superior, públicas e privadas, serão regulamentadas por lei específica, ainda não havia sido elaborado e aprovado, em 2005, tal marco legal. A regulamentação formal se sustenta no conteúdo da Ley nº 28.044, que estabelece autonomia universitária e em algumas medidas provisórias, uma das quais autorizou a criação e funcionamento de universidades privadas em todo o Peru. A universidade peruana vem atuando, assim, de acordo com normas institucionalizadas pela tradição e história, mais do que a partir de um marco formal. Na época desta pesquisa, havia tentativas de regulamentação, muitas que tramitavam no Congresso para aprovação e que refletiam alguns discursos presentes no cenário de então.

Quanto à questão da qualidade do ensino superior, a Asamblea Nacional de Rectores (ANR) estava às voltas com o tema desde a década de 19, mas apenas no final dos anos 1990 ele foi incluído efetivamente na agenda. Acreditava-se que o primeiro passo para a qualidade viria por meio da "acreditação universitária", conforme entrevista feita em 2000 com o dr. César Paredes, vice-presidente da ANR à época, e publicada na *Nexus Universitas*. Na visão do entrevistado, a "acreditação" deveria se constituir por critérios e parâmetros diferenciados, já que cada universidade é diferente e, ainda, há diferenças significativas entre as regiões do país. No entanto, havia que reconhecer que não seria possível estabelecer uma comparação entre as universidades, se os critérios fossem diferenciados.

De acordo com a Ley General de Educación nº 28.044, art. 14, o Estado peruano garantia o funcionamento de um Sistema Nacional de Evaluación, Acreditación y Certificación de la Calidad Educativa (Seneac), abrangendo todo o território nacional e de acordo com as especificidades de cada região do país. O Seneac, por sua vez, pretendia garantir a qualidade e melhoramento contínuo das universidades públicas e privadas, produzir permanentemente informação relevante e atualizada sobre as instituições de ensino e, ainda, promover a articulação entre as etapas do sistema educativo peruano.

Em seu art. 15, a Ley General de Educación nº 28.044 indica o Consejo Nacional de Evaluación, Acreditación y Certificación de la Educación Superior (Coneaces) como o responsável direto pela "acreditação" e qualidade das instituições de ensino superior. Este é um órgão autônomo, funcional administrativa e economicamente, desde que esteja de acordo com os interesses do Estado expressos na Lei Geral de Educação peruana. Teoricamente, é responsável pela regulamentação e avaliação da qualidade, pela "acreditação" com subsequente emissão de certificado, pela difusão das informações para a sociedade e coordenação com outros órgãos igualmente responsáveis pela qualidade do sistema de ensino superior.

Em que pese a existência do Coneaces, pouca legitimidade e força política pareciam ter, perante as instituições, docentes, discentes e sociedade de forma geral. A divulgação é feita de maneira frágil e as informações não chegam ou não têm valor institucional. Pelo teor das entrevistas, alguns docentes pouco ou nada conhecem a respeito.

Até 2005, o Peru possuía somente uma experiência oficial isolada em termos de "acreditação", que é a Comisión de Acreditación de Facultades de Medicina (CAFME). Essa comissão foi criada em julho de 1999 pela Ley nº 27.154 como ente público responsável por avaliar e acreditar as faculdades de medicina do país. O processo foi obrigatório e, além dos resultados produzidos para as próprias faculdades de medicina, também semeou a ideia no universo acadêmico. Em 2001, conseguiram aprovar os parâmetros e critérios de acreditação, e em 2004 já haviam entrado em vigência os processos. Informações recentes indicam que apenas 14 universidades peruanas foram acreditadas e nove carreiras receberam esse reconhecimento.[12]

Segundo a Unesco, as instituições de ensino superior atenderam, em 1995, 82 milhões de estudantes em nível mundial, o que realmente é um aumento espetacular: no ano de 1960 o total de matrículas chegava a 13 milhões, em 1970 era 28 milhões e em 1980 alcançou 51 milhões. Em estudos recentes (Gazzola e Didriksson, 2008), o Peru era responsável por 6% das matrículas em educação superior na América Latina, sendo que entre 50% e 75% dos matriculados estavam vinculados a instituições públicas de educação superior.

Na época da pesquisa, o Peru contava com 66 universidades, 28 nacionais (públicas) e 38 privadas. Desse total, 12 estavam ainda num processo de organização. A evolução no ensino médio não acompanha a tendência do ensino superior, como evidenciam os indicadores. Em 2008, haviam sido criadas sete universidades privadas, totalizando 73 instituições de educação superior.

A autonomia universitária, a falta de uma lei que regulamente a educação superior e a medida legal que permite a criação de universidades provavelmente favoreceram esse incremento no número de IES e a falta de legitimidade dos sistemas regulatórios.

Em 2009, finalmente, se apresenta a primeira iniciativa de regulamentar a educação superior (Ley nº 29.399 e regulamentos) e, recentemente, em julho de 2014, depois de dois anos de discussão, o atual presidente Ollanta Humala

12 Ver: <http://gestion.pe/politica/solo-catorce-carreras-nueve-universidades-peru-han-sido-acreditadas-coneau-2097770>. Acesso em: 5 jan. 2018.

assinou a Ley Universitaria,[13] que propõe mudanças significativas no sistema peruano de educação superior. O quadro 2 mostra as principais diferenças entre os dois marcos normativos.

Quadro 2
Diferenças entre marcos normativos peruanos

Antigo regime	Novo regime
Máxima instituição: Asamblea Nacional de Rectores (ANR), cujo presidente era um reitor-membro, eleito entre reitores	A máxima entidade reguladora será o Ministerio da Educación. As universidades responderão à Superintendencia Nacional de Educación Superior Universitaria. Extingue-se a ANR
A eleição do reitor era por meio de uma *asamblea universitaria*, com representantes da comunidade universitária	A eleição do reitor e do vice-reitor será mediante voto direto da comunidade universitária
Os docentes universitários poderiam iniciar a carreira apenas com o diploma universitário	Os docentes universitários devem ter, minimamente, mestrado
Para ter diploma universitário, o aluno deveria apenas cumprir os créditos das disciplinas cursadas	Além dos créditos, deve apresentar uma pesquisa e acreditar outro idioma
Não havia vice-reitor de pesquisa	Abre a possibilidade para um vice-reitor de pesquisa
O reitor de uma universidade deveria ter grau de doutor, independentemente da modalidade de estudo	Agora só aceitam doutorado presencial

Fonte: adaptado de <www.larepublica.pe/infografias/ley-universitaria-antes-y-despues-09-07-2014>. Acesso em: jan. 2018.

No entanto, como vimos, a existência de uma lei não implica necessariamente sua institucionalização. Atualmente existe muita incerteza sobre a aplicação da nova lei, e os discursos se dirigem a minimizar os efeitos na autonomia universitária. As resistências são parte da negociação tácita e naturalmente política do processo de institucionalização, mas, como se pode observar, as regulamentações eram, e ainda são, vagas, como se percebe na literatura, nos meios de comunicação e, ainda, nos discursos coletados durante a entrevista de campo.

Apresentação e análise dos resultados

Esta seção apresenta e discute os discursos coletados durante a pesquisa de campo à luz dos princípios da interdiscursividade e da teoria institucional.

---

13 Ver: <www.larepublica.pe/09-07-2014/ley-universitaria-paso-importante-en-el-camino-a-la-calidad-de-educacion-superior>. Acesso em: 5 jan. 2018.

Convém reconhecer que a interpretação desses discursos passa também pelas lentes da subjetividade do analisador, o que pode gerar algum viés sutil e não identificado. Por esse motivo, buscou-se ser fiel à transcrição das falas dos respondentes, possibilitando ao leitor construir sua própria interpretação do texto e contrapô-la às considerações da autora desta pesquisa.

Após as leituras e releituras dos relatos e depoimentos, foi feita uma codificação, resultando numa base de dados para facilitar a identificação e análise do discurso: (1) a universidade como organização (missão, estrutura e funcionamento); (2) contexto e influência políticos; (3) mudança e reforma universitária.

Quanto ao primeiro eixo temático, o nome foi escolhido para evidenciar a organização universidade, que aparece com mais força do que a instituição universidade nos discursos. O segundo eixo reforça a dimensão política do ambiente externo, pouco aparecendo a dimensão social ou cultural. Os participantes se referem muito ao papel e responsabilidade do Estado, numa atitude que reflete a carência por assistencialismo, e não por participação. O terceiro eixo revela duas faces complexas e contraditórias, como se fará perceber. Há um grupo que percebe a necessidade de reforma; outro grupo, mais consciente e crítico, percebe a necessidade de implantar o que já está legalmente constituído.

Outra categorização emergiu da análise dos discursos. Delinearam-se três grupos de respondentes, chamados A, B e C.[14] O primeiro, a que se denominou grupo A, formado por professores da capital e de cidades relevantes economicamente no Peru, como Lima e Arequipa, que trabalhavam há mais de cinco anos em universidades nacionais (públicas) e na Universidade Católica. Esse grupo é mais consciente e crítico, conhece e participa da história e evolução universitária e reconhece a instituição universidade, apresentando uma visão mais abrangente sobre a missão do ensino superior como algo menos instrumental do que se tem revelado. Trata da investigação científica como familiar e possui um discurso mais consistente com o contexto peruano.

O segundo, o grupo B, era constituído por professores também da capital e de cidades relevantes economicamente no Peru, mas que trabalhavam há

[14] No grupo estudado, não havia professores de instituições privadas com mais de cinco anos de trabalho.

menos de cinco anos nas universidades nacionais e também nas instituições privadas. Esses professores caracterizam-se por um discurso voltado para a instrumentalidade do ensino superior e não reconhecem a face axiológica e de construção de conhecimento da universidade. Talvez por trabalharem em tempo parcial, não participem, e tampouco conheçam, a evolução da instituição universidade. A face organizacional tem mais força em seus discursos.

O grupo C consistiu nos professores de províncias que trabalhavam há mais de cinco anos em universidades nacionais (públicas). Esse grupo denota pouco senso crítico, formação acadêmica não tão consistente como os professores da capital, e apresenta um discurso conservador e permeado de reclamações de cunho político quanto ao papel do Estado. Talvez por ter sido o terrorismo vivenciado mais fortemente nas províncias, as questões políticas giravam em torno da proteção que o Estado deveria dar à sociedade. Ainda que tenham bastante tempo de experiência, esses professores apresentam uma visão bastante localizada e particularista sobre os temas propostos na entrevista de pesquisa. Assim como o segundo grupo, também havia indícios de uma perspectiva mais instrumental.

Analisando mais detidamente os eixos temáticos na fala desses três subgrupos de respondentes, representados a seguir pelas suas respectivas denominações e pelas falas de alguns de seus componentes, algumas transcrições e observações posteriores foram feitas, agregando-se comentários sobre os discursos paralelos denotados em cada fala. Foram selecionados os elementos mais significativos, como ilustração da metodologia e das reflexões deste trabalho.

Sobre a missão universitária

Conhecida e reconhecida como produtora de atividades de ensino, pesquisa e extensão, a missão da universidade tem sido apresentada de diversas formas através dos tempos. Atualmente amplia sua abrangência para incluir os cenários político, econômico, cultural e social em sua transmissão e produção de conhecimento. A preocupação em integrar dinamicamente as atividades de ensino, pesquisa e extensão tem sido cada vez mais enfatizada nos discursos vigentes. No entanto, o grande propósito de servir à sociedade se confunde com a face instrumental e capitalista, e essa polêmica tem sido levantada a partir da proliferação de universidades privadas observada nos últimos anos. Buscando conhecer a percepção dos docentes sobre esse tema, observou-se que não há consenso sobre o discurso da missão universitária. A resposta a seguir veio de um respondente do grupo A:

> *Ainda tenho* uma *clara opinião* a respeito da universidade. Eu *creio* que a universidade no nível nacional *está um pouco* dando as costas à realidade [...] cada um dos programas [...] não considera no desenho do currículo [...] a realidade que será apresentada aos alunos. É certo que há um contexto universitário globalizado [...] há que formar profissionais para o mundo, mas também há que considerar a *nossa realidade*. Não o está fazendo o governo, não o está fazendo o campo empresarial porque há uma certa correlação entre os três entes...

Observa-se a interdiscursividade na conjugação da realidade externa e macrodiscursos, evidenciados pelo uso da terceira pessoa, e a realidade interna ou discurso em nível micro, indicada no uso da primeira pessoa. Além disso, a contradição mostrada nos elementos textuais em itálico sustenta ainda mais essa convivência interdiscursiva, que leva à percepção de que o processo de construção de significados inerente à constituição e internalização das instituições foi feito de forma periférica. Observa-se a presença de duas forças institucionais, uma coerente com o grupo ao qual pertence o respondente e outra ajustada às suas próprias reflexões e questionamentos acerca da validade dessas instituições. Nesse sentido, pode-se afirmar que o indivíduo passa por um processo de ressignificação, distanciando-se um pouco da definição de *habitus* de Berger e Luckmann (1976), implicando que o próprio grupo não se apresenta totalmente institucionalizado. Talvez pelas próprias características do grupo, que possui um sentido crítico mais apurado e conhecimento mais profundo sobre a temática, esse fato ocorra.

O respondente a seguir foi classificado dentro do grupo B, explicitado anteriormente:

> *Bom*, o que vemos é... *digamos* que... há umas universidades que buscaram ou estão buscando... eeeee... muitas dos digamos... vínculos do que está se passando com a globalização, a educação virtual, não? Educação semipresencial, que vemos *creio* que está se incidindo... [...] em muitas universidades. Nossas universidades não escapam

mais desta alternativa, atualmente *nos encontramos* já dentro de um processo de educação virtual, *temos* inclusive um convênio com uma universidade da Espanha que *vamos* trabalhar com esta temática, *não*? Inclusive viajamos para Espanha, *eee não*?, para tratar de expor a experiência de educação semipresencial que tem a faculdade e de *alguma* maneira como um referente ao processo de educação que tem havido... mas não somente em *nossa* universidade, como também em outras universidades do país. Hoje em dia *encontramos* mestrado da Universidade de Lima que está se dando em Chiclayo,[15] *ou seja*, estão dando de forma virtual... não somente em nosso Peru, mas também em nível internacional.

Nesse momento, houve intervenção do entrevistador, que refez a pergunta para buscar objetividade na resposta, e o resultado foi o que se segue:

> Hummmm, salvo em casos isolados, eu *creio* que não, *ou seja*, muito pouco se avançou... nas universidades públicas muitas delas... estão vivendo processos de reajuste, de se isolar, de se esconder, de grupos que desejam tomar poder... eu *creio* que aí não *avançamos* muito.

Com relação à fala da representante do grupo B, observa-se um discurso reticente, indicando muitos momentos de ressignificações. Essa afirmação se sustenta nos silêncios que estão simbolizados pelas reticências, pelas palavras que usa como apoio para seguir sua fala ("ou seja", "digamos", "não?", "eee"). As ressignificações podem evidenciar a presença de outros discursos não tão claros ou compartilhados. O sujeito se sente mais confortável quando migra para sua realidade já conhecida e sua experiência. Quando o tom de voz fica mais seguro, evidencia o discurso predominante.

Mais uma vez, a institucionalização não é tão forte e não caracteriza o *habitus* de Berger e Luckmann (1976). As interações produzidas pelos grupos e discussões que são disseminadas no meio acadêmico poderiam ser as responsáveis pelos processos de desinstitucionalização. A dimensão relacional seria responsável pelo processo de objetivação e internalização dos novos questionamentos, uma vez que a busca por legitimidade leva o grupo a certa homogeneidade.

---

[15] Cidade do noroeste do Peru, capital do departamento (estado) de Lambayeque.

Pode-se notar, ainda, que o sujeito entrevistado está totalmente envolvido no projeto que toma como exemplo, utilizando a primeira pessoa do plural para relatá-lo. A tendência a particularizar pode sinalizar uma ausência do discurso institucionalizado para, depois, retornar ao discurso que pensa ser o correto para seu grupo de referência. Percebe-se uma construção discursiva de certa forma dialética, de idas e vindas, com contradições, em que o silêncio fundador se faz presente não só nos momentos de pausa, mas também nas ambiguidades e recursividades da fala.

O próximo respondente apresentou características do grupo C e, nesta pergunta, mostrou tendência a particularizar para sua universidade. Depois de uma intervenção do entrevistador, respondeu: "[...] à parte de... de formadores e produtores de trabalho e de investigação científica... há... creio que aspectos de contribuição em desenvolvimento social... e científico, não?".

Também este respondente do grupo C: "Formativa, diria eu, basicamente, o desafio da universidade no mundo é formação".

A primeira fala de C está impregnada de insegurança e busca apoio no entrevistador (as reticências, a brevidade da resposta, o uso de palavras que denotam a pouca familiaridade ou reflexão em relação ao tema – "não?", "creio..."). O discurso global e a discussão sobre missão organizacional tangenciam a realidade do grupo C, e na segunda fala observa-se tendência à instrumentalização apenas do ensino superior. Talvez indique a predominância do discurso particular sobre o geral, ou seja, o discurso tecnicista presente na realidade micro-organizacional está mais compartilhado pelos seus membros do que o discurso institucional tradicional da missão universitária. A tendência a valorizar a dimensão técnica parece se institucionalizar graças à busca e reafirmação da legitimidade por meio dos grupos, conforme sustenta Alves (2002).

Sobre as políticas atuais de educação

Muitos discursos estão presentes e são recorrentes nas propostas de educação superior na América Latina, e tais discursos repercutem em diferentes graus de institucionalização na realidade peruana. Elementos discursivos, como qualidade, participação, equidade, democratização, diversidade, responsabilização, novos modelos de gestão, autonomia e cidadania, aparecem explicitamente nas novas políticas de educação superior. O propósito de incluir essa questão foi buscar saber o quanto esses discursos realmente são reproduzidos na prática das universidades no Peru. Órgãos e instituições públicas e internacionais, competentes para regulamentar e regular a educação na América Latina, estabelecem critérios que deveriam estar sendo cumpridos. O objetivo maior dessa estratégia é gerar uma institucionalidade do conhecimento, garantindo o acesso da sociedade a programas de capacitação. Ainda que tais critérios estejam focando uma visão tecnicista e economicista, há alguns grupos que se posicionam criticamente em relação a essa visão, como se pode observar a seguir:

> [Grupo A]. *Eu já havia cunhado uma expressão* que pode soar grotesca... muitas universidades nacionais têm ingressado em um cenário nacional..., efetivamente muitas universidades e concretamente *de onde eu venho, eu tenho observado* que nos últimos anos *muitas universidades não somente têm estado de costas à sociedade*, como praticamente se estão distanciando cada vez mais desse *espírito* competitivo que demanda a era ou a sociedade do conhecimento na qual estamos vivendo, *não*? *Quer dizer*, as universidades cumprem basicamente seu papel político de ser espaços de contenção das expectativas dos adolescentes, mas fazem pouco ou quase nada do que é sua verdadeira função, que é a investigação, a produção de conhecimentos, assim que esta é uma deterioração acelerada das universidades públicas, *não*? E justamente aí vem também a grande diferença como algumas universidades privadas são as que estão sintonizadas com os tempos contemporâneos, eu também observo isso, *não*?, como os melhores quadros de docentes os estão conseguindo as universidades privadas, enquanto as universidades públicas seguem deteriorando-se e estas continuam em greves e atritos políticos de poder, e como em *meu caso, não*?,... minhas autoridades estão mais preocupadas em levar adiante um time de futebol, do que se preocupar com a parte acadêmica [*risos*] e científica, *não*?

A fala do grupo A se apresenta mais consistente com o discurso presente no ambiente global, mas também mostra sua face particular. Conforme Fairclough (2001) indica, não é possível identificar a origem e o destino das interdiscursividades. As convenções institucionalizadas da prática organizacional se mesclam com convenções gerais e, às vezes convergem; outras, não. Em caso de convergências, pode ser indício de uma incorporação de discursos e de um consenso sobre seus principais elementos, como se observa em alguns elementos textuais da fala do grupo A (em itálico). As mesmas observações acerca dos metadiscursos sustentam essa homogeneidade observada, evidenciando-se o uso da metáfora (de costas, espírito competitivo).

No entanto, ao buscar apoio em expressões como "não?" e "quer dizer", por exemplo, o sujeito busca convencer o entrevistador ou a si mesmo de que compartilha, ou não, o discurso do grupo. Aí se posicionam elementos interdiscursivos que denotam um questionamento sobre os metadiscursos, possivelmente por sua experiência e espírito crítico mais desenvolvido. A particularização ("eu observo", "como em meu caso") também indica a falta de consenso na cadeia discursiva. Finalmente, o riso ao final e a apresentação de uma situação considerada inaceitável e impregnada da ironia mostram claramente a presença de um discurso contraditório com o que se julga "politicamente correto". Permite-se perceber, pela ironia, uma contradição que é constituidora de discursos subjacentes.

Essa falta de consenso pode estar implicando, dentro da teoria institucional, um processo de mudança. O questionamento faz parte da desinstitucionalização e reconstrução de outras instituições mais coerentes com os valores que legitimam o grupo. O processo de desinstitucionalização revela também a face incremental da mudança institucional de North (1994), uma vez que as reconstruções são sustentadas pela estrutura institucional existente. Nessa mesma linha está o que Lindner e Rittberger (2003) chamam de evolução institucional.

> [Grupo B]. Bom, em termos gerais eu creio que estão muito desligadas da realidade... mais além dos esforços que podemos fazer algumas outras faculdades, digamos que há faculdades das chamadas ciências exatas que existem... Um grande divórcio da realidade de nosso país, mas eu creio que há algo que não está funcionando, definitivamente, não?... Há um vazio...

Observa-se que o representante do grupo B deseja estar inserido no discurso, mas representa poucos argumentos condizentes com o metadiscurso. Ao usar a metáfora – divórcio – talvez busque reproduzir um discurso geral, o que não mostra, apesar disso, que esteja consciente. Pode-se entender que há um vazio, sim, bem evidente em sua fala. Mais uma vez, essa pouca consistência indica sentidos ocultos no texto, conforme Orlandi (1983). Muitas vezes, as palavras vazias indicam ausência de significado construído. Nessa questão, esse sujeito não mostrou sua realidade compartilhada.

> [Grupo C]. Faria... formularia com... com diferenças... as políticas... implementadas nas universidades estatais e nas universidades privadas, *não*? As universidades estatais mantêm essa submística de formação humanística, *não*? Que dá, *de repente,* a diferenciação em relação às universidades de caráter privado, *não*?
>
> A formação que se dá em caráter privado, pois, é basicamente, está dada por todos os recursos, acessibilidade a todos os recursos, ah... que necessita a formação de educação, o que é realmente um aspecto muito limitante das universidades nacionais.
>
> Atualmente há um processo de reflexão, porque há a nova Direção que vai entrar e tende a fazer propostas novas de mudança. Basicamente estão vinculadas à universidade, à sociedade.... de formação levando em conta a sociedade.

Já o representante do grupo C busca palavras e expressões no sentido de encontrar argumentos consistentes com o discurso macro. A insegurança na fala, no entanto, mostra uma cadeia discursiva frágil e pouco consistente. Institucionalmente, poderia revelar uma ausência de instituições fortes ou uma realidade social não compartilhada. Tomando sustentação nos argumentos de Lindner e Rittberger (2003), essa falta de interpretação comum e consensual implica, talvez, interesses e conflitos desagregadores. A contestação das instituições se dá num nível implícito, mostrando ao mesmo tempo a rede de interpretações possíveis entre os atores e agentes institucionais.

Sobre a regulamentação do ensino superior

A regulamentação é outro elemento do ensino superior que merece a atenção desta investigação por ser polêmico e por ser tema incluído na agenda de discussões sobre a educação superior na América Latina. Nesse item, desejou-se identificar a amplitude de conhecimento sobre o tema e a percepção sobre a credibilidade.

Se conhece

> [Grupo A]. A ideia é boa, mas o uso que se faz... é subutilizado. Não se tem avançado muito, as universidades privadas aproveitam melhor, pois querem vender-se. E as universidades públicas decretam seus doutores, respaldados pela autonomia por lei.
>
> A universidade em que trabalho está se preparando para acreditar-se... não *creio* que o processo seja suficiente, porque *cada universidade tem suas formas de fazer as coisas, suas formas de trabalho, suas próprias normas*, recursos subutilizados... *temos* uma falência da qualidade dos docentes porque a acreditação tem a ver com quantidade de docentes, publicações, investigações... Este docente faz crítica à qualidade de publicações, que em sua visão estão cada vez mais sem conteúdo consistente.

O discurso do grupo A reflete o discurso institucionalizado formalmente, que valoriza e defende a autonomia e a diferenciação de critérios. Nesse caso, é evidente que o discurso está coeso com o institucionalizado, não apresentando muitas contradições. O fato de usar a primeira pessoa do plural já mostra que faz parte da realidade do grupo.

A *adaptação ao* e a *legitimação* desse discurso indicam a coesão institucional e revelam que a prática possui maior peso, ainda que elementos do ambiente técnico sejam aparentemente valorizados. A regulamentação atende a interesses do grupo e pode validar os valores subjacentes a ele, estando impregnada de sentidos e significados além do lado técnico e instrumental.

> [Grupo B]. Não... eu creio que a Assembleia Nacional de Reitores sempre teve um grande vazio que... digamos que as pessoas que estão aí sempre se "empoderam", não há nenhum egresso que não tenha um bom trabalho dentro do aparato público ou privado...

> [Grupo C]. Assembleia Nacional de Reitores, que implementa a política nacional de universidades públicas e privadas. Entrevistador: "Conhece o Coneaces?" [Aqui a entrevistada é um pouco irônica, despercebidamente]. "Sim, está no interior da Assembleia Nacional de Reitores que tem esta área que acredita as universidades... mas isso dentro de sua política de desenvolvimento... Está priorizando a acreditação das universidades privadas porque creio que se tem esquecido das públicas" [ri

ironicamente]. [...] Somente para faculdade de medicina... não é muito eficiente... temos que aguentar a criação de novas universidades. [...] Sim, conheço a Ley General de Educación e sei que a educação superior não tem uma lei específica e que as universidades são brindadas com autonomia de gestão.

Se há credibilidade

[Grupo A]. Obviamente não são legítimos. Muitas universidades têm próprios sistemas e escritórios de acreditação. A acreditação é um bom negócio. Uma pessoa não pode fazer um autodiagnóstico, tem que estar respaldada por um órgão externo.

[Grupo B]. Há uma espécie de indicadores que este conselho traçou, determinou para acreditar a universidade, convênios, determinado número de professores e mestres, um determinado número de indicadores quantitativos. [Alguns relatam que "ouviram dizer" e mudam de assunto para uma zona de conforto].

[Grupo C]. [Parece que não há muita credibilidade] *Bom, a raiz de sua ineficiência*, na administração, na política universitária no Peru é que estão se desenvolvendo outras propostas também, outras propostas que se apresentaram neste projeto de lei... de mudança que regulamentem o funcionamento das universidades... *ah*... e *creio* que como produto disso, *creio* que *temos* no poder legislativo, *creio* que algo de 20 projetos de leis universitárias... justamente o que é uma resposta àquele projeto de lei com o qual estamos funcionando e que não se ajusta à realidade do país.

Há pouca legitimidade... é pouco conhecido... e insuficiente para qualificar, porque é feito em termos quantitativos.

Este respondente crê que o eixo da acreditação deveria mudar.

Uma vez mais, o representante do grupo A mostra mais familiaridade e segurança com o tema, indicando maior conhecimento, adesão e posicionamento crítico; o do grupo B é vago em sua resposta, demonstrando estar totalmente alienado dessa discussão; o do grupo C mostra que conhece, mas pelos elementos interdiscursivos é perceptível que não acredita muito na validade da acreditação.

O interessante é que a ironia se faz presente na fala do representante do grupo C; ele passa a usar uma linguagem mais rebuscada. Essa categoria de silêncio demonstra significados paralelos, ou seja, a presença de outros discursos que convivem com a formação discursiva particular do sujeito. Além disso, a insegurança evidenciada nos longos silêncios e com vocábulos de apoio descontextualizados demonstra os momentos de ressignificação.

As instituições de ensino superior que adotam essa prática o fazem porque a reconhecem como válida e porque os grupos de interesses também a validam e apresentam certa uniformidade quanto aos discursos sobre o tema. Conforme salientado anteriormente, as trocas sociais não são previsíveis, uma vez que se trata de dinâmica comportamental. As constantes e inevitáveis avaliações que os atores fazem acerca da validade das instituições revelam o quão frágil e mutante é o processo de institucionalização. Em que pese a consciência desse fator e, ainda, que além da dimensão cognitiva está presente a dimensão social da institucionalização, há que reconhecer a validade dos processos de iteração.

Sobre a qualidade em sua universidade

Qualidade é um tema em voga e atual nas agendas de discussões. Cada vez mais a necessidade de quantificar e mensurar os resultados do ensino superior se torna uma necessidade de sobrevivência. Mas até que ponto isso indica a lógica técnica ou a lógica institucional desse discurso? A seguir, resultados das entrevistas sobre esse tema.

> [Grupo A]. Há pouco tempo disse que temos autoridades, e estava pensando em minha instituição, que estão mais preocupadas com seu time de futebol do que com a parte acadêmica, e com isso se diz tudo, *não*? Inclusive eu tenho um reitor que declarou várias vezes na imprensa que ele não é um reitor, mas um treinador de futebol. Por aí é tudo, *não*? [...] Aqui, sempre... O que temos feito ultimamente é... primeiro que os recursos humanos, que são os professores, tenham as capacidades, ou seja, cada vez mais capacitados e mais competitivos. Para eles, docentes, tem disponível a internet em cada computador, em cada aula [...] segundo que a capacitação não é somente internet, mas presencial [...] muitos podem sair para cursos, seminários, congressos

etc., porque este é um meio de capacitação. E terceiro que temos uma infraestrutura que está equipada com o último [...] cada sala tem todo equipamento eletrônico...

[Grupo B]. Constantemente, quase uma vez ao ano, temos, digamos, os cursos de desenho curricular, há uma comissão que avalia constantemente o desenho curricular, a faculdade tem alugado, tem trazido profissionais de educação superior de Cuba basicamente para que nos ajudem no que é a revisão do currículo, creio que aí se avançou... mas no campo da educação basicamente.

[Grupo C]. É lamentável assinalar que a prioridade da questão acadêmica está quase sendo ignorada [voz mais segura aqui]. Começou a... a... tomar corpo outro tipo de interesses no interior da universidade. E isso está fazendo com que se deteriore no interior da universidade pública a qualidade da educação, chegando também aos docentes com respeito aos salários, que só permitem satisfazer às suas necessidades básicas e não lhes permitem maior desenvolvimento.

Nesse tema, os elementos do grupo A e C mostram-se mais coesos ao discurso da qualidade em uma dimensão mais instrumental, ao passo que o grupo B apresenta um discurso mais tecnicista. Evidencia-se essa dicotomia, portanto, a partir das realidades de cada um, das particularidades de sua realidade micro. Qualidade é um tema que parece estar mais institucionalizado e oferece uma referência para os grupos, refletindo a dimensão estruturante de que fala Bourdieu (1996).

Sobre mudanças no ensino superior e a necessidade de reforma

Em nível prático, a necessidade de reforma da educação superior aparece seguida por novos modelos de gestão, em que se buscam maior autonomia e participação social. No entanto, a coerência dessa proposta com a prática institucional apresenta lacunas. Não há consenso mesmo sobre a necessidade de reforma, mostrando que instituições estão sendo questionadas dentro dos próprios grupos.

[Grupo A]. A universidade peruana continua funcionando sob um modelo de sociedade que, para sua época, talvez seja importante, mas para o século XXI já não funciona mais. Eu não creio, por exemplo, e talvez esta seja uma das grandes contradições com muitos de meus colegas, eu não creio na educação em massa, muito menos no nível superior, muitíssimo menos no nível superior... eu não acredito que as universidades tenham que estar abarrotadas de salas e aulas, e desta maneira responder às exigências da população, porque desde os 70 se fala que a universidade tinha que abrir suas portas ao povo e, ademais, com este critério, eram reprovados 40 por cento dos alunos, o problema não era do aluno, era do professor. Eu creio que há que questionar o caráter elitista da universidade... se queremos construir, se queremos que estas sejam o que originalmente eram, ou seja, centros de aperfeiçoamento... para construção de ciência... para mim a universidade é isso [voz mais forte, tom apaixonado] [...] Então, em primeiro lugar, há que reivindicar o papel da universidade como um centro de pesquisa, muito mais na época atual, em que estamos falando de era do conhecimento, e isso passa, em minha opinião, para termos autoridades idôneas. Não podemos, no século XXI, na era do conhecimento, não podemos continuar a ter autoridades que tenham por base não os padrões científicos, mas seus componentes políticos... tudo bem que este seja o mundo da política, ou seja, resgatemos a universidade deste espaço... seu caráter racional, e comecemos então a valorizar as pessoas como deveria ser.

[Grupo B]. Mudanças se deram com as mudanças da informática, por exemplo. Nossa universidade foi a primeira que tem sua própria rede. Hoje em dia, creio que os professores todos sabem lidar com essas ferramentas.

[Grupo C]. Não tem havido mudanças, ou seja, o sistema universitário está parado basicamente há muitos anos, não? Há várias propostas de reforma acadêmica, uma do atual ministro da Educação, outra da Asamblea Nacional de Rectores, outra de uma comissão... há vários projetos de reforma..., mas não creio que haja necessidade de reforma. Não vejo necessidade ou possibilidade de uma reforma educativa, talvez melhor seja uma universitária. Por exemplo, a promulgação de uma lei para o ensino superior.

A falta de consenso entre as instituições formais e a prática de cada grupo demonstra que elementos interdiscursivos são fortes na realidade investigada. A desinstitucionalização é inevitável e já está em pleno processo, dadas as diferentes formações discursivas que se evidenciam na fala dos três grupos participantes da pesquisa. Todos concordam que há regras, mas que não são seguidas. Concordam que há um excesso de regras não implementadas e que a necessidade de reforma poderia ser levada adiante se tais regras não existissem. O objetivo de envolver a sociedade e demais atores do campo nesse processo só seria justificado se antes houvesse uma preparação dos mesmos e conscientização a respeito da importância para o desenvolvimento de todo o país. Os discursos são contraditórios e revelam muitos questionamentos, que podem estar se dando em nível individual ou organizacional. Além disso, descobrir que a realidade universitária peruana possui muitos discursos institucionais, dependendo de outros fatores, faz crer que a desordem institucional é resultado inevitável desses constantes questionamentos que desencadeiam essa diversidade de discursos.

Reflexões finais: novos caminhos?

Este trabalho trata de mudança, de descontinuidade, de alteração de padrões, de instabilidade. A perspectiva usada para analisar a mudança, no entanto, foi baseada na teoria institucional, que tem como princípio a perenidade das instituições. A transformação institucional é vista como um processo estrutural e, muitas vezes, de difícil e lenta execução. O trabalho que ora se apresenta buscou resgatar a face dinâmica da mudança institucional, a partir do entendimento dos processos de desinstitucionalização e reinstitucionalização. Sob esse prisma, a mudança institucional é percebida como viável e não tão lenta, e depende dos significados que vão sendo compartilhados durante as trocas sociais. Nesse processo, podem ocorrer questionamentos inevitáveis quanto a uma prática sistemática e institucionalizada, uma vez que novas realidades vão se apresentando para os que interagem socialmente. A ideia de vácuo institucional é rechaçada aqui, o que levou à defesa da seguinte tese:

> *Numa dinâmica de mudança institucional, ocorre uma desordem institucional, em que convivem instituições vigentes em processo de desinstitucionalização e novos discursos institucionais em busca de legitimidade que podem reconstruir a ordem vigente.*

O problema de pesquisa, enunciado na introdução, termina por conjugar a metodologia que se ajusta não só às premissas do autor, mas também aos propósitos da pesquisa: há entendimento de que os discursos são fluidos, constitutivos da realidade social e, nesse sentido, podem conviver, ainda que sejam diferentes em seus conteúdos.

Ao buscar responder ao problema[16] desta pesquisa, pretendeu-se, a partir dos resultados das entrevistas, contribuir academicamente para a escola institucional nos seguintes aspectos:

- As distintas pressões para institucionalização (DiMaggio e Powell, 1983) e pressões para desinstitucionalização (Oliver, 1992) foram avaliadas em conjunto e submetidas à apreciação de todos os atores do campo a ser estudado, de modo a captar a representação social que fazem do campo.
- A polêmica levantada por esta pesquisa sobre o vácuo institucional permitiu rever o enfoque da mudança institucional desde uma perspectiva mais dinâmica. A mudança, até então tratada na teoria institucional dentro de uma visão de conformidade e busca de isomorfismo, apresenta outra visão: um processo de transformação que vai além da forma e, assim, amplia a abordagem utilizada nos estudos institucionais.
- Metodologicamente, o uso da análise dos discursos auxiliou e se ajustou à proposta da pesquisa, por evidenciar o dinamismo presente e inevitável da mudança institucional. Os discursos apresentam o movimento das trocas sociais.

Ademais, numa perspectiva pragmática, acredita-se que o conhecimento do campo do ensino superior no Peru auxiliou no diagnóstico de algumas problemáticas existentes na realidade estudada e apontou caminhos para futuras investigações no campo estudado. A educação como um todo está passando por uma fase de transição sem precedentes. Observa-se um campo diverso, composto por atores que parecem possuir interesses e valores distintos. As universidades são organizações que tradicionalmente atribuem maior peso ao ambiente institucional, mas atualmente observa-se que certas instituições de nível superior parecem valorizar mais a dimensão técnica de seu ambiente.

---

[16] Que práticas discursivas constroem as instituições presentes nas organizações de ensino superior peruano?

O Peru está passando por grandes mudanças estruturais de tipo econômico, político e social. Verificam-se avanços, ainda que lentos, em termos de capacidade tecnológica, científica e produtiva, e há um discurso na literatura encontrada de que as instituições de educação superior podem ser de grande relevância para a obtenção de uma nova estratégia de desenvolvimento econômico e social do país. Além disso, serviria para aumentar a competitividade do Peru e melhorar as possibilidades de inserção no mercado mundial. No entanto, o que se percebe são discursos paralelos, como a análise dos dados revelou. Há ao menos três correntes que nem sempre concordam com o que se dita como verdade, com o que supostamente estaria institucionalizado.

Alguns docentes concordam com a reforma, outros acreditam que haveria mudanças significativas se fossem implementadas as leis que já existem. Há os que discursam como vítimas, demandando a proteção do Estado, e poucos são os que clamam pela participação social. A mercantilização chegou aos umbrais da universidade, assim como em toda a sociedade peruana, e a percepção, mesmo que inconsciente, de que não há uma integração entre objetivos da universidade e a realidade do país faz nascerem questionamentos vários. E nessa desordem discursiva, nesse fluxo de discursos ora conflitantes, ora congruentes, vão se formando práticas capazes de atender às particularidades de cada região do Peru.

A própria missão ou sentido da existência da universidade já não parece tão claro, podendo-se perceber que, além das críticas oriundas presentes na literatura, há uma espécie de questionamento generalizado, difuso em todo o corpo social, que se faz cada vez mais presente e explícito nos discursos não tão consistentes. O sentimento geral de frustração em relação às expectativas não realizadas e às promessas não cumpridas de desenvolvimento e progresso das sociedades, a desvalorização da cultura elaborada e a banalização das referências em todos os setores da vida humana são causas abrangentes que levam igualmente à desvalorização da universidade ou à sua visão exclusivamente mercantilizada.

A universidade não é mais vista como instituição, mas como organização, que apresenta diversas e próprias missões, estruturas e *modus operandi*. Talvez seja causa dessa configuração atual o processo de descentralização, caracterizado pela autonomia universitária e pela falta de uma lei específica para a universidade, que contribuíram para a construção dessas vozes tão diferentes, mas o fato é que há discursos e práticas discursivas institucionalizados, mesmo na falta de um instrumento legal que regulamente a universidade.

Todavia, o fato de a universidade estar se "organizacionando" mais, se instrumentalizando mais e de estar enfatizando mais sua dimensão técnica e estrutural não significa, necessariamente, que está perdendo sua dimensão política e institucional, e isso ficou claro na convivência dos discursos do campo. Obviamente sofre de processo crônico de corrosão interna, comprometendo sua eficiência e eficácia, tornando-se pouco fecunda no atendimento de seus objetivos, consagrados pela tradição e reiterados até há pouco tempo. A pesquisa fica em segundo plano nesse contexto, e a formação docente e discente segue o mesmo rumo.

Essa perspectiva pode sugerir que, em face da necessidade de dar respostas a diversas pressões institucionais - correlatas - a organização valoriza mais o ambiente técnico. O valor da universidade está concentrado na dimensão técnica, ainda que suas ações sejam motivadas por questões políticas. Observa-se que, quando a pressão institucional interna é maior do que a externa, a desinstitucionalização ocorre porque reflete o uso agônico da razão de seus atores. Quando há uma pressão interna para desinstitucionalização, implica dizer que há um consenso sobre a mudança, o que promove o movimento, rompe a inércia, ou melhor, redireciona as práticas.

Os discursos analisados revelaram as múltiplas racionalidades presentes no ambiente organizacional, e seria complementar um estudo que aprofundasse mais a formação dos valores na dinâmica institucional. Entender os valores relevantes a determinada cultura organizacional poderia ser outro caminho para entender a mudança em sua face dinâmica e fluida. É importante salientar que, nesse sentido, a infusão de valores seria responsável pela transformação do conceito de organização em instituição.

A perspectiva simbólico-interpretativa da realidade sustenta esse entendimento, uma vez que pressupõe a participação ativa na construção, reconstrução e qualquer outro movimento dos elementos culturais e institucionais. A dimensão subjetiva, resultante dessa nova visão socioconstrutivista da realidade, pode servir para entender os múltiplos discursos constituintes.

A partir dessa proposta, a pluralidade de instituições encontradas na análise dos discursos dos entrevistados se respalda nos processos cognitivo e social, naturais e esperados nas organizações. A interação social, como não pode ser prevista em todos os seus movimentos, atuaria dentro da iteração. A partir das revisões inevitáveis e aleatórias resultantes dos processos interativos, os sujeitos revisam suas convicções e valores, suas verdades e não verdades, suas instituições. Nessa dinâmica, poderiam incorporar outros discursos diferentes dos que estão reproduzindo no seu próprio grupo. Essa seria uma explicação para a pluralidade dos discursos encontrada, mesmo dentro de um mesmo grupo, e estaria indicando que a ausência de instituições não poderia explicar a transição institucional.

As instituições, identificadas nos discursos dos entrevistados ora mostram sua característica restritiva e regulatória, ora revelam uma dimensão libertadora, como um processo de tomada de consciência que surge a partir do compartilhamento social. Esse elemento libertador poderia ainda ser entendido dentro da visão integradora da ação humana. O sentido de identidade com o grupo aparece, por vezes, como mais importante do que a necessidade de emancipação, ainda que em momentos de ressignificação os sujeitos mostrem indecisão.

Os espaços sociais, no entanto, possuem esse lado dialético, em que as contradições começam a partir do entendimento dos processos de institucionalização. Na relação dual de interiorização da exterioridade e exteriorização da interioridade, os indivíduos produzem essa reflexão sobre o que está ajustado ou não aos seus valores e ideias. E o fazem constantemente num processo decisório, ainda que os processos cognitivos não ocorram sempre no nível consciente. Naturalmente há interesses que permeiam essas escolhas e seria uma oportunidade investigar mais adiante a dimensão política dos processos de institucionalização ou de mudança institucional. Dessa forma, resgatar-se-ia parte do trabalho do precursor do institucionalismo. Ademais, o lado invisível e pan-óptico do poder poderia ser aprofundado nas análises institucionais, e essa é outra proposta que se faz para futuras investigações.

Uma reflexão advinda dessa discussão é a respeito dos motivos expressos de mudança. Em que pese o discurso da valorização da diversidade, presente na realidade organizacional, a mudança muitas vezes homogeneíza o grupo. Na verdade, esse processo de transformação em "iguais" serve para criar laços de pertença que reavivam e reafirmam valores, normas e legitimidade. A mudança institucional, mais fortemente, unifica mais do que diversifica. No entanto, foi observado durante as entrevistas que nesse processo de unificação há vários questionamentos, há vários grupos de pertença, há várias identidades buscando legitimidade e eco nos grupos identificados. Essa desordem institucional mostra que o que existe durante a contestação de instituições não é um vazio, mas uma convivência plural de valores e questionamentos desses valores.

Enfim, entender os discursos e as instituições que surgiram ao longo da pesquisa de campo elucida questões ou questionamentos contemporâneos que têm surgido em função dessas mudanças de foco e de lógica de pensamento e, quiçá, fornecer suporte à reforma iminente de reestruturação do campo da educação superior.

Assim, ousa-se afirmar que esta pesquisa foi confirmada, que não há um vácuo institucional, mas uma desordem, uma série de vozes convivendo que refletem os discursos e as práticas diversas que existem no campo, um campo plural. No Peru, há práticas descentralizadas que, muitas vezes, atuam como mecanismos microinstitucionais que ajustam as regras institucionais macro às realidades de cada região. Não há ausência; há uma desordem institucional, uma ordem institucional multivocal, ou seja, com muitos discursos que revelam práticas agônicas, momentos de ressignificação dos discursos vigentes. Há uma pluralidade de discursos que convivem, como uma arena institucional. As resistências existem por buscar alternativas nas lacunas em outras instituições sem anular as instituições antigas formalizadas.

A análise de discurso se mostrou ajustada para esta pesquisa, mas não é possível negligenciar suas limitações. Além da dificuldade de coletar os dados e analisá-los, há de se reconhecer a possibilidade de vieses que podem ter ocorrido durante o processamento das informações. Os discursos e o referencial do entrevistador podem – e devem – ter permeado e influenciado as observações feitas. Além disso, há também a preocupação de os entrevistados manipularem suas falas, perceptível em suas hesitações, necessidades de explicar o que antes haviam dito, enfim, as ressignificações significam muito mais do que o explicitado.

Ademais, a aplicação da análise de discurso exige capacidade de abstração frente ao objeto a ser pesquisado, fundamental para a compreensão dos fenômenos a serem analisados, que requer do pesquisador grande rigor acadêmico.

Contudo, mesmo ante as limitações apresentadas, considerou-se o método mais apropriado para alcançar o objetivo final da pesquisa. Em momento algum houve o objetivo de generalizar os resultados desta pesquisa, nem mesmo estender para toda a realidade peruana ou usar terminologias estatísticas, dada a natureza qualitativa deste estudo. Nesse sentido, sugere-se aqui que outras abordagens sejam feitas.

Referências

AGUIRRE, Manuel Augustín. *La segunda reforma universitária*: selección de documentos. Quito: Universidad Central del Ecuador, 1973.

ALVES, Mário Aquino. *Terceiro setor*: o dialogismo polêmico. Tese (doutorado) – Escola de Administração de Empresas de São Paulo, FGV, São Paulo, 2002.

BERGER, Peter L.; LUCKMANN, Thomas. *A construção social da realidade*. 3. ed. Petrópolis: Vozes, 1976.

BOURDIEU, Pierre. *Questões de sociologia*. Rio de Janeiro: Marco Zero, 1983.

_____. *O poder simbólico*. 3. ed. Rio de Janeiro: Bertrand Brasil, 1996.

CABRAL, Augusto Cézar de Aquino. A sociologia funcionalista nos estudos organizacionais: foco em Durkheim. In: ENANPAD, 27., 2003 Atibaia, SP. *Anais...* Rio de Janeiro: Anpad, 2003 (1 CD-ROM).

CARNOY, Martin; CASTRO, Cláudio de Moura. A melhoria da educação na América Latina: e agora, para onde vamos? In: CASTRO, Cláudio de Moura; CARNOY, Martin (Org.). *Como anda a reforma da educação na América Latina?* Rio de Janeiro: FGV Ed., 1997.

CASSIMIRO, M. do R. *Uma universidade para o Tocantins*. Goiânia: Kelps, 1996.

DACIN, M. Tina; GOODSTEIN, Jerry; SCOTT, W. Richard. Institutional theory and institutional change: introduction to the special research forum. *Academy of Management Journal*, v. 45, n. 1, p. 45-57, 2002.

DIMAGGIO, Paul J.; POWELL, Walter W. The iron cage revisited: institutional isomorphism and collective rationality in organizational fields. *American Sociological Review*, v. 48, p. 147-60, 1983.

FAIRCLOUGH, Norman. *Discurso e mudança social*. Brasília: Ed. UnB, 2001.

FONSECA, Valéria Silva da. A abordagem institucional nos estudos organizacionais: bases conceituais e desenvolvimento contemporâneos. In: VIEIRA, Marcelo Milano Falcão; CARVALHO, Cristina Amélia (Org.). *Organizações, instituições e poder no Brasil*. Rio de Janeiro: FGV Ed., 2003.

FOUCAULT, Michel. *Microfísica do poder*. 11. reimp. Rio de Janeiro: Graal, 1979.

_____. *Vigiar e punir*. Petrópolis: Vozes, 1991.

_____. *La arqueologia del saber*. 17. ed. México, DF: Siglo Veintiuno, 1996. cap. II: Las formaciones discursivas, p. 50-64.

_____. *El orden del discurso*. Barcelona: Fábula, 1999.

GAZZOLA, Ana Lucia; DIDRIKSSON, Alex (Ed.). *Tendencias de la educación superior en America Latina y el Caribe*. Caracas: Unesco Iesalc, 2008.

GIDDENS, Anthony. *As consequências da modernidade*. São Paulo: Ed. Unesp, 1991.

HASSELBLADH, Hans; KALLINIKOS, Jannis. The project of rationalization: a critique and reappraisal of neo-institutionalism in organization studies. *Organization Studies*, v. 21, n. 4, p. 697-720, 2000.

HATCH, Mary Jo. *Organization theory*: modern, symbolic, e postmodern perspectives. Nova York: Oxford University Press, 1997.

JEPPERSON, R. Institutions, institutional effects and institutionalism. In: POWELL, W.; DIMAGGIO, P. (Ed.). *The new institutionalism in organizational analysis*. Chigaco: University of Chigaco Press, 1991. p. 143-163.

JOHNSON, Harry M. *Sociología de la institucionalización*. Buenos Aires: Paidós, 1973. Textos universitários.

LINDNER, Johannes; RITTBERGER, Berthold. The creation, interpretation and contestation of institutions: revisiting historical institutionalism. *JCSM*, v. 41, n. 3, p. 445-473, 2003.

MACHADO-DA-SILVA, C. L.; FONSECA, V. S. da. Estruturação da estrutura organizacional: o caso de uma empresa familiar. *Organizações & Sociedade*, v. 1, n. 1, p. 42-71, 1993.

MOLINA, Carlos Gerardo. *Modelo de formación de política social*. Washington, DC: Indes, 2001.

MORRISH, Ivor. Anomia. *Sapere Audare*, 2001. Disponível em: <www.sapereaudare.hpg.ig.com.br/sociologia/texto07.html>. Acesso em: jan. 2005. (Texto originalmente publicado em 1975.)

NEXUS UNIVERSITAS. Entrevista com dr. César Paredes Canto sobre acreditación universitária. *Nexus Universitas*, v. III, n. 2, p. 26-29, jul. 2000.

NORTH, Douglas. Economic performance through time. *American Economic Review*, v. 84, n. 3, p. 359-368, jun. 1994.

OLIVER, Christine. The antecedents of deinstitutionalization. *Organization Studies*, v. 13, n. 4, p. 563-588, 1992.

ORLANDI, Eni P. *A linguagem e seu funcionamento*: as formas do discurso. São Paulo: Brasiliense, 1983.

PINHEIRO, Odette de Godoy. Entrevista: uma prática discursiva. In: SPINK, Mary Jane (Org.). *Práticas discursivas e produção de sentidos no cotidiano*: aproximações teóricas e metodológicas. 2. ed. São Paulo: Cortez, 2000.

POWELL, W. W.; DIMAGGIO, Paul J. (Ed.). *The new institutionalism in organizational analysis*. Chicago: University of Chicago Press, 1991.

QUINTANEIRO, Tânia; BARBOSA, Maria Lígia de Oliveira; OLIVEIRA, Márcia Gardênia de. *Um toque de clássicos*: Durkheim, Marx e Weber. 4. reimp. Belo Horizonte: Ed. UFMG, 2001.

RODRIGUES, Z. R. A trajetória das universidades brasileiras em busca da qualidade. *Revista Brasileira de Administração*, n. 20, out. 1997.

RUSSO, Michael V. Institutions, exchange relations and the emergence of new fields: regulatory policies and independent power production in America, 1978-1992. *Administrative Science Quarterly*, v. 46, n. 1, p. 57-86, mar. 2001.

SCOTT, W. Richard. The adolescence of institutional theory. *Administrative Science Quarterly*, v. 32, n. 4, p. 493-511, 1987.

____. *Institutions and organizations*. 2. ed. Londres: Sage, 2001.

____; MEYER J. W. The organization of societal sectors: propositions and early evidence. In: POWELL, W. W.; DIMAGGIO, Paul J. (Ed.). *The new institutionalism in organizational analysis*. Chicago: University of Chicago Press, 1991. p. 108-142.

SELZNICK, Philip. *Leadership in administration*: a sociological interpretation. Nova York: Row, Peterson and Company, 1957.

____. *A liderança na administração*: uma interpretação sociológica. Rio de Janeiro: FGV Ed., 1971.

____. Institutionalism "old" and "new". *Administrative Science Quarterly*, v. 41, n. 2, p. 270-279, jun. 1996.

SILVA, Ana Cristina del Grande da. *Decifra-me ou devoro-te*: uma instituição frente a seus enigmas. 1997. Dissertação (mestrado em educação) – Programa de Pós-Graduação em Educação, UFRGS, Porto Alegre, 1997.

SILVA JÚNIOR, J. dos R.; SGUISSARDI, V. Reforma do Estado e reforma da educação superior no Brasil. In: SGUISSARDI, V. (Org). *Avaliação universitária em questão*: reformas do Estado e da educação superior. Campinas: Autores Associados, 1997.

SPINK, Mary Jane. Desvendando as teorias implícitas: uma metodologia de análise das representações sociais. In: GUARESCHI, Pedrinho; JOVCHELOVITCH, Sandra (Org.). *Textos em representações sociais*. 7. ed. Petrópolis: Vozes, 1995.

____ (Org.). *Práticas discursivas e produção de sentidos no cotidiano*: aproximações teóricas e metodológicas. 2. ed. São Paulo: Cortez, 2000.

VEREAU, Walter Marcelo; TAFUR, Milton Manayay. La formación universitaria de pregrado y postgrado. *Revista de Educación, Cultura y Sociedad*, Lambayeque, v. 4, n. 6, p. 80-96, maio 2004.

VIEIRA, Marcelo Milano Falcão; CARVALHO, Cristina Amélia Pereira de; LOPES, Fernando Dias. Contribuições da perspectiva institucional para análise das organizações. In: ENANPAD, 23.,1999, Foz do Iguaçu, PR. *Anais...* Rio de Janeiro: Anpad, 1999.

____; ____. Introdução: Sobre organizações, instituições e poder. In: ____; ____ (Org.). *Organizações, instituições e poder no Brasil*. Rio de Janeiro: FGV Ed., 2003.

ZILBER, Tammar B. Institutionalization as an interplay between actions, meanings and actors: the case of a rape crisis center in Israel. *Academy of Management Journal*, v. 45, n. 1, p. 234-254, 2002.

2. A interação entre sistemas de informação e o trabalho no setor bancário no Brasil

*Elaine Tavares**

Resumo

Esta pesquisa teve como objetivo entender em que condições se dá o processo de interação entre o trabalho e três sistemas de informação utilizados em duas instituições bancárias no Brasil. Procurei compreender como os sistemas de informação são reconstruídos por seus usuários, nas práticas do trabalho, e como o trabalho é modificado pela inserção de novos sistemas. A coleta de dados para a pesquisa foi realizada com base em 46 entrevistas realizadas com gestores de TI e usuários, pela observação do contexto organizacional e pelo exame de documentos referentes aos sistemas. Os resultados da pesquisa sustentam a tese de que a interação entre os sistemas de informação e o trabalho é definida por uma estrutura de conversão recíproca, que se dá pela humanização dos sistemas e pela tecnicização do trabalho. O ajustamento continuado, presente entre os sistemas de informação e o trabalho, faz com que a tecnologia se torne mais adequada ao contexto e as pessoas estejam mais bem preparadas para lidar com a tecnologia.

* Doutora em administração pela FGV EBAPE. Diretora e professora adjunta do Instituto Coppead de Administração da Universidade Federal do Rio de Janeiro (UFRJ). E-mail: <elaine.tavares@coppead.ufrj.br>.

Introdução

O uso extensivo da tecnologia da informação (TI) colabora para a mutação das organizações e gera importantes transformações no trabalho, na sua organização e na sua percepção (Thiry-Cherques e Rodrigues, 2006). A introdução de novas tecnologias da informação gera uma multiplicidade de consequências intencionais e não intencionais (Griffith, 1999; Robey e Sahay, 1996; Vaast e Walsham, 2005). Essas consequências são interpretadas e compreendidas de diversas formas pelos usuários, gerando respostas variadas e complexas (Griffith, 1999; Pinsonneault e Rivard, 1998). Em alguns casos, as práticas do trabalho são modificadas com o passar do tempo, na medida em que a tecnologia vai passando a ser continuamente mais usada e transformada por esse uso (Orlikowski, 1996a).

Na área de sistemas de informação (SIs), pesquisadores, gestores e profissionais são desafiados pelas tarefas de prever como usuários irão reagir a novas tecnologias e de explicar as justificativas e motivações para tais reações (Beaudry e Pinsonneault, 2005). Duas linhas principais de pesquisa tentam dar conta deste fenômeno. A primeira tem como foco os antecedentes da adoção e do uso de uma nova tecnologia e é representada pelos modelos de aceitação de tecnologia (Venkatesh et al., 2003). Entre esses modelos estão o modelo de aceitação de tecnologia ou *technology acceptance model* – TAM (Davis, 1989; Davis, Bagozzi e Warshaw, 1989) e o *technology acceptance model 2* – TAM 2 (Venkatesh e Davis, 2000).

A segunda linha de pesquisa tem como foco as adaptações feitas pelos usuários (Orlikowski, 1996a; Tyre e Orlikowski, 1994, 1996) e seus efeitos em resultados, como o desempenho do grupo (Desanctis e Poole, 1994; Majchrzak et al., 2000). Essa abordagem revela a complexa natureza da adaptação, descrevendo como os usuários modificam suas habilidades, conhecimentos, atitudes, aspirações e comprometimento com o trabalho (Majchrzak e Cotton, 1988; Tyre e Orlikowski, 1994), alteram seus trabalhos e padrões de comunicação (Leonard-Barton, 1988) e usam a tecnologia de forma imprevista (Griffith, 1999; Kraut, Dumais e Koch, 1989). Foi seguindo essa segunda abordagem que encontrei a questão norteadora desta pesquisa:

Em que condições se dá a interação entre o trabalho e sistemas de informação no setor bancário no Brasil?

Busquei compreender como sistemas de informação são reconstruídos por seus usuários nas práticas do trabalho, e como o trabalho é modificado pela inserção de novos sistemas.

A investigação foi delimitada pela seleção de duas instituições bancárias e pela eleição de três sistemas de informação por elas utilizados – dois sistemas de gestão de risco e um sistema de gestão de ativos.

Iniciei a investigação com base em conceitos que tive como referência, e que me aproximaram da questão central da pesquisa: a construção social da tecnologia e a visão do indivíduo como agente no uso da TI. Da construção social, retirei a visão de que a tecnologia é produzida socialmente. Creio que, no desenvolvimento de SIs, indivíduos e grupos negociam permanentemente, de forma explícita ou velada, o que virá a ser a tecnologia. Essa negociação se dá mediante assimetrias de poder, que limitam a ação dos indivíduos nas organizações. Retirei da visão do indivíduo como agente no uso da TI a ideia de que o usuário é um ator social, alguém que usa a tecnologia modificando-a para atender às suas necessidades. Ele faz isso num contexto em que sua liberdade de escolha da tecnologia de que irá dispor também é limitada.

Inspirei-me no método estruturalista para revelar as condições de interação entre os três sistemas em questão e o trabalho nos bancos analisados. Busquei a estrutura que subjaz às práticas adotadas pelos agentes, incidentes sobre os SIs e sobre o trabalho.

A observação e a análise das práticas me permitiram identificar as mais relevantes para a interação entre os agentes e os dispositivos tecnológicos, que constituem reconstruções de SI e modificações sobre o trabalho. Organizei-as numa tipologia de práticas associadas aos sistemas e ao trabalho. Analisando as origens dessas práticas e suas relações com os agentes e os dispositivos, encontrei uma estrutura de arranjo operacional: uma combinação entre vários elementos, que assegura a interação funcional entre os agentes e os sistemas. Esse arranjo tem a forma de uma retícula de sobreposição das práticas, onde é essa composição que assegura a interação entre os sistemas e o trabalho. As práticas, em isolado, não garantem a interação.

Da interpretação dessa primeira estrutura manifesta, encontrei a estrutura subjacente à interação entre os sistemas e o trabalho. Iniciei a interpretação buscando as explicações para cada prática. Nessas explicações, identifiquei conjuntos de elementos de poder e resistência, de confluência de interesses individuais e organizacionais e de conformismo e conformidade.

A observação conjunta desses elementos permitiu chegar à tese sustentada por esta pesquisa: a interação entre os sistemas de informação e o trabalho nos bancos é definida por uma estrutura de conversão recíproca. Essa conversão se dá pela humanização dos sistemas e pela tecnicização do trabalho, explicadas ao longo deste capítulo.

Referencial teórico

A construção social da tecnologia

A ideia inicial da pesquisa foi a de que a tecnologia é socialmente construída, descartando qualquer opção baseada no determinismo tecnológico. Partiu-se da crença de que a implementação de uma tecnologia é apenas um dos estágios para sua assimilação no processo de trabalho. A princípio, a ideia foi a de que os indivíduos redefinem e modificam, durante a prática, os significados das tecnologias, suas propriedades e suas aplicações, em um processo de construção social.

Historicamente, a tecnologia vem sendo, muitas vezes, tratada como uma força determinística, de impactos previsíveis (Liker, Haddad e Karlin, 1999). Recentemente, houve um reconhecimento da complexidade da tecnologia e de seu relacionamento com o trabalho. A perspectiva construcionista reconhece que elementos tecnológicos por si sós não podem explicar adequadamente o desenvolvimento da tecnologia ou seu uso (Pinch e Bijker, 1984). Fatores técnicos e sociais estão interconectados (Woolgar, 1996).

Tecnologias distintas são trazidas para configurações sociais diferentes por diversos motivos, podendo gerar uma ampla gama de efeitos (Liker, Haddad e Karlin, 1999). A implementação de uma tecnologia muitas vezes passa por problemas como: (1) degradação da qualidade de vida das pessoas no trabalho, ao reduzir a segurança no emprego, aumentar o estresse e gerar incertezas quanto aos interesses de carreira; (2) impacto negativo na comunicação informal, responsável pela amizade, confiança, autorrespeito e sentimento de pertencimento ao grupo; (3) redistribuição indesejada de poder; (4) perda do emprego ou do significado para a vida no trabalho (Ramos e Berry, 2005).

A visão de teóricos da construção social é de que as tecnologias e seus efeitos são controlados pela interação entre os agentes sociais (Fulk, 1993). Estes pesquisadores analisam como interpretações, interesses sociais e conflitos moldam a produção da tecnologia, ao moldar seu significado cultural e as interações sociais entre grupos relevantes (Orlikowski, 2000).

A construção social da tecnologia (*social construction of technology* - SCOT) nasce do construtivismo social de Berger e Luckmann (1966) e defende a posição de que diferentes grupos sociais formulam problemas distintos e atribuem significados diferentes às inovações tecnológicas (Pozzebon, Titah e Pinsonneault, 2006).

A SCOT tem sua origem como área de pesquisa no trabalho de MacKenzie e Wajcman *The social shaping of technology* (1985) e no artigo de Trevor Pinch e Wiebe Bijker intitulado "The social construction of facts and artifacts: or how the sociology of science and the sociology of technology might benefit each other" (1984). Desses trabalhos seminais, surgiu um campo de pesquisa extenso, que inclui a visão do indivíduo como agente e as estruturas sociais que influenciam o desenvolvimento da tecnologia.

O modelo conceitual de Pinch e Bijker consiste em quatro componentes relacionados. O primeiro é a flexibilidade interpretativa, em que o projeto de uma tecnologia é um processo aberto que pode produzir diferentes resultados, dependendo das circunstâncias sociais de seu desenvolvimento. Os artefatos tecnológicos são indeterminados, e o resultado do processo de desenvolvimento poderá ser diferente, de acordo com a circunstância: eles serão decorrentes de negociações entre grupos. O segundo componente é o conceito de grupo social relevante. Todos os membros de um dado grupo social compartilham um mesmo conjunto de significados em relação a um artefato específico. Eles são agentes cujas ações manifestam os significados que eles dão ao artefato. O desenvolvimento tecnológico é um processo no qual múltiplos grupos, cada um com sua interpretação específica de um artefato, negociam sobre o projeto, com diferentes grupos sociais vendo e construindo objetivos distintos.

A estabilização é o terceiro componente. Um projeto que envolva múltiplos grupos pode ter controvérsias quando diferentes interpretações levam a imagens conflitantes da tecnologia. O projeto irá evoluir até que esses conflitos sejam resolvidos e o artefato não represente problema para nenhum grupo social relevante. O processo de desenvolvimento se encerra, sem modificações futuras no projeto, e o artefato se estabiliza. O último componente do modelo é o contexto. Há uma esfera sociocultural e política na qual o desenvolvimento do artefato se dá. Este é o componente menos desenvolvido desse modelo. As condições em que se dá a interação entre os grupos, as relações entre eles, as regras que orientam essas interações e fatores que contribuem para diferenças de poder são pouco discutidos (Klein e Kleinman, 2002).

Essa formulação inicial da SCOT sofreu críticas, inclusive de seus criadores (Pinch, 1996). A maioria das críticas diz respeito a se dar muita ênfase à agência e negligenciar estruturas. Uma das principais críticas é que a SCOT originalmente admite que todos os grupos são iguais e que todos eles participam do processo de construção da tecnologia. Contraria a ideia de assimetria de poder entre os grupos (Winner, 1993) e desconsidera que alguns grupos são alijados do processo de criação de uma tecnologia (Williams e Edge, 1996).

Aos quatro componentes fundamentais, Bijker (1995) acrescentou algo que chamou de quadro tecnológico (*technological frame*), referindo-se ao modelo cognitivo compartilhado que define um grupo social relevante e constitui a interpretação comum aos membros sobre o artefato. Esse quadro pode incluir objetivos, problemas, teorias, regras, procedimentos de teste que, tácita ou explicitamente, estruturam o pensamento dos membros do grupo, a resolução de problemas, a formulação de estratégias e as atividades de projeto. O quadro modelo irá promover certas ações e desencorajar outras. Nele, não é tudo mais que é permitido, mas as possibilidades restantes são relativamente claras e prontamente disponíveis aos membros do grupo. A introdução de Bijker, do quadro tecnológico, é um passo importante para o reconhecimento de estruturas subjacentes à agência.

Klein e Kleinman (2002) reconheceram as estruturas como construções sociais em si. Eles criticaram a SCOT ao apresentar a ideia de que o compartilhamento de significado entre indivíduos não garante que eles irão se organizar em grupo para participar do processo de projeto da tecnologia. Grupos potenciais podem se confrontar com barreiras para a participação e organização. Assim, alguns significados coletivos que têm relevância para o artefato podem não se tornar organizados para participar do processo de projeto, o que pode ter grande impacto no artefato final. Eles propuseram que a atenção a fatores estruturais dá oportunidades para entender a eficácia de sistemas de significados e o papel dos significados em moldar artefatos.

A estrutura dos grupos pode possibilitar divisões internas que partilham seus significados – elites administrativas internas cujas percepções e interesses podem divergir de outros membros. Pelo controle da administração, essa elite pode impor seus interesses a toda a organização ao impedir ações que contrariem seus interesses. Ela pode impor seus significados ao artefato. As capacidades de grupos sociais relevantes e de atores são moldadas pelas características da estrutura em que estão inseridas (Klein e Kleinman, 2002).

Da construção social, retirei a visão de que a tecnologia é produzida socialmente. Considero que, nesse processo de construção social, os indivíduos e grupos têm assimetrias de poder. Creio que haja, durante o desenvolvimento tecnológico, diferentes forças negociando, de forma explícita ou velada, o que virá a ser a tecnologia. Penso que esse processo de negociação é um processo sempre em aberto, com fases mais dinâmicas, quando a tecnologia sofre mais transformações, e com fases de maior estabilidade, em que as mudanças são eventuais. Creio que a estabilização completa nunca é alcançada, pois as necessidades dos usuários se modificam. Por fim, não acredito que o usuário tenha total liberdade de ação para definir o uso que fará de um sistema numa organização. Ele age dentro de limites de liberdade que a organização lhe confere e que ele conquistou em sua vida organizacional.

O indivíduo como agente no uso da TI

Com base nas ideias da construção social da realidade, propostas por Berger e Luckmann (1966), o sociólogo britânico Anthony Giddens desenvolveu a teoria da estruturação, que representa uma alternativa para investigações no campo da TI – uma abordagem teórica que ajuda a compreender como a interação dos usuários com a tecnologia da informação acontece, quais são suas implicações e como se pode tentar lidar com suas consequências intencionais e não intencionais (Jones e Karsten, 2008; Pozzebon e Pinsonneault, 2005).

Com exceção de alguns comentários sobre a sociedade do conhecimento e a economia digital, Giddens não privilegiou o estudo das tecnologias. Entretanto, dada a inserção da tecnologia nas operações diárias das organizações, e dado o papel da TI na construção da realidade nas organizações contemporâneas, diversas aplicações das ideias de Giddens foram feitas em pesquisas nessa área (Walsham, 2002; Nicholson e Sahay, 2001; Maznevski e Chudoba, 2000).

Dois elementos discutidos na teoria da estruturação receberam a atenção especial de pesquisadores na área de tecnologia da informação: a noção de dualidade entre estrutura e ação, e a capacidade de aprendizado do ator (Pozzebon e Pinsonneault, 2005).

O estudo da dualidade entre estrutura e ação enfatiza a construção e a reconstrução da prática social. A estrutura é vista como algo incorporado na prática, ou numa série de práticas, de forma recursiva. Os fenômenos sociais não são produtos nem da estrutura, nem da agência, mas de ambas. A estrutura social não é independente da agência nem a agência independente da estrutura. Os agentes agem conforme estruturas sociais, ao mesmo tempo que suas ações produzem e reproduzem a estrutura social.

A recursividade presente na interação do usuário com a tecnologia consiste em, na prática recorrente, o usuário moldar a estrutura da tecnologia, que por sua vez molda seu uso (Orlikowski, 2000). Da ação humana, emergem a natureza real da tecnologia e suas consequências. A estrutura da tecnologia não é externa ou independente da ação humana, mas existe como um conjunto de regras de comportamento e como uma habilidade de explorar recursos, que emergem da interação da pessoa com a tecnologia (Walsham, 2002). A estrutura é o que dá forma à vida social, mas não é a forma em si. A estrutura existe somente e por meio da ação humana (Giddens, 1979, 1984).

O outro elemento destacado da teoria da estruturação é a visão do ator social como alguém com capacidade de aprendizado e reflexão. Os atores sociais aprendem modelos de ação e interação que se tornam padronizados, ou até mesmo institucionalizados, formando assim as propriedades estruturais da organização. Estas propriedades estruturais, ao serem reproduzidas pelos atores, possibilitam e restringem a ação humana (Pozzebon e Pinsonneault, 2005). Os padrões de ação e interação, bem como as propriedades estruturais decorrentes, estão relacionados com o uso que o indivíduo fará dos recursos tecnológicos.

Na aplicação das ideias da teoria da estruturação em pesquisas sobre o uso da TI nas organizações, alguns erros são frequentes. É comum encontrar nessas pesquisas a visão de que a tecnologia se estabiliza após o desenvolvimento, em que se admite um processo de construção social somente durante o desenvolvimento da tecnologia. Após as fases de desenvolvimento e estabilização, haveria pouca divergência sobre o que a tecnologia pode fazer. Os modelos de estruturação de tecnologia que pressupõem flexibilidade na forma como essas estruturas são apropriadas evitam esse determinismo tecnológico. A pressuposição de que a tecnologia possui estruturas específicas estáveis é problemática, pois descreve as tecnologias como artefatos assentados e estáticos, com ordens de estruturas fixas e determinadas que são disponibilizadas para os usuários. Essa ideia de estabilidade é vencida por pesquisas empíricas que mostram que as pessoas modificam as tecnologias e seus conceitos muito depois de seu planejamento e desenvolvimento (Rice e Rogers, 1980).

Embora a tecnologia possa ter propriedades materiais e carregar símbolos, ela não possui uma estrutura, pois essa só é formada na prática. Quando o homem interage regularmente com uma tecnologia, ele se envolve com suas propriedades materiais e simbólicas. Na interação repetida, certas propriedades da tecnologia entram num processo de estruturação. A prática social recorrente resultante produz e reproduz uma estrutura particular de uso da tecnologia. Essa estrutura é construída recursivamente com a interação humana regular com propriedades da tecnologia e configura o conjunto de regras e recursos que moldam esta interação (Orlikowski, 2000).

Essa visão relacionada à prática é mais adequada para o estudo do uso da tecnologia, pois não tem suposições sobre sua estabilidade, previsibilidade e completude relativa. A finalização de uma tecnologia não é definitiva, pois conflitos e controvérsias podem ser reabertos e novas mudanças podem ocorrer (Beder, 1991). O foco da visão por meio da prática está nas estruturas que emergem à medida que as pessoas interagem recorrentemente com quaisquer propriedades da tecnologia que elas têm em mãos, seja para construir, aprimorar, modificar ou inventar a tecnologia (Orlikowski, 2000).

Os modelos de estruturação de tecnologia estudam como as pessoas fazem uso dela por meio da adaptação, da reinvenção ou da apropriação.

A adaptação consiste em esforços cognitivos e de comportamento feitos pelos usuários para gerir consequências específicas associadas a um evento tecnológico que ocorre em seu ambiente (Beaudry e Pinsonneault, 2005). Está ligada preponderantemente a alinhamentos ou alterações na tecnologia (Leonard-Barton, 1988), mas inclui também mudanças em procedimentos, crenças, conhecimentos e relacionamento entre usuários (Sokol, 1994).

A reinvenção é a mudança da tecnologia para que esta atenda às necessidades dos usuários, feita de forma imprevista por seus criadores (Leonard-Barton, 1988).

A apropriação ocorre quando as pessoas ativamente escolhem como as tecnologias serão usadas. Trata-se de uma situação em que o usuário reconhece o valor potencial de uma tecnologia, analisa suas capacidades e observa as necessidades que tem em relação ao artefato. Daí ele modifica, redefine e usa a tecnologia buscando atender às suas necessidades. A apropriação implica a modificação da inovação feita de forma contínua, incremental e acumulativa (DeSanctis e Poole, 1994; Orlikowski, 1996a).

DeSanctis e Poole (1994:130) identificaram diferentes tipos de apropriação, como preservação, substituição, combinação, enriquecimento, contraste, imposição, afirmação ou negação das estruturas provenientes da tecnologia.

A noção de apropriação capta bem a importância da ação humana ao moldar o uso da tecnologia, mas ela vê a ação humana em termos da interação com as estruturas incorporadas na tecnologia. Se forem observadas as estruturas emergentes, em vez das incorporadas, uma visão alternativa sobre o uso da tecnologia é possível – uma visão que permite observar o que os usuários fazem com a tecnologia, não como uma apropriação, mas como uma atuação – no sentido de transformar em ação. Assim, em vez de se concentrar na tecnologia e ver como os atores se apropriam das estruturas incorporadas, essa visão tem como foco a ação humana, e examina como ela representa as estruturas emergentes mediante a interação com a tecnologia. Concentrar a atenção em como a estrutura é construída e reconstruída na prática social recorrente mostra que, embora o usuário possa utilizar a tecnologia na forma como ela foi concebida, ele pode e faz usos diferenciados, ignorando algumas de suas propriedades, trabalhando de forma a contorná-las, ou criando novas formas que podem ser até contraditórias com as expectativas iniciais (Orlikowski, 2000).

Irão coexistir dois aspectos da tecnologia: a tecnologia como um artefato e o uso da tecnologia (Orlikowski, 2000). A tecnologia é, por um lado, uma entidade identificável e relativamente durável, um fenômeno organizado no tempo e no espaço. Ela tem propriedades culturais e materiais que transcendem a experiência de configurações individuais ou particulares. Nesse aspecto, a tecnologia pode ser chamada de artefato tecnológico. Ao mesmo tempo, o uso da tecnologia envolve a experiência repetida, uma ordenação pessoal e uma versão editada do artefato tecnológico, que cada indivíduo experimenta diferentemente. Este foi chamado pela autora de "tecnologia na prática", para se referir à estrutura específica rotineiramente criada por meio do uso de máquinas, técnicas, aplicações ou dispositivos em nossas atividades. Um pacote de aplicativos de escritório, por exemplo, com um editor de texto e planilha eletrônica, tem diferentes significados para diferentes profissões, uma vez que diferentes profissionais (sejam eles, por exemplo, secretárias, contadores, consultores) farão usos distintos do mesmo artefato (Vaast e Walsham, 2005). Pela prática, os agentes remodelam a "tecnologia na prática".

Do ponto de vista do usuário, uma tecnologia vem com um conjunto de propriedades elaboradas por quem a projetou. Essas propriedades devem ser examinadas para identificar as atividades tipicamente associadas à tecnologia. Entretanto, como realmente essas propriedades são usadas não é inerente à tecnologia ou um fato predeterminado; irá depender do que as pessoas vão de fato fazer com elas. Quando uma pessoa escolhe utilizar uma tecnologia, também escolhe como interagir com ela. Alguns estudos já mostraram que as pessoas podem, deliberadamente ou inadvertidamente, usar a tecnologia de forma imprevista. Seja por erro (percepção reduzida, falha de compreensão, distração) ou intenção (sabotagem, inércia, inovação), usuários ignoram, alteram ou desviam-se das propriedades da tecnologia (Markus, 1983). Elas também irão adicionar ou modificar propriedades da tecnologia que elas tenham em mãos (por exemplo, acrescentando dados, instalando *softwares* etc.), adequando ou refazendo o artefato para satisfazer necessidades e interesses pessoais (Orlikowski, 2000).

Quando as pessoas usam a tecnologia, elas têm por base as propriedades do artefato. Entretanto, também utilizam capacidades, poderes, conhecimentos, premissas e expectativas sobre a tecnologia e seu uso, influenciadas por treinamentos, comunicação e experiências anteriores. O usuário considera ainda o contexto institucional em que ele vive e trabalha, além das convenções culturais e sociais associadas. O uso da tecnologia é estruturado por essas experiências, conhecimentos, significados, hábitos, relações de poder, normas e artefatos tecnológicos. Essa estruturação gera uma série de regras e recursos na prática que estruturam o uso da tecnologia no futuro. Assim, através do tempo, as pessoas constituem e reconstituem o uso da tecnologia, gerando novas "tecnologias na prática". Na ação recorrente, o usuário reconstitui estruturas de duas formas: (1) por meio do reforço, quando o ator gera essencialmente a mesma estrutura sem mudanças notáveis; (2) por meio da transformação, quando os atores geram estruturas modificadas, com alterações modestas ou substanciais.

Retirei do arcabouço teórico a ideia de que o usuário de TI é um ator social, alguém que usa a tecnologia de forma inesperada, modificando-a para atender às suas necessidades. Isso se dá associado ao fato de que, no ambiente organizacional, não necessariamente o indivíduo terá oportunidade para escolher a tecnologia que irá usar. Ele escolhe entre opções tecnológicas definidas no nível organizacional.

Fui ao campo buscando estudar sistemas de informação por meio desta lente prática, entendendo que o artefato tecnológico e a tecnologia na prática coexistem na realidade. Não busquei o modo como se dá a formação da estrutura, mas revelei a estrutura compartilhada pelos atores sociais no uso da TI, que incide nas práticas sobre o trabalho e nas reconstruções dos SIs.

Instituições e sistemas analisados

A investigação foi realizada em duas instituições bancárias, que chamo de *Banco 1* e *Banco 2*. O Banco 1 é um dos maiores bancos privados de origem e sede europeia, instalado no Brasil há mais de 20 anos. O Banco 2 é um banco público brasileiro – uma das maiores e mais tradicionais instituições financeiras do país.

Foram investigados os processos de criação, implantação, utilização e desenvolvimento de dois tipos de sistemas utilizados nessas instituições: o sistema de gestão de risco e o sistema de gestão de ativos. Ambos os tipos são sistemas de *workflow*, que estruturam o processo produtivo e são de utilização obrigatória.

Os sistemas de gestão de riscos, desenvolvidos pelos próprios bancos, servem à concessão de crédito e operação da gestão de risco da instituição. Os sistemas dos dois bancos operam com base num *workflow*, que incorpora a entrada da proposta de solicitação de crédito pelos usuários da rede de agências, a análise, automatizada ou não, do crédito, a negociação das condições da concessão e, por fim, a formalização, quando acontece a liberação do recurso para o cliente. Denominei o sistema de gestão de riscos do Banco 1 *Risk* e o sistema do Banco 2 *Portal de Risco*.

O terceiro sistema analisado é o sistema de gestão de ativos, utilizado pelo Banco 1 e pelo Banco 2, que recebeu nesta pesquisa o nome *Asset*. Esse sistema é um produto desenvolvido por uma empresa que chamei de KNL. Com cerca de 70 clientes, que controlam mais de R$ 1 trilhão em 14 mil portfólios e 4 mil fundos, a KNL é a provedora líder de sistemas de gestão de ativos na América Latina. Ela detém 85% do mercado de fundos hoje – de *asset management*, fundos de pensão, custódia e corretoras. O sistema Asset consiste numa única plataforma com vários módulos, como liquidação, valorização de carteira e cálculo de cota, conciliação e troca de mensagens entre instituições. A instituição pode adquirir os módulos que desejar. O módulo principal do sistema, foco desta pesquisa, é o Sistema de Administração de Carteiras (SAC).

Metodologia

A coleta de dados para a pesquisa nessas instituições foi realizada com base em entrevistas semiestruturadas, observações do ambiente e análise documental dos dados relativos aos sistemas analisados.

As entrevistas semiestruturadas foram realizadas junto a dois grupos: gestores de TI e usuários dos sistemas. Foram entrevistadas 46 pessoas nas duas instituições: 11 gestores de tecnologia (seis do Banco 1 e cinco do Banco 2), 20 usuários do sistema *Risk*, quatro usuários do *Portal de Risco*, sete usuários do sistema Asset no Banco 1 e quatro usuários do sistema Asset no Banco 2.

Após coletados, tratei os dados seguindo o protocolo estruturalista. Baseada na crença de que o método é construído de acordo com o objetivo da pesquisa, não me impus o compromisso de seguir rigorosamente os passos adotados por Lévi-Strauss (1970).

Resultados da pesquisa

A estrutura de arranjo operacional

Ao analisar os principais itens revelados pela pesquisa, identifiquei as práticas que ligam os agentes aos dispositivos, o trabalho aos sistemas, e que constituem elementos da estrutura manifesta. São elas: (1) construção compartilhada; (2) assimilação do SI; (3) concepção de aprimoramentos; (4) incorporação de aprimoramentos; (5) edições do sistema; (6) controle massificado; (7) função enriquecida; (8) controle da autonomia; (9) restrição da responsabilidade; (10) tarefa programada; (11) limitação do desenvolvimento tecnológico.

Para apresentar essas práticas e suas origens, agrupei-as em uma tipologia que as divide em práticas associadas aos sistemas e práticas associadas ao trabalho.

As práticas associadas aos sistemas identificadas, sintetizadas no quadro 1, são: (1) construção; (2) assimilação do SI; (3) concepção de aprimoramentos; (4) incorporação de aprimoramentos; (5) edições do sistema.

Entendo por *construção compartilhada* a concepção e o desenvolvimento de sistemas de informação feitos com a participação de diversos agentes. A inserção dos sistemas nas organizações investigadas se dá num processo de construção social, em que usuários, gestores de TI (dos bancos e, no caso do Asset, também do fornecedor) e programadores participam ativamente da concepção, programação e homologação dos sistemas. A participação de diversos agentes na construção dos SIs tem por origem o desejo de desenvolver um sistema que esteja de acordo com as demandas do trabalho. Além disso, essa participação extensiva aumenta a possibilidade de mais benefícios serem incorporados ao sistema, devido à pluralidade de visões que os diversos agentes podem apresentar.

A *assimilação do sistema de informação* consiste em sua incorporação pelos usuários como ferramenta do processo produtivo. Ela ocorre mediante a imposição do uso do sistema, as estratégias de capacitação e a identificação de benefícios organizacionais e individuais por parte dos usuários do sistema.

A *concepção de aprimoramentos* é a prática dos usuários e gestores dos sistemas de informação de idealização de inclusões, exclusões e alterações de campos, funções e lógicas, com a intenção de tornar o sistema uma ferramenta melhor, de acordo com os critérios que eles considerarem relevantes. A concepção de aprimoramentos advém da busca de incorporação de benefícios e de atualização do sistema para as necessidades do trabalho. Os aprimoramentos concebidos pelos usuários podem ou não ser repassados aos gestores do sistema, dependendo da existência de canais de comunicação. Os usuários costumam também, na transmissão das suas solicitações de aprimoramento, pedir somente o que é mais emergencial e necessário para o trabalho, buscando a otimização dos recursos disponíveis.

A *incorporação de aprimoramentos* reside na inserção de mudanças no sistema, mediante a seleção de solicitações de melhorias concebidas por usuários ou vislumbradas pelo gestor de TI. Este último elege o que será incorporado ao sistema e com que prioridade, considerando a preservação dos objetivos do sistema, os benefícios potenciais e a otimização dos recursos de que ele dispõe para realização das mudanças. Na incorporação dos aprimoramentos, o sistema é reconstruído.

A *edição do sistema* consiste nos diferentes tipos de uso que os usuários praticam: o uso parcial, o uso combinado e o uso adaptado. Esses usos são necessários para a adequação do sistema às necessidades da tarefa ou a preferências e capacidades individuais. Eles também são motivados pela incorporação de benefícios que os usuários vislumbrem que possam obter na utilização diferenciada e se dá também de acordo com o grau de flexibilidade que pode ser encontrado tanto no sistema quanto na tarefa. Por fim, a combinação do sistema com outros sistemas internos e *softwares* tem por base a racionalidade técnica – visa evitar duplicidade de dados e aproveitar funções que outros recursos disponíveis para os usuários já possuam. Muitas vezes, essas edições acabam por gerar aperfeiçoamento no artefato tecnológico ao se tornarem sugestões de aprimoramento selecionadas pelo gestor de TI.

As principais práticas associadas ao trabalho identificadas, agrupadas no quadro 2, foram: (1) o controle massificado; (2) a função enriquecida; (3) o controle da autonomia; (4) a restrição da responsabilidade; (5) a tarefa programada; (6) a limitação do desenvolvimento tecnológico.

O *controle massificado* é um tipo de controle estabelecido pela observância das normas existentes na utilização dos sistemas e pela maior capacidade de acompanhamento das tarefas proporcionada pela integração entre as áreas. Ele nasce da busca de otimização de recursos – visa simplificar as tarefas operacionais dos usuários e obter, mesmo assim, um melhor resultado. O controle massificado também está relacionado aos objetivos do sistema de maior integração entre as áreas ou de controle de risco.

Quadro 1
Práticas associadas ao sistema

Prática (elemento)	Origem
Construção compartilhada	Construção do SI de acordo com as demandas do trabalho Busca de incorporação de benefícios
Assimilação do SI	Imposição de uso Habituação Identificação de benefícios
Concepção de aprimoramentos	Busca de incorporação de benefícios Busca de atualização para necessidades do trabalho Ausência de canais de comunicação Otimização de recursos
Incorporação de aprimoramentos	Preservação de objetivos do sistema Busca de incorporação de benefícios Otimização de recursos
Edições do sistema	Adequação às necessidades da tarefa Adequação às preferências e capacidades individuais Busca de incorporação de benefícios Natureza do sistema e do trabalho Racionalidade técnica

A *função enriquecida* consiste no ganho de complexidade da função decorrente da diversificação de produtos e serviços oferecidos e na maior riqueza das informações disponíveis para as atividades cotidianas. Ela é função da otimização de recursos (humanos) obtida, uma vez que o usuário tem mais tempo livre para se dedicar a atividades mais complexas, pois uma parcela do caráter repetitivo da sua tarefa foi automatizada. Além disso, um dos objetivos dos sistemas é dar à organização a capacidade de lidar com uma gama maior de produtos e serviços, o que acaba enriquecendo a função do usuário.

O *controle de autonomia* consiste na restrição da liberdade de ação dos usuários mediante a automação de tarefas por sistemas de informação, que devem ser utilizados de acordo com normas estabelecidas. Ele tem origem no objetivo dos sistemas de o usuário agir conforme a alçada estabelecida.

A *restrição da responsabilidade* se dá pela concentração da responsabilidade da tarefa em setores específicos. No *Risk*, por exemplo, a formalização da proposta, que antes era feita pelos gerentes da rede de agências, passou a ser executada por um departamento específico. Isso se dá para otimização de recursos organizacionais em razão da liberação de tempo dos grupos maiores para cumprimento de outras atividades e devido aos objetivos do próprio sistema – mais uma vez, o usuário deve agir conforme alçada estabelecida.

A *tarefa programada* reside no cumprimento da tarefa segundo regras, normas e protocolos estabelecidos na lógica do SI. Ela tem a função de otimização de recursos, uma vez que simplifica o que deve ser feito pelo usuário, e cumpre os objetivos de controle do sistema – o usuário cumprirá a atividade de acordo com o que o sistema estabelece.

Por fim, a *limitação do desenvolvimento tecnológico* consiste nas restrições para atendimento das demandas por automação. Como a organização não investe em desenvolvimento tecnológico de forma irrestrita, esse limite é natural. A organização investe buscando maximizar os retornos de investimento em tecnologia que ela faz. Outra face dessa limitação está na dependência que a organização tem de fornecedores externos. Em alguns casos, ela não consegue ter suas demandas atendidas pelos fornecedores no momento em que ela deseja.

Quadro 2
Práticas associadas ao trabalho

Prática	Origem
Controle massificado	Otimização de recursos Objetivos do sistema
Função enriquecida	Otimização de recursos Objetivos do sistema
Controle da autonomia	Objetivos do sistema
Restrição da responsabilidade	Otimização de recursos Objetivos do sistema
Tarefa programada	Otimização de recursos Objetivos do sistema
Limitação do desenvolvimento tecnológico	Limite do investimento em desenvolvimento tecnológico Dependência do fornecedor Otimização de recursos

A composição entre os elementos

As relações entre as práticas, os dispositivos e os agentes são apresentadas a seguir.

A construção compartilhada permite a participação do agente na concepção do dispositivo, determinando o que é idealizado pelos agentes e o que é de fato incorporado nele. A incorporação e a não incorporação podem representar um aprimoramento ou uma piora do dispositivo.

Criado o dispositivo, ele deve ser assimilado pelos agentes no trabalho. Essa assimilação do SI se inicia pela imposição do dispositivo ao agente, que é obrigado a utilizá-lo como ferramenta de trabalho. No entanto, o que o agente vai utilizar e como vai utilizar é parcialmente determinado por ele, numa opção voluntária. A assimilação se dá na medida em que o agente determina o que no dispositivo ele identifica como benéfico e o que não traz benefícios – que ele, se tiver opção, não irá assimilar. O dispositivo é algo novo dentro do processo produtivo, para o que será necessária a criação do hábito.

Após a assimilação, quando o dispositivo já integra o processo produtivo, os agentes vislumbram os aprimoramentos que poderiam ser feitos. Mais uma vez, surge uma dicotomia entre o que é idealizado e o que é de fato incorporado no sistema. Entre o idealizado e o incorporado, há o que é transmitido e o que não é transmitido pelo agente. Ele pode idealizar um aprimoramento, sem transmitir sua ideia adiante.

Caso os aprimoramentos sejam transmitidos, eles podem ser incorporados no sistema ou podem ser vetados pelo gestor da tecnologia. Se selecionado, o aprimoramento a ser executado pode ser priorizado ou adiado pelo mesmo gestor.

Além dos aprimoramentos que os dispositivos podem sofrer em sua estrutura, que ficarão disponíveis para todos os usuários, há também as edições associadas ao uso específico do dispositivo por um agente. São as edições do sistema por meio das adições e subtrações, obtidas pelas combinações e pelo uso parcial do sistema. Há também usos que adaptam o dispositivo para outros fins, que residem no uso adaptado. Este difere dos usos que seguem os fins propostos para o dispositivo, que constituem o uso padronizado.

As práticas incidentes sobre o trabalho, corporificadas pelo agente, geram diversas modificações. O primeiro ponto é que o agente passa a ter o controle do seu trabalho exercido de forma massificada, impessoal. O controle personificado, realizado pela observação direta do supervisor sobre a execução da tarefa do subordinado, ganha fluidez e perde frequência no cotidiano do agente. Nem por isso o agente passa a ser livre em sua produção. Ele continua vigiado, mas essa vigilância se dá por meios automatizados que controlam e delimitam sua produção. Trata-se de um controle ora transparente, quando o agente tem a consciência de que o produto de seu trabalho está aberto para todos, ora velado, quando ele acredita que as amarras do dispositivo dão à instituição segurança sobre o que está sendo feito, e que por isso o controle não é mais necessário.

A autonomia do agente é controlada. Alguns têm sua autonomia reduzida para a ampliação do controle e passam a exercer seus trabalhos de forma normatizada. Outros têm autonomia no exercício de suas atividades, pois a lógica por trás do sistema já prevê essa liberdade.

Associada ao controle da autonomia está a restrição da responsabilidade imposta aos agentes. Se diferirem seus graus de autonomia, a responsabilidade por suas ações é também afetada. Pessoas que têm sua autonomia reduzida são desobrigadas de determinadas responsabilidades sobre este processo. Por exemplo, os gerentes de agência têm perda de autonomia no processo de concessão de crédito, mas a responsabilidade quanto à formalização da proposta também é restrita, sendo delegada a outros agentes.

O agente tem também sua função enriquecida. Uma parcela do seu trabalho pode ser banalizada pela automação, mas o acréscimo de informações disponíveis para análise e a diversificação de produtos e serviços tornam o trabalho mais interessante. Isto dá também amplitude de atuação ao agente, que antes estava restrito ao conjunto mais limitado de informações com que conseguia lidar, devido à falta de automação para coleta e análise dos dados.

O enriquecimento da tarefa convive com sua programação. Uma parte do trabalho consiste na tarefa programada, em que os agentes cumprem o que as normas para utilização do sistema determinam. A outra parte é variável, está a seu critério.

A automação das tarefas por vezes fica pendente, por causa da limitação do desenvolvimento tecnológico. Isso restringe o dispositivo em relação ao que está disponível para o agente ou continua pendente em desenvolvimento. O aumento das funcionalidades para os agentes pode se dar mediante o aumento da capacidade de desenvolvimento tecnológico não só porque a organização passa a dispor de mais recursos para a atividade de desenvolvimento como também na medida em que isso estimula, direta ou indiretamente, a participação de grupos mais numerosos no que tange às sugestões de novas funcionalidades.

As relações entre os agentes, os dispositivos e as práticas identificadas estão resumidas no quadro 3.

Quadro 3
As relações entre os elementos

Prática	Relação entre elementos
Construção compartilhada	Idealizado × incorporado Aprimorado × piorado
Assimilação do SI	Imposto × voluntário Benéfico × não benéfico Habitual × novo
Concepção de aprimoramentos	Idealizado × incorporado Transmitido × não transmitido
Incorporação de aprimoramentos	Selecionado × não selecionado Incorporado × vetado Priorizado × adiado
Edições do sistema	Adicionado × subtraído Adaptado × padronizado
Controle massificado	Massificado × personificado Vigiado × livre Transparente × velado
Controle da autonomia	Autônomo × normatizado
Restrição da responsabilidade	Obrigado × desobrigado
Função enriquecida	Interessante × banal Amplo × restrito
Tarefa programada	Programado × variável
Limitação do desenvolvimento tecnológico	Disponível × pendente

A interpretação das práticas encontradas e de suas relações com os agentes e os dispositivos permite a determinação da estrutura manifesta. Trata-se de uma estrutura de arranjo operacional: uma combinação entre vários elementos, que assegura que a interação entre os agentes e os sistemas, por meio do trabalho, aconteça, contribuindo para o alcance dos resultados pretendidos por meio da utilização dos sistemas.

Esse arranjo tem início na participação dos diversos agentes na concepção do SI, que visa garantir que o sistema seja o mais próximo possível da necessidade dos usuários, sem que isso transgrida os objetivos da criação da ferramenta. A capacitação do usuário, que favorece a habituação dele a sua nova forma de trabalho, também é uma estratégia para facilitar a incorporação do sistema ao trabalho e as mudanças no trabalho decorrentes da implantação do sistema. O arranjo operacional se estende no uso do SI, obrigatório como ferramenta do trabalho, mas com alguma flexibilidade quanto à sua forma de utilização. Essa flexibilidade é materializada nas versões editadas do artefato para seu ajustamento ao trabalho individual. Por fim, a interação entre o SI e o usuário é favorecida pelos aprimoramentos que os sistemas sofrem mediante as oportunidades de melhorias vislumbradas pelos usuários. Tais oportunidades são selecionadas tanto por quem as identificou quanto pelos gestores do sistema, para que haja concentração no prioritário e se mantenha a essência da ferramenta criada.

As transformações do trabalho têm também em si essa combinação de elementos, que contribui para o alcance dos resultados pretendidos. Esses resultados são alavancados pelas transformações decorrentes da massificação do controle, do controle da autonomia, da restrição da responsabilidade, do enriquecimento da função, da programação da tarefa e da obtenção de benefícios variados. As transformações do trabalho pelos SIs têm como fronteira a limitação do desenvolvimento tecnológico, que restringe o avanço das ferramentas tecnológicas, facilitando o controle da preservação dos objetivos do sistema.

O explanatório: a estrutura de conversão recíproca

Para a identificação da estrutura subjacente, parti da interpretação da estrutura manifesta, tal como apresentada na seção anterior. Examinei as práticas de interação entre o trabalho e os sistemas e explicitei os elementos não observáveis diretamente. Para maior clareza na exposição, concentrei a fundamentação teórica que subsidiou minha interpretação em um item específico, reservando a parte final do capítulo para exposição do modelo explanatório.

No esforço interpretativo, examinei as propriedades essenciais das práticas. Identifiquei regras de ocorrência para reduzir a multiplicidade de dados empíricos a uma simplicidade explanatória. Comecei pela busca dos elementos da estrutura interpretada. Fiz isso examinando as práticas e buscando suas explicações – o que descrevo a seguir.

Na construção compartilhada reside a defesa de interesses da organização, de grupos e de indivíduos – defesa esta marcada por disputas de poder, em que usuários e grupos tentam aproximar o sistema do que é importante para eles ou do que está de acordo com os objetivos organizacionais. Por vezes, isso consiste na busca de naturalização do sistema, na tentativa de transformar uma ferramenta que não está perfeitamente ajustada às necessidades do trabalho em algo mais próximo do que se precisa. Essa aproximação às necessidades do trabalho favorece a aceitação do sistema. Do contrário, se grupos tiverem seus interesses obstruídos pelo resultado do que a construção coletiva gerou ou identificarem o sistema como algo pouco ajustado à necessidade do trabalho, a resistência ao sistema tenderá a aumentar.

A assimilação dos SIs é marcada pela obrigatoriedade do uso, uma vez que o processo produtivo é baseado no sistema. O uso dos sistemas faz parte das normas da organização para execução de algumas atividades e é regido por interesses presentes em relações de poder, determinadas pelos que normatizam a utilização do sistema e estipulam suas regras e pelos que usam o sistema de acordo com o que foi estipulado. Também está presente na assimilação do sistema a percepção de benefícios organizacionais e individuais associados ao seu uso. Essa busca por benefícios individuais e organizacionais tem por base a defesa de interesses de indivíduos, de grupos e da própria organização. Outro ponto é que o hábito da utilização do sistema precisa ser desenvolvido – a capacitação para a utilização é também uma estratégia de tornar o sistema "natural". O treinamento é uma forma de o usuário se familiarizar com algo que antes não fazia parte de seu processo de trabalho.

Após a assimilação, a prática da concepção de aprimoramentos para o sistema novamente indica uma busca de naturalização, igualmente determinada pelos interesses de pessoas, de grupos e da organização. Tais interesses estão presentes na concepção das melhorias e na seleção das ideias de aprimoramento que são passadas adiante e das que são mantidas com seus idealizadores. Quando o usuário seleciona, entre os aprimoramentos que ele idealizou, quais devem ser passados adiante, ele tende a priorizar as demandas que são mais relevantes de serem executadas segundo seu ponto de vista. Ele pode estar ciente de que algumas solicitações não devem ser atendidas, pois iriam contrariar interesses da organização ou de grupos na organização. O usuário pode também pensar um aprimoramento sem passar a ideia adiante por falta de canal de comunicação.

As incorporações dos aprimoramentos seguem a intenção de otimização de recursos, mediante as capacidades de desenvolvimento tecnológico, e de preservação dos interesses que existem por trás do sistema. Isso determina o que será incorporado ou não e quando a incorporação será realizada.

As edições do sistema, que acontecem no uso dos SIs pelos usuários, consistem, mais uma vez, na busca pela naturalização do sistema – o usuário adiciona ou subtrai propriedades do sistema ou o adapta a outras necessidades. Também na edição está a busca da defesa de interesses de pessoas, grupos ou da organização, manifesta pela procura da incorporação de benefícios. Por último, essa prática revela a racionalidade técnica da otimização de recursos, de usar funções complementares que outros recursos tecnológicos disponham, sem a necessidade de incorporá-los ao sistema.

O controle massificado é uma estratégia de normatizar o trabalho e facilitar a vigilância de uns sobre os outros para que, em última instância, os interesses organizacionais possam ser preservados. O trabalho passa a ser exercido segundo o que as normas impõem, e grupos de trabalhadores passam a controlar o que os demais fazem devido ao fluxo de atividades estabelecido. A massificação do controle otimiza recursos, uma vez que elimina a supervisão direta. A percepção de não haver uma vigilância personificada, mas de que existe transparência nas ações dos demais e de que todos seguem as mesmas regras, tende a reduzir a resistência ao sistema.

A função enriquecida resulta da busca de otimizar a utilização dos recursos humanos. A implantação dos sistemas em questão poderia causar a banalização de tarefas ao automatizar parte das atividades, o que faria com que o usuário perdesse o interesse pelo trabalho. Isso não se dá devido ao enriquecimento informacional da função ou devido à disponibilidade de dados que o sistema oferece. O trabalho tem uma parcela normatizada e automatizada. O tempo que ele libera proporciona aos trabalhadores a possibilidade de lidarem com um volume maior de produtos e serviços e faz com que estes assumam um volume e um tipo de trabalho que exige mais de suas qualificações do que antes – quando essas pessoas desperdiçavam tempo com preenchimentos de formulários e elaboração de cálculos manuais. A parcela autônoma do trabalho fica mais rica. Trata-se da otimização dos recursos humanos de que a organização dispõe, que acaba adaptando a ferramenta ao usuário na tentativa de evitar que seu trabalho se torne banal.

A tarefa programada e a autonomia reduzida caminham juntas em defesa dos interesses organizacionais. O objetivo é que o usuário cumpra o que é estabelecido pela organização. Especificamente no caso dos sistemas de gestão de risco, esse objetivo consiste em fazer com que a área de negócio cumpra com fidelidade o que foi estabelecido pela área de gestão de risco, facilitando a atividade desta última. A programação da tarefa também visa à otimização dos recursos humanos da organização, pela simplificação da atividade do usuário.

A restrição da responsabilidade decorre da preservação dos interesses organizacionais. O banco opta por manter atividades específicas e de maior complexidade sob responsabilidade de um grupo restrito. Isso acaba por compensar a perda de autonomia, uma vez que o usuário é libertado de certas responsabilidades.

O limite para o desenvolvimento tecnológico dos bancos está ligado à otimização de recursos. As instituições investem no que é prioritário e adiam o que consideram que pode esperar. Isso é necessário porque, considerando a dinâmica de evolução dos negócios no setor bancário e a alta demanda por TI para automação das tarefas e para ganhos de volume de operação, a tecnologia está sempre um passo atrás do que as necessidades do trabalho demandam.

O quadro 4 sintetiza as práticas, suas origens, as relações entre os elementos do *corpus* arbitrado e a interpretação da estrutura de interação entre os sistemas e o trabalho.

Quadro 4
A interpretação da estrutura manifesta

Prática	O manifesto		O subjacente
	Origem	**Componentes elementares**	**Interpretação transformacional**
Construção compartilhada	Construção do SI de acordo com as demandas do trabalho Incorporação de benefícios	Idealizado × incorporado Aprimorado × piorado	Defesa de interesse Naturalização
Assimilação do SI	Imposição de uso Habituação Identificação de benefícios	Imposto × voluntário Benéfico × não benéfico Habitual × novo	Defesa de interesse Naturalização
Concepção de aprimoramentos	Busca de incorporação de benefícios Busca de atualização para necessidades do trabalho Ausência de canais de comunicação Otimização de recursos	Idealizado × incorporado Transmitido × não transmitido	Naturalização Defesa de interesse

▼

▼

Prática	O manifesto		O subjacente
	Origem	Componentes elementares	Interpretação transformacional
Incorporação de aprimoramentos	Preservação de objetivos do sistema Busca de incorporação de benefícios Otimização de recursos	Selecionado × não selecionado Incorporado × vetado Priorizado × adiado	Otimização de recursos Defesa de interesse
Edições do sistema	Adequação às necessidades da tarefa Adequação às preferências e capacidades individuais Busca de incorporação de benefícios Natureza do sistema e do trabalho Racionalidade técnica	Adicionado × subtraído Adaptado × padronizado	Naturalização Defesa de interesse Otimização de recursos
Controle massificado	Otimização de recursos Objetivos do sistema	Massificado × personificado Vigiado × livre Transparente × velado	Defesa de interesse Otimização de recursos
Função enriquecida	Otimização de recursos Objetivos do sistema	Autônomo × normatizado	Otimização de recursos Naturalização
Controle da autonomia	Objetivos do sistema	Obrigado × desobrigado	Defesa de interesse
Restrição da responsabilidade	Otimização de recursos Objetivos do sistema	Interessante × banal Amplo × restrito	Defesa de interesse
Tarefa programada	Otimização de recursos Objetivos do sistema	Programado × variável	Defesa de interesse Otimização de recursos
Limitação do desenvolvimento tecnológico	Limite do investimento em desenvolvimento tecnológico Dependência do fornecedor Otimização de recursos	Disponível × pendente	Otimização de recursos

Referência dos elementos subjacentes à realidade observada

As relações entre as práticas da estrutura manifesta indicaram uma estrutura subjacente, que contém conjuntos de elementos de: (1) poder e resistência; (2) confluência de interesses individuais e organizacionais; (3) conformismo e conformidade.

Poder e resistência estão presentes ao longo de todo processo de interação entre o usuário e o sistema, como um processo negocial, consciente ou inconsciente, em que cada parte tenta aproximar o sistema e o trabalho de suas necessidades e interesses. As pressões exercidas por esses diferentes interesses ditam a dinâmica de (re)construção do sistema e estão presentes na construção compartilhada, na assimilação do sistema, na concepção e incorporação dos aprimoramentos e nas edições dos sistemas. As transformações sobre o trabalho também estão relacionadas à questão do poder e da resistência – a imposição de um novo tipo de controle, a nova delimitação da autonomia e da responsabilidade e a programação da tarefa a ser executada carregam em si a defesa de interesses da organização e de grupos organizacionais.

Concomitantemente com essas disputas de interesse, a confluência de objetivos individuais e organizacionais está presente na interação entre os usuários e os sistemas de informação. As implantações dos sistemas buscaram e alcançaram uma série de benefícios organizacionais que não se mostraram conflitantes com os objetivos individuais. Todos os entrevistados mencionaram o desejo de crescimento na instituição e alguns deles se mostraram dispostos a desenvolver suas carreiras em outras instituições bancárias. Como as pessoas tinham como meta o crescimento na organização ou no setor, os sistemas de informação, ao possibilitarem um desempenho superior no trabalho, foram bem recebidos por elas. Especificamente em relação ao Asset, por se tratar de um sistema utilizado em vários bancos, a percepção dos benefícios proporcionados foi ampliada pelo fato de o usuário perceber que a familiaridade com a ferramenta colabora para sua empregabilidade. Alguns usuários foram inclusive contratados pelo Banco 1, durante a fase de implantação, por já trabalharem com o sistema em outras instituições. Tal confluência de objetivos também favorece as transformações do trabalho, pois as torna aceitáveis para os indivíduos.

Por fim, a interação entre os usuários e os sistemas de informação é marcada pela conformidade e pelo conformismo com o que foi instituído pela organização. A conformidade é o ato de se conformar, de aceitar, de se pôr de acordo. O comportamento da pessoa reflete o que ela acredita que o grupo tenha como correto – acreditando ou não naquilo, seu comportamento será adequado ao do grupo. O conformismo é a atitude de aceitar uma situação sem questionamento, com resignação. Isso se dá porque o sujeito adapta seus juízos e valores aos de outros indivíduos ou grupos. Pelo conformismo se acata passivamente o modo de agir e de pensar de outros. A diferença entre a conformidade e o conformismo é que na primeira há uma adesão mínima necessária para convivência no grupo; no conformismo, por sua vez, há uma adesão total a valores, opiniões, estereótipos impostos de fora, sem questionamento.

Ambos, conformismo e conformidade, estiveram presentes no uso dos SIs e no trabalho. Nos processos de trabalho, o usuário se sujeita à utilização do sistema, concordando ou não com ele. A naturalização – a busca em tornar algo estranho ao processo produtivo como natural – já reflete alguma conformidade com o que foi instituído. O usuário aprimora o sistema porque não pode rejeitá-lo. Ele age sobre o sistema de acordo com as possibilidades que lhe são oferecidas. As edições do sistema refletem conformidade e conformismo, pois elas ocorrem dentro do limite permitido pela organização.

O conformismo e a conformidade se repetem nas solicitações dos aprimoramentos. Entre os usuários do *Risk*, essas solicitações seguem uma estrutura hierárquica. Como o sistema é um mecanismo de controle, em que as decisões devem ser tomadas com base nas diretrizes passadas pela área de gestão de riscos, não faz sentido que qualquer usuário possa modificá-lo, pois isso poderia enfraquecer os controles impostos anteriormente. Especificamente no caso do *Portal de Risco*, os gestores do sistema desejam obter opiniões da rede de agências que tem alçada para análise de crédito, mas, de forma semelhante, não há canais de comunicação para contribuições da rede de grande varejo, uma vez que a análise de crédito nessas agências é feita pelo sistema. Em síntese, as solicitações de aprimoramentos em relação aos sistemas de gestão de risco apresentam uma estrutura de conformismo em relação aos fins do sistema, que seguem a política de risco da instituição. Em relação ao sistema Asset, a solicitação de melhorias já apresenta uma prática diferenciada. Ambos os bancos assumem uma postura de cliente em relação ao fornecedor externo. A gestão das demandas não é mais um problema interno, apesar de os aprimoramentos implicarem custos para os bancos. As instituições estimulam as solicitações de melhoria e o conformismo dá lugar à conformidade – os usuários agem conforme os interesses da organização e os seus próprios, buscando o aprimoramento do sistema para atendê-los. Por fim, a otimização de recursos almejada em várias práticas do trabalho, como o controle massificado e a função enriquecida, também demonstra a defesa de interesses organizacionais e atitudes conforme esses interesses.

A estrutura de interação entre os sistemas e o trabalho

A observação conjunta dos elementos de poder e resistência, da confluência de interesses individuais e organizacionais e das atitudes de conformismo e conformidade com o que foi instituído pela organização permitiu descrever uma estrutura de conversão recíproca, subjacente à estrutura de arranjo operacional.

Perante a inserção de um novo sistema de informação, que tem sua utilização imposta ao usuário e que gera mudanças no trabalho, os agentes exercem pressão para modificações em defesa de interesses próprios, de grupos ou da própria organização. Eles negociam para transformar o sistema em algo o mais próximo possível do que desejam. Sem contrapor a essência do que a organização instituiu, o sistema é humanizado – aproxima-se da necessidade das pessoas. Isso se dá numa construção social dinâmica, que acompanha interesses e necessidades que estão também em constante reconstrução. Nessa dinâmica, o sistema é modificado de acordo com as pressões e resistências exercidas por grupos distintos na organização.

Ao mesmo tempo, na inserção e nos aprimoramentos do sistema, o trabalho também se modifica, incorporando aspectos técnicos e sendo exercido por um agente adaptado a essa nova circunstância. O agente se adapta porque precisa lidar com novas formas de trabalho decorrentes da implantação do sistema. Ele interage, responde às mudanças no seu campo e se habitua com elas, o que desperta nele novas necessidades e interesses. O agente se adapta ao novo cenário aproximando-se dos sistemas e do novo tipo de trabalho instituído. Em resumo, o trabalho é tecnicizado, seja por suas próprias transformações ou pela tecnicização do agente.

Dessas constatações, cheguei à tese de que:

> *A interação entre os sistemas de informação (SIs) e o trabalho nos bancos é definida por uma estrutura de conversão recíproca. Essa conversão se dá pela tecnicização do trabalho e pela humanização dos sistemas.*

As práticas associadas ao sistema são preponderantemente voltadas para sua humanização, mas elas também contribuem para a tecnicização do agente ao aproximá-lo do próprio sistema. As práticas associadas ao trabalho, claramente mais relacionadas com a tecnicização do agente, são também humanizadoras do sistema, em menor grau. Isso se dá na medida em que essas práticas são construções sociais que aproximam o trabalho dos interesses e preferências de indivíduos e grupos.

A figura 1 resume a estrutura de interação entre os sistemas de informação e o trabalho no setor bancário brasileiro.

Figura 1
Estrutura de conversão recíproca

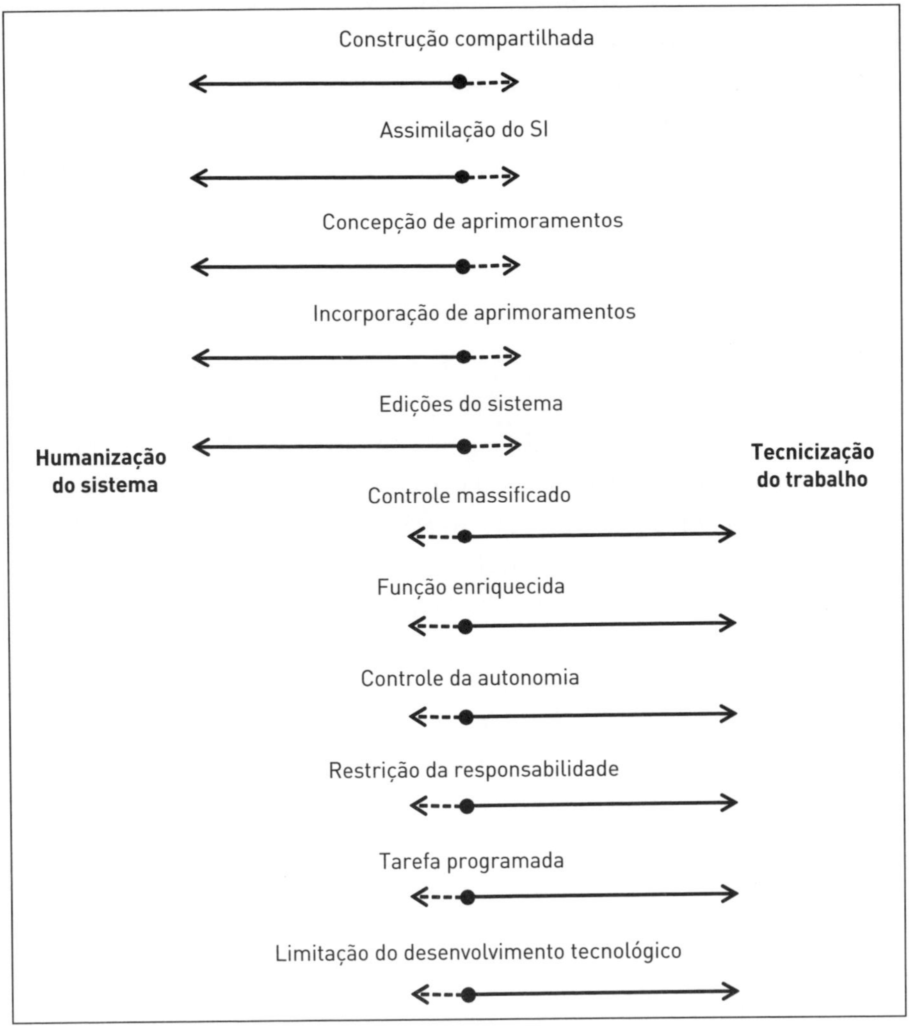

É no ajustamento continuado, presente entre os sistemas e o trabalho, que os interesses organizacionais, grupais e individuais são defendidos. Esse ajustamento possibilita que a tecnologia se torne mais adequada ao contexto e que as pessoas estejam mais bem preparadas para lidar com a tecnologia.

O arranjo operacional, que caracteriza a estrutura de interação observável, tem a forma de uma retícula de sobreposição das práticas, uma rede de relações. Algumas dessas práticas são associadas à constituição do próprio sistema e outras ligadas às mudanças no trabalho que refletem os objetivos da implantação e os benefícios almejados. Elas, em isolado, não garantem a interação entre o sistema e o trabalho.

Já a estrutura de conversão recíproca, que caracteriza a estrutura subjacente ao observável, que tecniciza o sistema e humaniza o dispositivo, constitui uma reconstrução constante. A interação entre os sistemas de informação e o trabalho se dá pelas adaptações recorrentes de ambos, em busca de um maior ajustamento.

Conclusão

Adotando um método de análise pouco comum à área de administração, a pesquisa constitui uma contribuição que complementa as teorias já propostas sobre: (1) as adaptações feitas pelos usuários nas tecnologias e seus efeitos e (2) as mudanças nas práticas do trabalho oriundas da interação das pessoas com a tecnologia. Esta contribuição se dá na medida em que a pesquisa amplia o entendimento de como o usuário usa a tecnologia de forma imprevista – por meio de adaptações, reinvenções e apropriações – e de como o trabalho se modifica pela inserção de novas ferramentas.

A ideia inicial de que a implementação de uma tecnologia é apenas um dos estágios para sua assimilação no processo de trabalho foi reforçada. Mostrei como os significados das tecnologias, suas propriedades e suas aplicações são transformados pelos indivíduos no processo de interação com elas. Utilizando a terminologia de Orlikowski, mostrei como a tecnologia na prática e o artefato tecnológico se transformam mutuamente – um colaborando para a reconstrução do outro. Isso corrobora a visão da implementação de uma tecnologia como um estágio da assimilação. O artefato tecnológico, depois de lançado, é reconstruído, tornando-se a tecnologia na prática. Ao mesmo tempo, propriedades da tecnologia na prática acabam, muitas vezes, sendo incorporadas ao artefato no seu processo de aprimoramento. Reconstruído o artefato, uma nova tecnologia na prática irá emergir, de forma que as reconstruções entre artefato e tecnologia na prática tornam-se cíclicas. As transformações sobre os sistemas e o trabalho se dão de forma continuada. Mediante a dinâmica do setor bancário e a constante transformação de necessidades e interesses, o encerramento e a estabilização da tecnologia e do trabalho se mostraram utópicos.

Por fim, a pesquisa revelou aspectos da interação entre os sistemas de informação e o trabalho, da estrutura de conversão recíproca, que podem ser aplicados de forma mais direta pelos gestores. São eles:

1) A visão de que os processos de construção social, existentes ao longo de toda a permanência dos sistemas nas organizações, podem ser potencialmente benéficos ao possibilitar a aproximação entre os sistemas e as necessidades da organização e das pessoas. Isso se dá na medida em que diferentes grupos negociam o que o sistema deve ser, o que faz com que este espelhe, em maior ou menor grau, desejos e necessidades individuais. O processo de construção social pode assim ser estimulado pelo gestor como forma de promover o desenvolvimento de sistemas, sem que com isso se perca a consciência de que algumas relações de poder poderão dominar esse processo.
2) Mesmo quando a utilização do sistema é obrigatória para não perder flexibilidade, a organização confere ao usuário alguma liberdade para escolher o que usar e como usar. Disso decorrem diferentes tipos de aplicação que os usuários poderão fazer do sistema, que tem motivações e justificativas, como a natureza da tarefa, a inadequação da ferramenta para o trabalho, a baixa capacitação para uso do sistema, a racionalidade técnica na forma de construção dos sistemas, a necessidade de informações complementares etc. Entender os diferentes tipos de uso que as pessoas fazem dos sistemas e suas origens pode auxiliar seu aprimoramento.
3) As disputas de poder, aliadas à dinâmica do negócio, ditam o ritmo de desenvolvimento dos sistemas, o que torna necessária a atenção para a capacidade de desenvolvimento tecnológico da empresa, que pode contribuir para a evolução dos sistemas ou restringi-la. Disputas de poder muito desiguais, alinhadas com baixa capacidade de desenvolvimento tecnológico, fazem com que os usuários não tenham acesso

ao desenvolvimento, e a evolução do sistema fica restrita a opiniões de poucos. O aumento da capacidade de desenvolvimento tecnológico cria condições para a participação de grupos mais numerosos. De qualquer forma, é natural que o sistema esteja sempre um passo atrás das necessidades do mercado, pois são essas necessidades que ditam sua evolução. O sistema também nunca será perfeito do ponto de vista do usuário, porque suas necessidades são dinâmicas e, com o passar do tempo, algumas partes e funções se tornam obsoletas ou desnecessárias. Por conta desses fatores, a capacidade de desenvolvimento tecnológico que a empresa tem pode auxiliá-la a acompanhar as demandas do mercado e dos trabalhadores. Quando falo dessa capacidade, não me restrinjo apenas ao desenvolvimento interno dos sistemas, mas considero também a capacidade da organização de adquirir tecnologia no mercado.

4) É necessário compreender que capacidade de desenvolvimento tecnológico será sempre limitada, seja no caso em que se desenvolve o sistema internamente, seja quando o sistema é desenvolvido por fornecedores externos. A capacidade de ambos para o aprimoramento do sistema deve ser um critério observado no momento em que se decide fazer um sistema ou adquiri-lo no mercado. É necessário perceber que, quando a organização tem um sistema desenvolvido por um fornecedor, sua postura em relação ao desenvolvimento tende a ser mais agressiva, pois as dificuldades de desenvolvimento não são mais internas e a organização assume uma postura de cliente. Isso contribui para o desenvolvimento do sistema, porém o fornecedor pode não conseguir atender a todas as demandas feitas pela organização. A questão é que a organização, ao optar por desenvolver um sistema externamente, deve ter consciência de que o fornecedor também tem limitações no desenvolvimento da tecnologia. Ela deve aferir o grau de dependência que estabelece em relação ao seu fornecedor e a capacidade que este tem de atendê-la, pois o desenvolvimento dos negócios depende do desenvolvimento tecnológico.

5) A estrutura de conversão recíproca indica que a organização deve agir deliberadamente sobre a política que irá adotar para o desenvolvimento do sistema. Isso está relacionado aos próprios objetivos do sistema, que irão determinar se e como as sugestões para o aprimoramento

devem emergir na organização. Essa política precisa estar alinhada às capacidades de desenvolvimento tecnológico da organização.

6) O treinamento em relação ao sistema e às mudanças nas práticas do trabalho é importante para a criação do hábito. A política de treinamento deve ser coerente e deve ter em conta que a criação do hábito é necessária para pessoas que ingressam na atividade após a implantação do sistema e para os usuários antigos, considerando as novas funcionalidades que os sistemas incorporem e as transformações que o trabalho venha a sofrer. A qualificação para o uso do sistema não deve ser apenas técnica, mas também conceitual. É o conjunto dessas qualificações que dará à pessoa capacidade de lidar com a nova ferramenta e com as mudanças incidentes no trabalho. É também isso que possibilita que essa pessoa possa contribuir de forma mais ativa para o aprimoramento do sistema e do trabalho.
7) A assimilação dos sistemas de informação pode ser facilitada pela confluência de objetivos organizacionais e individuais, pois o usuário, ao perceber benefícios para si e para a organização na nova forma de trabalho, tende a aderir ao sistema com maior afinco. Isso se dá sempre em ambiente onde as pessoas desejam crescer na organização ou no seu setor de atuação.
8) A diminuição da vigilância, mesmo que disfarçada pelo controle obtido por meio da transparência da informação, parece favorecer a implantação do sistema. O controle despersonificado parece gerar menos resistência.

Referências

BEAUDRY, A; PINSONNEAULT, A. Understanding users responses to information technology: a coping model of user adaption. *MIS Quarterly*, v. 29, n. 3, p. 493-534, set. 2005.

BEDER, S. Controversy and closure: Sydney's beaches in crisis. *Social Studies of Science*, v. 21, p. 223-256, maio 1991.

BERGER, P. L.; LUCKMANN, T. *The social construction of reality*. Nova York: Anchor Books, 1966.

BIJKER, W. E. *Bicycles, bakelites and bulbs*: toward a theory of sociotechnical change. Cambridge, MA: The MIT Press, 1995.

____; HUGHES, T. P.; PINCH, T. (Ed.). *The social construction of technology systems*: new directions in the sociology and history of technology. Cambridge, MA: The MIT Press, 1994.

DAVIS, F. D. Perceived usefulness, perceived ease of use, and user acceptance of information technology, *MIS Quarterly*, v. 13, n. 3, p. 319-340,1989.

____; BAGOZZI, R. P.; WARSHAW, P. R. User acceptance of computer technology: a comparison of two theoretical model. *Management Science*, v. 35, n. 8, p. 982-1003, 1989.

DESANCTIS, G.; POOLE, M. S. Capturing the complexity in advanced technology use: adaptative structuration theory. *Organization Science*, v. 5, n. 2, p. 121-147, 1994.

FULK, J. Social Construction of communication technology. *The Academy of Management Journal*, v. 36, n. 5, p. 921-950, 1993.

GIDDENS, A. *New rules of sociological method*: a positive critique of interpretative sociology. Londres: Harper and Row, 1976.

____. *Central problems in social theory*: action, structure and contradiction in social analysis. Berkeley: University of California Press, 1979.

____. *The construction of society*: outline of the theory of structuration. Cambridge: Polity, 1984.

GRIFFITH, T. L. Technology features as triggers for sensemaking. *Academy of Management Review*, v. 24, n. 3, p. 472-488, jul. 1999.

GUEST, G.; BUNCE, A.; JOHNSON, L. How many interviews are enough? An experiment with data saturation and variability. *Field Methods*, v. 18, n. 1, p. 59-82, 2006.

HOUAISS, A. *Dicionário Houaiss da língua portuguesa*. Rio de Janeiro: Objetiva, 2001.

HUGHES, T. P. The seamless web: technology, science, etcetera, etcetera. *Social Studies of Science*, v. 16, p. 281-292, 1986.

JONES, M. R.; KARSTEN, H. Review: Giddens's structuration theory and information systems research. *MIS Quarterly*, v. 32, n. 1, p. 127-157, 2008.

KLEIN, H. K.; KLEINMAN, D. L. The social construction of technology: structural considerations. *Science, Technology and Human Values*, v. 27, n. 1, p. 28-52, 2002.

KRAUT, R.; DUMAIS, S.; KOCH, S. Computerization, productivity, and quality of work-life. *Communications of the ACM*, v. 32, n. 2, p. 220-238, 1989.

LEONARD-BARTON, D. Implementation as mutual adaptation of technology and organization. *Research Policy*, v. 17, n. 5, p. 251-267, 1988.

LÉVI-STRAUSS, C. *Antropologia estrutural*. Rio de Janeiro: Tempo Brasileiro, 1970.

LIKER, J. K.; HADDAD, C. J.; KARLIN, J. Perspectives on technology and work organization. *Annual Review of Sociology*, v. 25, n. 25, p. 575-596, 1999.

LIMAYEN, M.; HIRT, S. G. Force of habit and information system usage: theory and initial validation. *Journal of the Association for Information Systems*, v. 4, n. 3, p. 65-97, 2003.

MACKENZIE, D.; WAJCMAN, J. (Ed.). *The social shaping of technology*. Milton Keynes: Open University Press, 1985.

MAJCHRZAK, A.; COTTON, J. A longitudinal study of adjustment to technological change: from mass to computer-automated batch production. *Journal of Occupational Psychology*, v. 61, n. 1, p. 43-66, 1988.

_____ et al. Technology adaptation: the case of a computer-supported inter-organizational virtual team. *MIS Quarterly*, v. 24, n. 4, p. 569-600, 2000.

MARCH, J.; SIMON, H. *Technology and organizations*. Nova York: John Wiley & Sons, 1958.

MARKUS, M. L. Power, politics and MIS implementation. *Communications of the ACM*, v. 26, n. 6, p. 430-444, 1983.

MAZNEVSKI, M.; CHUDOBA, K. Bridging space over time: global virtual team dynamics and effectiviness. *Organization Science*, v. 11, n. 5, p. 473-492, 2000.

MCLUHAN, M. *Understanding media*: the extensions of man. Nova York: McGraw-Hill, 1964.

MEAD, G. H. *Mind, self and society*: from the standpoint of a social behaviorist. Chicago: University of Chicago Press, 1934.

MEIRELLES, F. S. (Org.). *19ª pesquisa anual de administração de recursos de informática*. Rio de Janeiro: Centro de Informática Aplicada/FGV, 2008.

MORSE, J. M. The significance of saturation. *Qualitative Health Research*, v. 5, n. 2, p. 147-149, 1995.

_____ et al. Verification strategies for establishing reliability and validity in qualitative research. *International Journal of Qualitative Methods*, v. 1, n. 2, 2002.

NADEAU, R. *Vocabulaire technique et analytique de l'epistemologie*. Paris: PUF, 1999.

NGWENYAMA, O. Groupware, social action and organizational emergence: on the process dynamics of computer mediated distributed work. *Accounting, Management and Information Technology*, v. 8, n. 4, p. 127-146, 1998.

NICHOLSON, B.; SAHAY, S. Some political and cultural issues in the globalization of software development: case experience from Britain and India. *Information and Organization*, v. 11, p. 25-43, 2001.

OLESEN, K.; MYERS, M. Trying to improve communication and collaboration with information technology: an action research project which failed. *Information Technology and People*, v. 12, n. 4, p. 317-332, 1999.

ORLIKOWSKI, W. J. Evolving with notes: organizational change around groupware technology. In: CIBORRA, C. (Ed.). *Groupware and teamwork*: invisible aid or technical hindrance? Nova York: John Wiley & Sons, 1996a. p. 23-59.

_____. Improvising organizational transformation over time: a situated change perspective. *Information Systems Research*, v. 7, n. 1, p. 63-92, 1996b.

_____. Using technology and constituting structures: a practice lens for studying technology in organizations. *Organization Science*, v. 11, n. 4, p. 404-428, jul./ago. 2000.

_____. Knowing in practice: enacting a collective capability in distributed organizing. *Organization Science*, v. 13, n. 3, p. 249-273, 2002.

PIAGET, J. *O estruturalismo*. Rio de Janeiro: Difel, 2003.

PINCH, T. The social construction of technology: a review. In: FOX, Robert. *Technological change*: methods and themes in the history of technology. Londres: Harwood Academic, 1996. p. 17-35.

_____; BIJKER, W. The social construction of facts and artifacts: or how the sociology of science and the sociology of technology might benefit each other. In: BIJKER, W.; HUGHES, Thomas; PINCH, T. *The social construction of technological systems*: new directions in the sociology and history of technology. Cambridge, MA: The MIT Press, 1984. p. 17-50.

PINSONNEAULT, A.; RIVARD, S. The impact of information technologies on managerial work: from the productivity paradox to the icarus paradox? *MIS Quarterly*, v. 22, n. 3, p. 287-312, 1998.

POZZEBON, M.; PINSONNEAULT, A. Challenges in conducting empirical work using structuration theory: learning from IT research. *Organization Studies*, v. 26, n. 9, p. 1353-1376, 2005.

_____; TITAH, R.; PINSONNEAULT, A. Combining social shaping of technology and communicative action theory for understanding rhetorical closure in IT. *Information, Technology and People*, v. 19, n. 3, p. 244-271, 2006.

RAMOS, A. G. Models of man and administrative theory. *Public Administration Review*, v. 32, p. 241-246, maio/jun. 1972.

RAMOS, I.; BERRY, D. M. Social construction of information technology supporting work. *Journal of Cases on Information Technology*, v. 7, n. 3, p. 1-7, jul./set. 2005.

RICE, R. E.; ROGERS, E. M. Reinvention in the innovation process. *Knowledge*, v. 1, n. 4, p. 499-514, 1980.

ROBEY, D.; SAHAY, S. Transforming work through information technology: a comparative case study of geographic information systems in county government. *Information System Research*, n. 7, v. 1, p. 93-110, 1996.

SOKOL, M. B. Adaptation to difficult designs: facilitating use of new technology. *Journal of Business and Psychology*, v. 8, n. 3, p. 277-296, 1994.

SWAILES, S. Organizational commitment: a critique of the construct and measures. *International Journal of Management Reviews*, v. 4, n. 2, 2002.

THIRY-CHERQUES, H. R. *Sobreviver ao trabalho*. Rio de Janeiro: FGV Ed., 2004.

_____. *Métodos estruturalistas*: pesquisas em ciências de gestão. São Paulo: Atlas, 2008.

_____; RODRIGUES, E. T. Fronteiras do trabalho digital: exclusão, identidades e tecnologia da informação. In: ENANPAD, XXX., 2006, Salvador, BA. *Anais...* Rio de Janeiro: Anpad, 2006.

TYRE, M. J.; ORLIKOWSKI. Windows of opportunity: temporal patterns of technological adaptation in organizations. *Organization Science*, v. 5, n. 1, p. 98-118, 1994.

_____; _____. The episodic process of learning by using. *International Journal of Technology Management*, v. 11, n. 7-8, p. 790-798, 1996.

VAAST, E.; WALSHAM, G. Representation and actions: the transformation of work practices with IT use. *Information and Organization*, v. 15, n. 1, p. 65-89, 2005.

VENKATESH, V.; DAVIS, F. D. A theoretical extension of technology acceptance model: four longitudinal field studies. *Management Sciences*, v. 46, n. 2, p. 186-204, 2000.

VENKATESH, V. et al. User acceptance of information technology: toward a unified view. *MIS Quarterly*, v. 27, n. 3, p. 425-478, 2003.

WALSHAM, G. *Making a world of difference*: IT in a global context. Chichester: John Wiley & Sons, 2002.

WILLIAMS, R.; EDGE, D. The social shaping of technology. *Research Policy*, v. 25, p. 865-899, 1996.

WINNER, L. Upon opening the black box and finding it empty: social construtivism and the philosophy of technology. *Science, Technology and Human Values*, v. 18, n. 3, p. 362-378, jul. 1993.

WOOLGAR, Steve.Technologies as cultural artefacts. In: DUTTON, W. H. (Ed.). *Information and communication technologies*: visions and realities. Oxford: Oxford University Press, 1996.

ZANNAD, H.; ROUET, V. Organizational commitment in innovative companies. In: CONFÉRENCE DE L'ASSOCIATION INTERNATIONALE DE MANAGEMENT STRATÉGIQUE (AIMS), XIIème., 2003, Le Côtes de Carthage. *Actes*... 2003. Paris: AIMS, 2003.

3. Apropriação de ambientes físicos de serviços por tribos urbanas: o caso Casa da Matriz

*Eduardo Espíndola Halpern**

Resumo

Este capítulo tem como objetivo central compreender como determinados ambientes físicos de serviços são apropriados pelos diferentes grupos de indivíduos que os utilizam para construir sua identidade cultural, modificando a finalidade econômica original para a qual foram projetados por seus gestores. O referencial teórico utilizado para dar suporte à investigação foi baseado na literatura sobre marketing de serviços e, mais especificamente, sobre ambientes físicos de serviços. A pesquisa de campo foi realizada na Casa da Matriz, uma casa noturna localizada no bairro de Botafogo, na Zona Sul da cidade do Rio de Janeiro. Por meio de entrevistas semiestruturadas em profundidade e observação participante, foi possível identificar as abordagens utilizadas para projetar e gerenciar tal ambiente físico, bem como as práticas de apropriação adotadas pelas tribos urbanas que o frequentam para construir sua identidade cultural.

* Doutor em administração pela FGV EBAPE. Diretor de Ensino do Centro Universitário Augusto Motta (Unisuam). Professor adjunto da Universidade Federal do Estado do Rio de Janeiro (Unirio). E-mail: <eduardohalpern@gmail.com>.

Introdução

O interesse pelo marketing de serviços parece ter crescido a partir da década de 1970 em decorrência do incremento verificado na participação do setor de serviços na economia de diversas nações. Além disso, é possível observar que organizações tradicionalmente posicionadas como fabricantes de bens industriais e de consumo vêm procurando agregar serviços às suas ofertas com o objetivo de conquistar vantagens competitivas sustentáveis diante de seus concorrentes (Shostack, 1977; Grönroos, 1995; Berry e Parasuraman, 1995).

A partir de tais movimentos, diversos autores vêm defendendo a necessidade do desenvolvimento de um corpo teórico capaz de lidar com as especificidades dos serviços em função de características que os diferenciam de produtos, por exemplo, sua natureza interativa. A interação que se dá entre clientes e estabelecimentos de serviços, por meio de seus funcionários e ambiente físico, torna necessária uma ênfase significativa no gerenciamento dos seus recursos humanos e operações (Shostack, 1977; Grönroos, 1995; Berry e Parasuraman, 1995; Halpern, 2002).

Nesse contexto, pesquisas sobre a influência do ambiente físico vêm adquirindo relevância em função do reconhecimento da capacidade que o mesmo possui de contribuir para a obtenção de experiências satisfatórias por parte dos clientes (Bitner, 1992; Berry e Parasuraman, 1995; Carvalho e Motta, 2002).

O artigo de Mary Jo Bitner (1992) pode ser considerado um marco na literatura da área ao propor o modelo denominado *servicescapes*, cujo objetivo é demonstrar a existência de relações entre determinadas dimensões do ambiente físico de estabelecimentos de serviços e o comportamento de clientes e empregados.

Este modelo apresenta forte influência das pesquisas realizadas no campo da psicologia ambiental, em particular do modelo Mehrabian e Russell (1974), cujo caráter é fundamentalmente comprometido com uma perspectiva individual e cognitivista, e vem sendo, desde então, objeto de intensas investigações acadêmicas na área de marketing de serviços. Atualmente, observa-se uma predominância de pesquisas de inspiração individual/cognitivista que buscam legitimar o modelo *servicescapes* por meio de verificação estatística do impacto das diversas variáveis contidas no mesmo, como música, iluminação e *layout* (Milliman, 1986; Herrington e Capella, 1996).

Figura 1
Modelo *servicescapes*

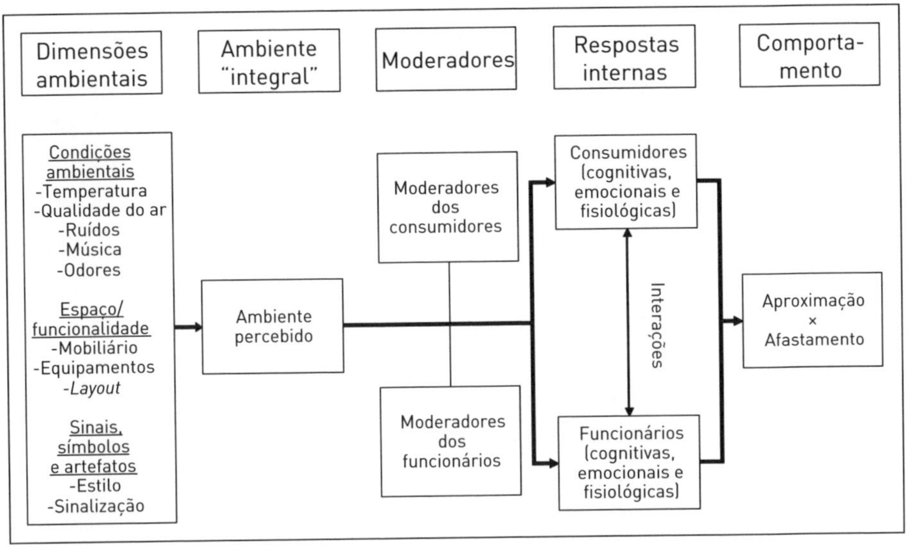

Fonte: Bitner (1992).

No entanto, esforços vêm sendo realizados para pesquisar o ambiente físico por meio de abordagens alternativas de pesquisa a partir do reconhecimento de que a relação entre os indivíduos e o ambiente físico no qual estão inseridos não pode ser completamente explicada por uma perspectiva individual e cognitivista. Assim, métodos como a etnografia e a semiótica têm sido usados para explicar o impacto do ambiente físico sobre o comportamento de consumo de grupos de indivíduos (Gottdiener, 1998; Sherry Jr., 1998; Carvalho, 2003).

Cova (1997) afirma que é possível perceber o surgimento de novos tipos de vínculos sociais diferentes daqueles que caracterizavam os grupos estabelecidos na modernidade, como família, religião e nação. Esses novos grupos são constituídos a partir de emoções e paixões compartilhadas, manifestadas por meio dos seus hábitos de consumo. Logo, o consumo de produtos e serviços pode ser compreendido mais em função de seu valor de ligação do que em função de seu valor de uso.

Para Cova (1999), tais grupos não são facilmente identificáveis, uma vez que a filiação aos mesmos não obedece a padrões rígidos e visíveis. No entanto, existem pistas espaciais que podem auxiliar sua identificação, uma vez que esses grupos ocupam determinados espaços físicos para a realização de seus encontros.

Assim, o marketing de serviços pode fornecer referências importantes para a compreensão desse fenômeno grupal, uma vez que o desenho de espaços de serviços pode contribuir para o fornecimento de suporte social para os encontros desses grupos pós-modernos, transformando-se no que ele denomina "locais de ligação" (Cova, 1997).

Segundo Aubert-Gamet e Cova (1999), os espaços na pós-modernidade podem ser caracterizados como lugares-comuns (*common-places*) similares aos existentes na era pré-industrial, ou seja, espaços destinados simultaneamente à realização de atividades de natureza econômica e à interação social. Em tais locais, o ambiente físico passaria a exercer papel de artefato social, proporcionando experiências extraordinárias, caracterizadas por altos índices de intensidade emocional por meio de interação, ritos e relações comunais. Esses lugares-comuns se transformam em destinação para aqueles consumidores que buscam tal integração social com as tribos das quais fazem parte em um processo similar ao de uma peregrinação (ou de uma atividade turística).

Assim, percebe-se um movimento de apropriação para fins sociais de ambientes físicos de serviços por parte de grupos de consumidores que acabam por promover uma possível modificação da finalidade original para a qual os mesmos foram projetados. Academias de ginástica, *shopping centers*, livrarias e lojas de conveniência transformam-se em pontos de encontro onde grupos se reúnem para socializar.

Tal modificação pode representar risco para as empresas que projetam seus espaços físicos a partir de uma perspectiva cognitivista focada no comportamento de indivíduos isolados, com o objetivo de criar estímulos sensoriais sem o devido reconhecimento do caráter social do consumo de serviços e dos espaços onde os mesmos são executados.

Desse modo, o problema investigado reside na compreensão de como determinados ambientes físicos de serviços são apropriados pelos diferentes grupos de indivíduos que os utilizam para construir sua identidade cultural, modificando a finalidade econômica original para a qual foram projetados por seus gestores.

As suposições que orientam a pesquisa são:

1) determinados grupos de indivíduos constroem suas identidades culturais por meio de um processo de apropriação de ambientes físicos de serviços;
2) a apropriação desses ambientes físicos de serviços resulta em uma modificação da finalidade econômica para a qual eles foram originalmente projetados;
3) a modificação da finalidade econômica para a qual esses ambientes físicos de serviços foram originalmente projetados representa uma fonte de conflito entre seus gestores e aqueles grupos de indivíduos.

Os objetivos intermediários são:

1) identificar ambiente físico de serviços que ofereça elevado potencial de apropriação aos seus frequentadores e descrever as abordagens adotadas pelos seus gestores para projetar tal ambiente físico de serviços;
2) descrever papel exercido pelo ambiente físico de serviços na construção da identidade cultural dos diferentes grupos de indivíduos que o utilizam, bem como as práticas de apropriação adotadas por eles;
3) descrever as modificações ocorridas na finalidade econômica para a qual o ambiente físico de serviços foi originalmente projetado, bem como os possíveis conflitos entre os diferentes grupos de indivíduos que o utilizam e seus gestores, resultante de tais modificações.

Ambientes físicos de serviços na contemporaneidade

Consumidor na era pós-moderna: o novo tribalismo

Cova (1997) afirma que o fenômeno de consumo pode ser mais bem compreendido por meio da ampliação do foco da análise do comportamento do consumidor para além da perspectiva meramente individual com a incorporação da análise de sua dimensão social. Ele defende a importância da incorporação dessa dimensão em função do reconhecimento do advento de novos padrões de comportamento que considera típicos da perspectiva pós-moderna, que reconhece que o consumo de produtos e serviços pode ocorrer não só em função de seu valor de uso, mas principalmente em função de sua capacidade de promover ligação dos indivíduos com as comunidades a que pertencem ou desejam pertencer.

Figura 2
Níveis de observação do consumo

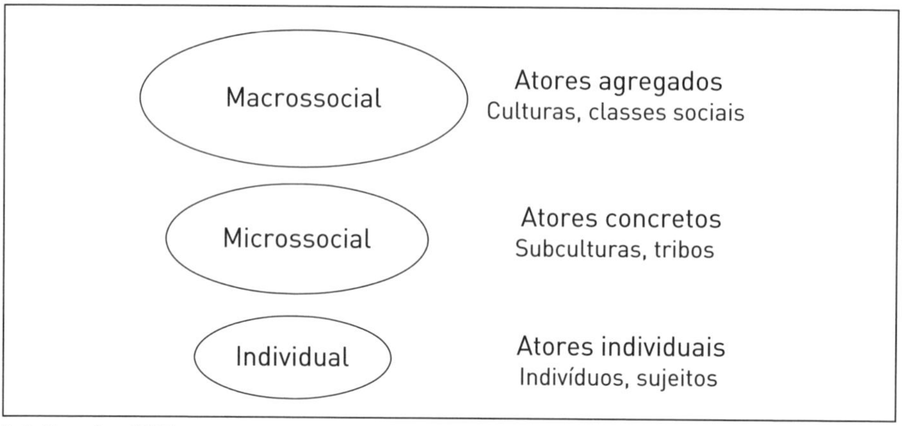

Fonte: Cova e Cova (2001).

Para Cova (1997), o projeto da modernidade pode ser entendido como o de libertar o indivíduo das amarras criadas pelas estruturas sociais tradicionais, como a família, a igreja e a vila. Na era moderna, tais estruturas foram substituídas por novos tipos de estruturas de caráter racional, voluntário, contratual e reversível, por exemplo, a nação-Estado e a classe social. Embora tal projeto tenha sido bem-sucedido na tarefa de libertação do indivíduo, ele acabou promovendo um isolamento do mesmo jamais visto até então, especialmente nos grandes centros urbanos, onde novos tipos de produtos e serviços tornaram possível a realização dos mais diversos tipos de atividades econômicas, domésticas e de lazer solitariamente.

O autor entende ainda o projeto da pós-modernidade como o da busca pelo restabelecimento dos laços sociais desfeitos na modernidade. Ele detecta o ressurgimento de valores típicos de eras anteriores à modernidade, como o senso de identificação local, a religiosidade, o sincretismo e o narcisismo grupal, que estão associados ao que ele considera uma nova forma de tribalismo. Essas comunidades pós-modernas, instáveis e de proporções reduzidas, se reúnem em torno do compartilhamento de emoções, estilos de vida e práticas de consumo, e têm seu funcionamento baseado nas manifestações simbólicas e ritualísticas de seus membros.

As práticas de consumo parecem assumir papel determinante na busca pela ligação social perdida na era moderna na medida em que é por meio delas que os indivíduos melhor conseguem manifestar sua(s) identidade(s) e, consequentemente, filiar-se a essas diferentes comunidades. O indivíduo pós-moderno pode pertencer simultaneamente a várias tribos, podendo exercer diferentes papéis em cada uma delas. Pertencer a tais tribos é, para ele, mais importante do que pertencer a grupos tradicionais, como a família ou a classe social (Cova, 1999; Cova e Cova, 2002).

Maffesoli (2006) detecta o advento de um intenso processo de adesão desindividualizante a sujeitos coletivos de natureza empática, que ele classifica como neotribalismo. Essas comunidades emocionais têm como características marcantes o aspecto efêmero, a composição mutante, a ausência de organização formal e a existência de uma estrutura local. Tais comunidades são, ainda, segundo o autor, instáveis e abertas.

A base para seu florescimento reside no surgimento daquilo que ele denomina "paradigma estético", ou seja, a faculdade de vivenciar, sentir e experimentar em comum. A ambiência criada por esse paradigma favorece o surgimento de um senso de conformismo entre seus componentes que leva à criação de uma moral própria, independentemente da moral dominante, marcada por um forte laço de solidariedade oriundo do sentimento por eles partilhado (Maffesoli, 2006).

Para Bauman (2003), a existência de uma comunidade é caracterizada pelo entendimento compartilhado por todos os seus membros. Tal entendimento é anterior ao próprio surgimento da comunidade e é o que justifica a atração existente entre os indivíduos que a compõem. Ele não é negociado ou construído, o que pressuporia a existência de posições iniciais distintas anteriores ao acordo alcançado, o que descaracterizaria sua existência.

Bauman (2003) identifica a existência de dois tipos de comunidades: comunidades de vida ou de destino seriam aquelas típicas de eras anteriores à pós-modernidade, nas quais a filiação dos indivíduos ocorria de forma automática e definitiva, por exemplo, famílias e nações. Comunidades criadas em torno de ideais seriam aquelas típicas da pós-modernidade, nas quais a filiação ocorre por adesão voluntária em função do compartilhamento de crenças e valores entre seus membros.

Assim, a tribo é definida por Cova e Cova (2002) como uma rede de indivíduos heterogêneos em termos de suas características geográficas, demográficas e psicográficas, mas unidos em torno de alguma emoção ou paixão. A tribo é capaz de ação coletiva e seus membros não são simples filiados ou consumidores, mas defensores da "causa".

Tribos, comunidades e subculturas de consumo

Cova e Cova (2002) desenvolveram um modelo para identificar sinais da existência de uma tribo urbana pós-moderna. Tal modelo é representado por uma matriz composta por dois eixos. O eixo horizontal representa as evidências físicas das tribos, classificadas como locais ou ocasiões. Isso significa que as tribos podem ser identificadas por meio de determinados locais ou ocasiões que utilizam para a realização de suas práticas sociais.

O eixo vertical representa evidências mais abstratas das tribos, que podem ser classificadas como atividades cotidianas ou como tendências mais amplas. Isso significa que as tribos podem ser identificadas por meio de determinadas atividades que seus membros praticam regularmente ou por meio de tendências ou modas relacionadas ao seu estilo de vida que caracterizam sua existência (Cova e Cova, 2002).

Figura 3
Evidências físicas das tribos

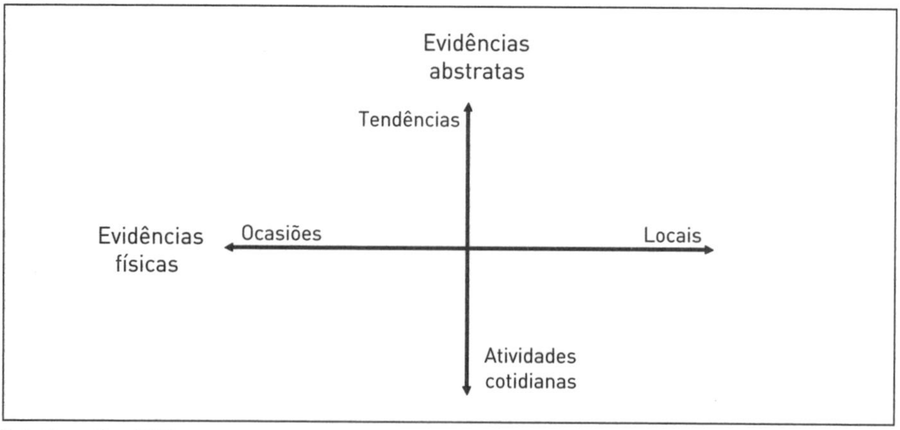

Fonte: Cova e Cova (2002).

Com base em tal modelo, Cova e Cova (2002) propõem a criação de outro modelo utilizado para avaliar o papel que os membros das tribos urbanas pós-modernas podem adotar. O primeiro papel é o de devoto e pode ser caracterizado pela associação formal à tribo urbana. O segundo papel é o de participante e pode ser caracterizado pela adesão a eventos ou ocasiões informais da tribo urbana. O terceiro papel é o de praticante e pode ser caracterizado pelo envolvimento em atividades cotidianas típicas da tribo urbana. O quarto papel é o de simpatizante e pode ser caracterizado pela atitude favorável em relação à tribo urbana.

Figura 4
Papéis dos membros das tribos urbanas

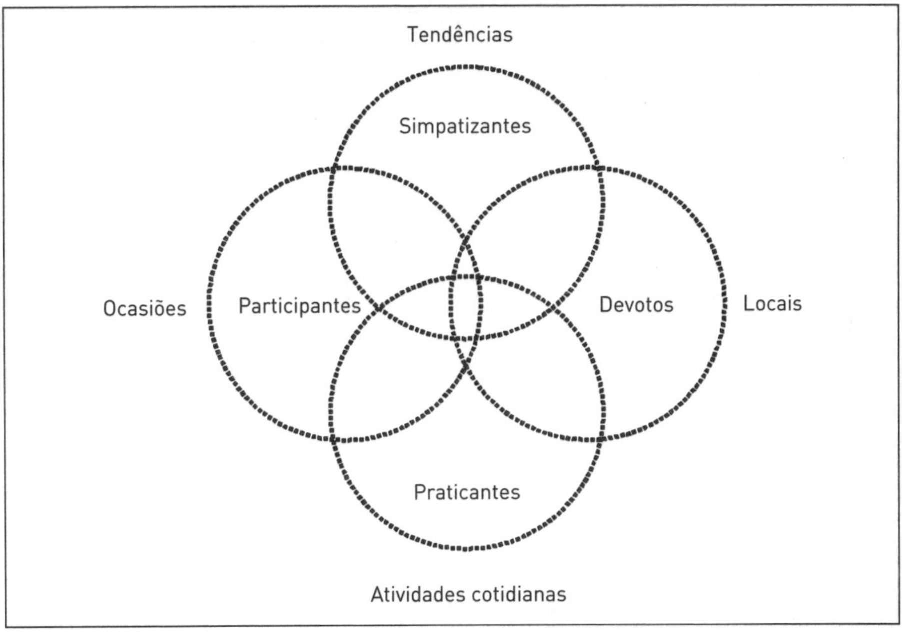

Fonte: Cova e Cova (2002).

O modelo foi utilizado por Cova e Cova (2001) no estudo sobre a tribo de patinadores *in-line* franceses. Segundo os autores, tal tribo apresenta algumas evidências físicas de sua existência, por exemplo, dois eventos de abrangência nacional que contaram com 15 mil e 10 mil participantes, respectivamente. Outro evento, que acontece com frequência semanal, conta com cerca de 3 mil a 5 mil participantes. Além disso, outra evidência da tribo é a existência de associações de patinadores que contam com aproximadamente 28 mil afiliados, ou devotos. A patinação conta, ainda, com cerca de 2 milhões de praticantes regulares no país e com mais alguns milhões de simpatizantes.

Kozinets (1999) desenvolveu um modelo semelhante ao de Cova e Cova (2002) para avaliar as categorias de membros de comunidades de consumo virtuais. O eixo horizontal de tal modelo representa a solidez dos laços sociais que o membro possui em relação aos demais membros da comunidade. O eixo vertical, por sua vez, representa o grau de envolvimento do membro com a atividade de consumo que fundamenta a existência da comunidade.

Figura 5
Papéis de membros de comunidades de consumo virtuais

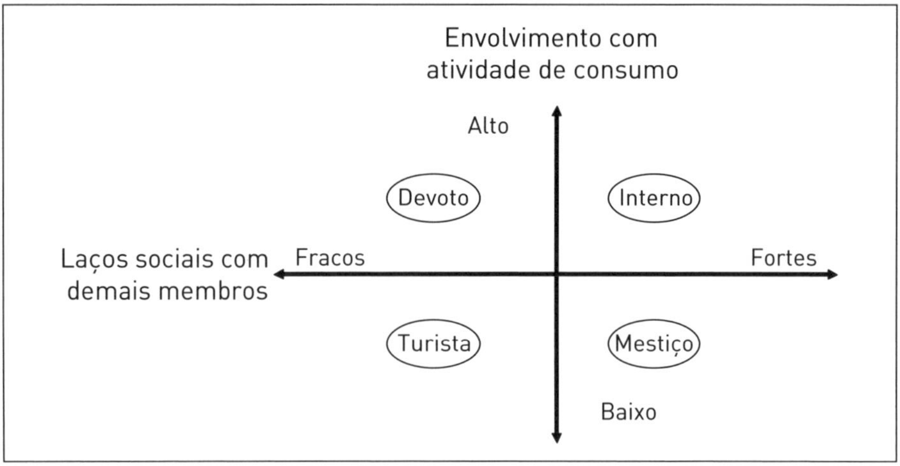

Fonte: Kozinets (2002).

De acordo com tal modelo, os membros de comunidades virtuais podem ser classificados como turistas, mestiços, devotos ou internos. O primeiro grupo é composto por indivíduos que possuem laços sociais fracos com os demais membros da comunidade e baixo envolvimento com a atividade de consumo. Eles frequentam a comunidade ocasionalmente e atuam mais como espectadores do que como membros ativos. O segundo grupo é composto por indivíduos que possuem laços sociais fortes com os demais membros do grupo, embora tenham baixo envolvimento com a atividade de consumo propriamente dita. Eles frequentam a comunidade fundamentalmente para fins de socialização (Kozinets, 2002). O terceiro grupo é composto por aqueles indivíduos que têm alto grau de envolvimento com a atividade de consumo, apesar de possuir laços sociais fracos com os demais membros da comunidade virtual. A fraqueza de tais laços pode ser explicada, por exemplo, pelo seu envolvimento com outras comunidades dedicadas à atividade de consumo em questão. Por fim, o último grupo é composto por indivíduos que têm alto grau de envolvimento tanto com a atividade de consumo quanto com os membros da comunidade, podendo ser considerados os mais autênticos membros da comunidade (Kozinets, 2002).

Com base em tal perspectiva, Cova e Cova (2001) propõem que o papel fundamental das empresas interessadas em realizar atividades de marketing direcionadas para as tribos urbanas é o de fornecer suporte para sua existência, em lugar de realizarem atividades para promover seus produtos e serviços propriamente ditos. Diversas empresas vêm se posicionando efetivamente como aliadas das tribos urbanas que pretendem atingir por meio do patrocínio a seus eventos e associações, o que caracteriza uma abordagem que Cova e Cova (2001) denominam "marketing tribal".

Uma das empresas que tomou a iniciativa de fornecer tal suporte de forma sistemática para os membros da tribo de patinadores *in-line* foi a Salomon, fabricante de equipamentos esportivos (Cova e Cova, 2001). A Salomon dividiu sua abordagem em três etapas. A primeira envolveu a aproximação com os patinadores, analisando seus rituais e práticas, realizando e promovendo encontros com seus membros, participando de eventos e realizando observações participantes. A segunda etapa envolveu o desenho de produtos em parceria com patinadores, o desenvolvimento de atributos específicos para atender às suas necessidades e a realização de pré-testes com equipes de patinadores patrocinados pela empresa. Por fim, a última etapa envolveu o apoio a eventos existentes, a criação de novos eventos e o apoio ao desenvolvimento de infraestrutura para a prática da atividade. Desse modo, a Salomon conseguiu se legitimar como uma empresa que compartilha os valores fundamentais da tribo de patinadores *in-line* (Cova e Cova, 2001).

Os patinadores *in-line* franceses são um exemplo marcante do surgimento de comunidades cuja existência gravita em torno da paixão compartilhada pelo consumo de determinados bens e serviços com quem empresas como a Salomon procuram manter uma relação de grande proximidade. Outros exemplos encontrados na literatura mostram a convivência colaborativa entre grupos de consumidores e empresas; por exemplo, a subcultura de proprietários de motos Harley-Davidson e de carros Jeep (Schouten e McAlexander, 1995; McAlexander e Schouten, 1998) e os praticantes de *rafting* (Arnould e Price, 1993).

Schouten e McAlexander (1995) classificam subculturas de consumo como um subgrupo da sociedade cujos membros se reúnem em função de um compromisso compartilhado com determinada categoria de produto, marca ou atividade de consumo. Tais subculturas possuem como características a existência de uma estrutura hierárquica social identificável, crenças e valores compartilhados, rituais e formas de expressão simbólica e jargões próprios.

Segundo os autores, a subcultura de proprietários de motos Harley-Davidson possui uma estrutura hierárquica social complexa, composta por diversos subgrupos. O *status* dos membros é função do seu comprometimento com a ideologia de consumo do subgrupo e o *status* de cada subgrupo é função de sua autenticidade. Os membros e os subgrupos com *status* mais elevado funcionam como árbitros e formadores de opinião (Schouten e McAlexander, 1995).

Os autores também afirmam que os membros da subcultura de proprietários de motos Harley-Davidson têm crenças e valores compartilhados, por exemplo, a liberdade individual, o patriotismo, o culto às tradições norte-americanas e, até mesmo, o machismo. Ainda segundo os autores, o comprometimento dos membros da subcultura com tais crenças e valores possui um caráter religioso na medida em que a adesão aos mesmos lhes proporciona uma experiência de transcendência transformadora de suas identidades.

Tal transformação, de acordo com Schouten e McAlexander (1995), envolve três estágios que podem ser caracterizados como parte de um ritual de passagem. Esses estágios são: a experimentação de identidade, a identificação e conformidade e o domínio e internalização. Esse processo tem início a partir da aquisição de uma moto Harley-Davidson e evolui à medida que o motoqueiro participa de encontros, estabelece laços sociais com outros motoqueiros e customiza sua motocicleta.

A adoção integral de um estilo de vida típico dos motoqueiros representa o ponto culminante de tal processo de transformação de identidade. O domínio e a internalização dos valores ligados a esse estilo de vida legitimam o motoqueiro perante seus pares e possibilitam sua ascensão na hierarquia da subcultura de proprietários de motos Harley-Davidson (Schouten e McAlexander, 1995).

É importante destacar que a empresa Harley-Davidson vem tendo uma atuação semelhante à da Salomon no que diz respeito à sua relação com a subcultura de proprietários de suas motos. Ela fornece suporte para as atividades dos diferentes subgrupos que compõem tal subcultura por meio do desenvolvimento de produtos, serviços e *brandfests*, legitimando assim sua posição como empresa que compartilha suas crenças e valores (Schouten e McAlexander, 1995; McAlexander e Schouten, 1998).

A realização e a promoção de *brandfests* parece ser uma das ações que melhor caracterizam o chamado marketing tribal. *Brandfests* são caracterizados por McAlexander e Schouten (1998) como eventos patrocinados por empresas com o objetivo de estimular o culto às suas marcas por parte de seus consumidores. O Camp Jeep, realizado nas montanhas rochosas no Colorado, e os ralis da Harley-Davidson, realizados em Daytona Beach, na Flórida, são exemplos típicos de tal modalidade de evento (McAlexander e Schouten, 1998).

De acordo com McAlexander e Schouten (1998), os *brandfests* criam uma importante oportunidade para o surgimento de senso de pertencimento a uma comunidade entre seus participantes uma vez que permitem a convivência com outros indivíduos que compartilham sua paixão e emoção pela marca patrocinadora do evento. Os *brandfests* podem ser reconhecidos como uma importante ferramenta do chamado marketing tribal (Cova e Cova, 2001).

Arnould e Price (1993), em pesquisa realizada com praticantes de *rafting*, também identificaram o surgimento de um forte senso de identificação grupal entre os mesmos, caracterizando a existência de uma comunidade de consumo. Indivíduos de diferentes classes sociais, faixas etárias, gêneros, profissões e regiões geográficas desenvolveram fortes laços sociais ao longo das excursões que eles acompanharam. Tal integração foi alcançada por meio da realização de rituais de passagem, de intensificação e de integração promovidos pelos próprios organizadores das excursões em um processo que pode ser caracterizado como uma forma de peregrinação. De acordo com Turner (apud Arnould e Price, 1993), peregrinações possuem três estágios essenciais: separação, transição e reintegração.

No estágio de separação, o peregrino abandona sua vida cotidiana e dá início à sua jornada. Na transição, ele abandona objetos e práticas que funcionam como sinais de sua vida cotidiana pregressa e adota o uso de objetos e comportamentos similares aos dos demais peregrinos para integrar-se com eles. Uma vez concluída a peregrinação, ocorre a reintegração, quando ele retorna, modificado pela experiência, à sua vida cotidiana (Arnould e Price, 1993).

Ainda segundo esses autores, um dos principais temas que emergiu de sua pesquisa foi a construção do senso de identificação grupal entre os participantes da excursão. Os guias exercem um papel decisivo nesse processo, estimulando a participação de todos nas atividades e estabelecendo as regras de funcionamento e de convivência para a excursão. Desse modo, é possível considerar que os mesmos também fazem uso da abordagem de marketing tribal proposta por Cova e Cova (2001).

Uma série de práticas de transição foi executada pelos participantes da excursão, como a substituição de roupas e objetos de uso cotidiano por roupas e acessórios especiais para a prática de *rafting*. A participação em outras atividades em grupo, por exemplo, o carregamento de suprimentos, a preparação das refeições, a montagem do acampamento, a socialização e, principalmente, a superação do desafio de descer as corredeiras também contribui decisivamente para a formação da comunidade (Arnould e Price, 1993).

Assim, com base nos exemplos apresentados anteriormente, é possível perceber que tribos, comunidades ou subculturas de consumo são construídas em função da emoção ou paixão compartilhada de seus membros por determinada categoria de produto, serviço, marca ou atividade de consumo. A identidade de tais grupos e de seus membros é construída, expressada e reforçada por meio de determinados rituais de passagem, intensificação e integração, dos quais as empresas podem tirar proveito para promover sua legitimação perante os mesmos, caracterizando o chamado marketing tribal.

Tribos, comunidades e subculturas de resistência/emancipação

Em contraste com os exemplos apresentados anteriormente, em que existe uma convivência colaborativa entre as empresas e os grupos de consumidores que utilizam seus produtos e serviços, é possível identificar a existência de comunidades organizadas em torno de esforços de resistência e emancipação em relação ao mercado e às corporações.

Kozinets (2002) descreveu tal comportamento na comunidade de participantes do evento Burning Man, que acontece anualmente no deserto de Nevada. O evento é um festival, com duração de uma semana, cujo ponto culminante é a queima de uma grande escultura em madeira com a forma de um homem. A queima da escultura representa uma metáfora do processo de transformação por meio da depuração dos seus participantes.

De acordo com Kozinets (2002), a comunidade Burning Man apresenta três características centrais de comunidades, que são: o senso de identidade dos seus membros; a realização de rituais; e o culto a determinadas tradições e o engajamento cívico dos seus membros. A construção da identidade contrária ao mercado da comunidade ocorre por meio de discursos, regras e rituais que são estabelecidos e enfaticamente incentivados por seus organizadores.

O discurso contrário ao mercado do Burning Man é organizado por meio do estabelecimento de regras, como a que proíbe vendas de produtos e serviços, e a exposição de marcas em suas dependências. A única alternativa possível para a realização de intercâmbio de produtos e serviços é por meio de doações realizadas para os organizadores ou para os outros participantes do evento (Kozinets, 2002).

Outro caminho utilizado para a organização do discurso do Burning Man é a transformação de atividades de produção e consumo de produtos e serviços em formas de expressão artística que funcionam como rituais de integração e intensificação. Os participantes sofrem pressão dos organizadores e de seus pares para que participem ativamente e criativamente das atividades do evento, vestindo fantasias, participando de desfiles e realizando performances artísticas. Tal participação é reforçada pela regra que proíbe espectadores no evento, colocando todos os frequentadores no papel de participantes ativos do mesmo (Kozinets, 2002).

O significativo crescimento que o evento vem experimentando ao longo dos anos, tanto no que diz respeito ao número de participantes quanto no que concerne à sua infraestrutura, levou os organizadores desenvolver um discurso para estabelecer um contraste entre o Burning Man, a Disneylândia e a versão de 1999 do evento Woodstock. O estabelecimento de tal contraste parece desempenhar um papel fundamental na tentativa de reduzir tensões provocadas por uma possível profanação do Burning Man resultante do seu crescimento e profissionalização (Kozinets, 2002).

De acordo com Kozinets (2002), existe ainda uma preocupação entre organizadores e participantes do evento em estimular a discussão a respeito dos efeitos negativos do mercado. Tal discussão contribui para a manutenção do distanciamento do evento em relação ao mercado, reforçando o caráter de resistência e emancipação do Burning Man e de seus frequentadores.

Além da organização do discurso contrário ao mercado, a construção da identidade do Burning Man é alcançada por meio da criação do senso de identificação grupal. Práticas como as trocas de presentes entre os participantes reforçam o sentimento de companheirismo e solidariedade dos mesmos, além contribuir para reforçar o discurso contrário ao mercado do evento. A troca de presentes representa uma das poucas situações em que a regra sobre a não exposição de marcas é flexibilizada, uma vez que o ato de doação de produtos já poderia caracterizar um movimento de resistência e emancipação em relação às corporações (Kozinets, 2002).

É importante destacar que o autor percebe a existência de um permanente estado de tensão no esforço de construção de uma identidade contrária ao mercado e às corporações. Tal esforço é constantemente colocado à prova em função da dificuldade enfrentada por organizadores e participantes para promover um isolamento completo da dinâmica do mercado.

Desse modo, Kozinets (2002) detecta o surgimento de uma reinterpretação da identidade e do discurso do Burning Man mais focada na resistência e na emancipação em relação às corporações do que no mercado. No entanto, mesmo essa reinterpretação pode continuar sujeita à mesma tensão já existente desde que se reconheça a organização do Burning Man como uma corporação.

Tal tensão também foi detectada por Schouten e McAlexander (1995) na relação entre a Harley-Davidson e a subcultura de proprietários de suas motos. Quando a Harley-Davidson aumentou os preços de suas motocicletas, muitos motoqueiros se sentiram traídos pela empresa que, até então, era considerada por eles uma legítima e desinteressada parceira.

Belk e Costa (1998) realizaram uma pesquisa em uma comunidade cujo comportamento apresenta algumas similaridades em relação à descrita por Kozinets (2002) no que diz respeito ao seu caráter de movimento de emancipação. Embora tal comunidade não demonstre possuir qualquer tipo de conotação típica de movimentos de resistência, a mesma procura um distanciamento da vida cotidiana contemporânea, o que permite classificá-la como tendo um caráter de movimento de emancipação.

A comunidade identificada pelos autores se dedica à reprodução do estilo de vida típico dos mercadores de peles e das tribos indígenas da América do Norte do século XIX, no que diz respeito a vestimentas, meios de transporte e alimentação em excursões com duração média de três dias (Belk e Costa, 1998).

Objetos e hábitos da vida cotidiana contemporânea são banidos durante a realização da excursão, na busca por uma experiência autêntica, e são substituídos por reproduções de objetos e hábitos pretensamente típicos de tal época. É importante destacar que tal reprodução é baseada em uma imagem idealizada por meio de filmes e programas de televisão (Belk e Costa, 1998).

Além disso, assim como acontece na comunidade Burning Man, certas concessões são admitidas pelos membros da comunidade. Isso pode ser exemplificado pela tolerância com o uso de determinados objetos desde que isso ocorra de forma reservada, por exemplo, o uso de sacos de dormir dentro das tendas dos acampamentos (Belk e Costa, 1998).

A identidade da comunidade e de seus membros é construída por meio de uma série de rituais de passagem, de integração e de intensificação, assim como ocorre em praticamente todas as demais comunidades estudadas até o momento. Tais rituais incluem a adoção de pseudônimos, o que também acontece no Burning Man, a utilização de objetos típicos, como barracas, vestimentas e armas, e a realização de atividades típicas, como a realização de concursos de tiro ao alvo (Belk e Costa, 1998).

Assim, com base nos exemplos apresentados, é possível perceber que as identidades de tribos, comunidades ou subculturas de resistência e emancipação e de seus membros são construídas, expressadas e reforçadas por meio dos mesmos mecanismos utilizados por aquelas organizadas em torno de atividades de consumo. No entanto, tais identidades convivem com determinadas tensões resultantes da dificuldade em sustentar seu distanciamento das forças em relação às quais se organizam.

Estabelecimentos temáticos de serviços: fenômeno pós-moderno

De acordo com Gottdiener (1998), estabelecimentos temáticos de serviços são aqueles cujo ambiente físico transmite a seus frequentadores significados derivados de códigos estabelecidos social e culturalmente, independentemente da natureza da atividade econômica para a qual foram projetados. Tal definição permite supor a existência de uma variedade quase infinita de temas passíveis de adoção por diferentes tipos de estabelecimentos, uma vez que se reconheça o advento do fenômeno do neotribalismo descrito por Maffesoli (2006).

De fato, estabelecimentos temáticos de serviços vêm experimentando uma proliferação significativa na economia contemporânea, transformando-se em um dos aspectos mais marcantes de nossa sociedade. Tal abordagem vem se convertendo no eixo central da estratégia de marketing de diversos tipos de estabelecimentos, como *shopping centers*, restaurantes, lanchonetes, casas de festas, cruzeiros marítimos, hotéis, parques de diversões e cassinos, além de diversos tipos de estabelecimentos varejistas (Gottdiener, 1998).

No mercado norte-americano, em particular, é possível perceber a predominância do uso de temas derivados da sua cultura popular e dos meios de comunicação de massa, como cinema, música, esportes, televisão, histórias em quadrinhos e publicidade, entre outros. A indústria cinematográfica, por exemplo, funciona como inspiração para parques de diversões – é o caso, por exemplo, da Universal Studios e da MGM – e para cadeias de restaurantes, como Planet Hollywood. A indústria musical, por outro lado, funciona como tema para a cadeia de restaurantes e para a rede de hotéis e cassinos Hard Rock Cafe.

Também é possível observar, nesse mesmo mercado, o uso recorrente de temas que, de alguma maneira, remetem seus frequentadores a locais considerados exóticos para os padrões norte-americanos, como no caso da cadeia de restaurantes Outback Steakhouse (Austrália), da cadeia de restaurantes Rainforest Cafe (Floresta Tropical) e dos hotéis e cassinos Riviera (Veneza) e Rio (Rio de Janeiro), localizados em Las Vegas.

A cidade de Las Vegas, aliás, parece ser, juntamente com o parque de diversões Epcot Center, localizado na Flórida, um dos exemplos mais marcantes do processo de tematização de estabelecimentos de serviços presente nos Estados

Unidos, e pode ser considerada um verdadeiro ícone da pós-modernidade. A ampla disseminação dos estabelecimentos temáticos pela cidade proporciona a seus visitantes uma experiência inusitada de hiper-realidade derivada do contato com uma multiplicidade de simulacros de destinações turísticas exóticas idealizadas.

Os turistas em visita tanto à cidade quanto ao parque de diversões conseguem se locomover por simulações ou representações de diversos países e regiões, após percorrer curtíssimas distâncias físicas em curtos intervalos de tempo, sem os riscos e os inconvenientes associados, que os destinos que lhes servem como inspiração poderiam representar. A expressão *even better than the real thing*, que serve de título para uma música do grupo irlandês U2, talvez simbolize de forma mais adequada essa proliferação de ambientes temáticos de serviços.

A proliferação de estabelecimentos temáticos de serviços pode estar relacionada com o advento do neotribalismo na medida em que se reconheça que as tribos urbanas pós-modernas utilizam tais estabelecimentos para realizar determinadas práticas ritualísticas com o objetivo de expressar e reforçar sua identidade cultural. Tal papel só pode ser exercido por esses estabelecimentos quando os mesmos transmitem, por meio dos seus ambientes físicos, significados que os legitimam como locais de ligação para os membros dessas tribos (Cova, 1997).

Assim, o ambiente físico da cadeia de restaurantes Hard Rock Cafe, por exemplo, contém um conjunto de recursos cênicos que contribuem para dotá-los de significado para consumidores aficionados por música *rock*, transformando-os em algo mais do que simplesmente restaurantes. Fotos de artistas, capas de discos e CDs, instrumentos musicais e peças de figurino expostas em seu ambiente físico, além da própria música ambiente, contribuem para transformá-los em verdadeiros museus do *rock*. Desse modo, eles conseguem se transformar em destinação para consumidores que, de alguma maneira, se identificam com tal estilo musical, promovendo sua integração social.

A proliferação dos estabelecimentos temáticos de serviços também pode ser observada, há algum tempo, no mercado brasileiro por meio da presença de filiais de algumas cadeias internacionais, como o próprio Hard Rock Cafe. A natureza emocional e afetiva do fenômeno neotribalista permite a compreensão do sucesso que tais cadeias vêm alcançando no mercado nacional, apesar do uso que fazem de códigos estabelecidos em realidades distantes da brasileira do ponto de vista social e cultural.

No entanto, também é possível observar no mercado nacional a proliferação de estabelecimentos de origem nacional com temas derivados da cultura popular brasileira. Casas de *shows* localizadas no bairro boêmio da Lapa, no Rio de Janeiro, remetem seus frequentadores ao universo do samba do Rio antigo. Restaurantes de comida típica nordestina e mineira buscam inspiração nas respectivas culturas locais para decorar seus ambientes físicos de serviços. Lojas de vestuário vinculadas a causas socioambientais criam uma ambientação que proporciona um aumento do nível de envolvimento dos seus frequentadores com as mesmas.

Assim, pode-se considerar, após uma primeira observação, que a lógica por trás da criação de estabelecimentos temáticos de serviços brasileiros não difere daquela que orienta sua criação em outros contextos socioculturais. É possível observar, no entanto, a utilização bem-sucedida de códigos derivados de diversas origens socioculturais.

Apropriação e modificação dos ambientes físicos de serviços pelas tribos urbanas

Segundo Aubert-Gamet e Cova (1999), os ambientes físicos de serviços típicos de eras anteriores à modernidade eram destinados simultaneamente à realização de atividades de natureza econômica e à interação social. Desse modo, oficinas, feiras, tanques e bares funcionavam como pontos de encontro e locais para a socialização dos habitantes da localidade. Os autores denominam tais espaços *common-places* (ou *lugares-comuns*), ou seja, locais que não são públicos nem privados. Eles funcionam como extensões do espaço doméstico no espaço público, permitindo a realização das atividades econômicas e domésticas de forma coletiva e favorecendo, portanto, a interação social.

Os ambientes físicos de serviços típicos da era moderna já passam a exercer papéis diferentes à medida que novas tecnologias passam a permitir a realização de uma série de atividades econômicas e domésticas de modo privado, tornando desnecessário o deslocamento até os antigos *lugares-comuns*. Os *lugares-comuns* das eras anteriores à modernidade são, então, gradualmente substituídos pelos chamados *non-places* (ou *não lugares*), ou seja, ambientes físicos de serviços destinados à realização de serviços especializados de forma mais impessoal, atendendo ao anseio dos indivíduos da era moderna pela libertação das amarras sociais tradicionais (Aubert-Gamet e Cova, 1999).

Assim, aeroportos, supermercados, agências bancárias e, até mesmo, espaços destinados a serviços de lazer, como cadeias de hotéis desenhados com o objetivo de garantir individualidade, privacidade e anonimato de seus usuários. A consequência mais inquietante decorrente do surgimento de tais espaços, por outro lado, é a solidão experimentada pelos indivíduos, resultante do desaparecimento da interação social e da perda de identidade associadas aos não lugares (Aubert-Gamet e Cova, 1999).

O indivíduo da era pós-moderna inicia, então, uma busca intensa por locais similares aos *lugares-comuns*, onde ele possa restabelecer a interação social perdida ao longo da era moderna. Esses espaços, que Aubert-Gamet e Cova (1999) também chamam de "espaços tribais", surgem nos grandes centros urbanos contemporâneos com a função de promover o estabelecimento de laços sociais. Eles exercem o papel de artefato social, proporcionando experiências extraordinárias, caracterizadas por altos índices de intensidade emocional por meio de interação, ritos e relações comunais, e se transformam em destinação para aqueles consumidores que buscam tal integração social com as tribos das quais fazem parte em um processo similar ao de uma peregrinação.

Tal perspectiva é consistente com a de Belk, Wallendorf e Sherry Jr. (1989), na qual eles demonstram que locais, inclusive de consumo, podem ser sacralizados por meio de processos como rituais ou peregrinações. Rituais são entendidos aqui como regras de conduta que ditam o comportamento adequado diante daquilo que é sagrado, enquanto peregrinação é entendida como uma jornada para um local distante onde uma experiência sagrada intensa ocorre. Tal experiência favorece o aparecimento de *communitas*, ou seja, antiestruturas sociais surgidas a partir do compartilhamento de experiências ritualísticas intensas que libertam seus participantes dos papéis sociais tradicionais, promovendo um espírito de camaradagem igualitário (Belk, Wallendorf e Sherry Jr., 1989).

O trabalho de Urry (1995) a respeito do que ele denomina "sociologia do turismo" também fornece *insights* para pesquisas relacionadas ao uso de ambientes físicos de serviços por grupos de consumidores. Ele argumenta que serviços turísticos não são consumidos apenas por indivíduos isolados, mas por grupos sociais. Consequentemente, a experiência de satisfação obtida por meio do seu consumo envolve uma gama complexa de fatores que podem não estar totalmente sob o controle dos gestores dos mesmos. Além disso, tal experiência é obtida principalmente por meio do que ele denomina olhar do turista (*tourist gaze*), ou seja, o olhar atento direcionado para determinados espaços físicos, como paisagens e prédios históricos. Tal olhar seria o objetivo principal da atividade turística, colocando em segundo plano aquilo que é efetivamente adquirido, por exemplo, passagens, hospedagem e refeições.

Urry (1995) argumenta que: (1) a compreensão do espaço é uma tarefa complexa do ponto de vista teórico e requer variedade de técnicas e métodos de investigação; (2) a maior parte das teorias sociais lida de forma inadequada com a natureza do espaço; (3) espaços são, ao menos parcialmente, consumidos, e tal modalidade de consumo permanece pouco analisada. O autor justifica a importância da pesquisa a respeito de espaços a partir dos seguintes argumentos: (1) espaços estão sendo cada vez mais reestruturados como centros de consumo, ou seja, tentando criar um contexto adequado para a comercialização e consumo de produtos e serviços; (2) espaços são objetos de consumo propriamente ditos, pelo menos visualmente; (3) espaços são, literalmente, objetos de consumo, uma vez que podem ser esgotados ou exauridos por meio do uso; (4) é possível que um espaço seja usado para expressar a identidade de um indivíduo se transformando no que ele chama de *all-consuming places*.

Desse modo, é possível relacionar o uso de ambientes físicos de serviços por grupos de consumidores com o consumo de atividades turísticas. Ambientes físicos de serviços podem ser consumidos visualmente por grupos de indivíduos por meio de um olhar atento semelhante aos dos grupos de turistas que usufruem as paisagens com as quais entram em contato durante suas viagens.

É possível, pois, perceber um movimento de apropriação, para fins sociais, de ambientes físicos de serviços por parte de grupos de consumidores que acabam por promover um possível desvirtuamento da finalidade original para a qual os mesmos foram projetados. Academias de ginástica, *shopping centers*, livrarias e lojas de conveniência transformam-se em pontos de encontro onde tribos reúnem-se para socializar. Aubert-Gamet (1997) entende a apropriação a partir do que ela classifica como uma concepção construtivista do indivíduo, que exerce os papéis que lhe convêm no ambiente físico de serviços, e não necessariamente aqueles estabelecidos pelo provedor do serviço.

Baker (1987) reconhece que os estímulos fornecidos pelo ambiente físico não se restringem aos seus elementos arquitetônicos, uma vez que a aparência e a quantidade de consumidores e funcionários também funcionam como estímulo para outros consumidores. No entanto, somente com o advento das abordagens pós-modernas de pesquisa em marketing teve início o reconhecimento de que os consumidores não são apenas influenciados pelo ambiente físico de serviços, mas também atuam como seus coconstrutores. A motivação para o empreendimento de coconstrução desses ambientes físicos de serviços pode ser explicada em função do desejo dos consumidores pós-modernos de personalizar suas experiências de consumo a partir dos próprios elementos contidos na oferta dos fornecedores (Firat, Dholakia e Venkatesh, 1995).

Lefebvre (1974) pode ser considerado um dos precursores de tais abordagens ao reconhecer a possibilidade de apropriação e, consequentemente, de coconstrução dos ambientes físicos pelos consumidores. Tal comportamento pode resultar em desvirtuamento do ambiente físico de serviços e encontra-se em clara oposição a um comportamento de participação que seria caracterizado pela adesão ou submissão a normas e processos estabelecidos pela empresa prestadora de serviços (Aubert-Gamet, 1997).

Tais comportamentos encontram embasamento teórico em Foucault (1987), que considera o espaço elemento fundamental para qualquer tipo de exercício de poder. A apropriação pode ser compreendida, nesse contexto, como a série de processos executados pelos indivíduos em sua interação com o espaço de modo a controlá-lo. No caso de ambientes físicos de serviços, é possível perceber a existência de uma tensão entre o poder formalmente constituído do prestador do serviço, que define as regras de conduta dos consumidores, e os próprios consumidores, que tentam apropriarem-se desses ambientes por meio de suas próprias formas de conduta com o objetivo de personalizar suas experiências de consumo e expressar suas identidades culturais.

Fischer (1992) identifica três tipos de práticas de apropriação que podem ser adotadas pelos consumidores. O primeiro tipo é classificado por ele como comportamento de construção de ninho e baseia-se na ocupação e utilização do ambiente físico de serviços para fins diferentes daqueles para os quais ele foi originalmente projetado em uma tentativa de torná-lo mais aconchegante, como uma extensão do lar. Tipicamente, tal prática encontra-se associada à utilização desse ambiente para fins de socialização e pode ser verificada, por exemplo, no uso que jovens adolescentes fazem de *shopping centers* como ponto de encontro com seus amigos.

O segundo tipo de prática é classificado por Fischer (1992) como comportamento de demarcação de território. Ela baseia-se na utilização de objetos pessoais no ambiente físico de serviços para delimitar seu território, criando uma marca para indicar a ocupação de determinados espaços. Tal prática pode ser observada, por exemplo, entre estudantes universitários que deixam suas mochilas nas carteiras, mesmo quando não estão em sala de aula, para sinalizar para os demais estudantes a ocupação daquele espaço.

O último tipo de prática identificado por Fischer (1992) é o comportamento de exploração. Tal comportamento baseia-se na investigação do ambiente físico de serviços para adquirir familiaridade e, consequentemente, domínio sobre o mesmo. Ele pode ser observado, por exemplo, entre hóspedes recém-chegados a um hotel que procuram percorrer todo o seu ambiente físico para verificar todas as possibilidades de entretenimento e lazer existentes.

Aubert-Gamet (1997) propõe, então, a criação de um modelo para avaliar as práticas de apropriação utilizadas pelos consumidores em diferentes tipos de ambientes físicos de serviços. A autora utiliza a tipologia proposta por Gumuchian (1991) para classificar o potencial de apropriação oferecido pelos ambientes físicos de serviços. Três abordagens são identificadas por Aubert-Gamet (1997):

1) *Abordagens de sugestão* seriam aquelas em que o ambiente físico de serviços permite uma grande variedade de comportamentos, oferecendo elevado potencial de apropriação para seus consumidores. Ambientes dotados de espaços reservados, mesas e sofás, como brechós e livrarias no formato de *megastores* favorecem a apropriação por meio de comportamentos de construção de ninho e de demarcação.
2) *Abordagens de sedução* seriam aquelas em que o ambiente físico de serviços estimula determinados comportamentos que apoiam o processo de prestação do serviço, ao mesmo tempo que dão a impressão de permitir liberdade de ação aos consumidores. Ambientes como

shopping centers e lojas de departamentos estimulam seus consumidores, de forma sutil, a seguir determinados percursos.

3) *Abordagens de prescrição* seriam aquelas em que o ambiente físico de serviços impõe determinados comportamentos aos consumidores, oferecendo reduzido potencial para apropriação. Ambiente como os das lojas Ikea e Tok & Stok obrigam seus consumidores a seguir determinados percursos em suas lojas por meio da criação de vias de circulação pouco flexíveis.

Por outro lado, segundo Aubert-Gamet (1997), as práticas de apropriação utilizadas pelos consumidores podem ser classificadas em seis categorias, em função da intensidade com que eles aderem ou se rebelam contra os ambientes físicos das empresas:

1) *Práticas de reprodução* seriam aquelas em que os consumidores não se apropriam do ambiente físico de serviços, reproduzindo comportamentos que utilizam em outros tipos de estabelecimento, embora o mesmo favoreça tal comportamento. Esse comportamento poderia ser observado, por exemplo, entre consumidores de uma livraria no formato *megastore* que não fizessem uso dos serviços agregados, como os sofás espalhados pela loja, proporcionados pela mesma.
2) *Práticas de concessão* seriam aquelas em que os consumidores aceitam as normas estabelecidas pelos ambientes físicos de serviços e apenas adotam comportamentos de apropriação permitidos pela empresa. Tal comportamento poderia ser observado, no exemplo anterior, entre consumidores que fizessem uso dos mesmos sofás apenas para fazer uma avaliação, em condições mais confortáveis, de livro para compra.
3) *Práticas de criação* seriam aquelas em que os consumidores tornam-se coconstrutores do ambiente físico de serviços, tirando proveito de todo o potencial de apropriação fornecido pelo mesmo. No mesmo exemplo, tal comportamento poderia ser caracterizado pelo uso dos sofás para qualquer prática que não estivesse vinculada à atividade comercial da livraria, por exemplo, descansar ou estudar.
4) *Práticas de submissão* seriam aquelas em que os consumidores aderem completamente às normas impostas pelo ambiente físico de serviços.

Tal comportamento poderia ser observado, por exemplo, entre consumidores da loja Tok & Stok que circulassem pela loja respeitando a sequência lógica do caminho ou percurso presente no seu *layout*.

5) *Práticas de digressão* seriam aquelas em que os consumidores se apropriam do ambiente físico de serviços de forma não violenta, modificando sua finalidade original. Tal prática poderia ser observada, no mesmo exemplo, caso o percurso proposto não fosse respeitado pelos consumidores ou caso os móveis expostos na loja fossem usados pelos consumidores para atividades não previstas, como descanso ou estudo.
6) *Práticas de subversão* seriam aquelas que os consumidores se apropriam do ambiente físico de serviços de forma agressiva, modificando sua finalidade original. Tal prática poderia, ainda no mesmo exemplo, ser caracterizada pela insistência dos consumidores em manter determinadas práticas após receberem algum tipo de advertência de funcionários da loja.

Figura 6
Práticas de apropriação dos *servicescapes*

Hiato \ Abordagem	Sugestão	Sedução	Prescrição
Baixo	Reprodução	Concessão	Submissão
Médio	Concessão	Concessão / Digressão	Digressão
Alto	Criação	Digressão	Subversão

Fonte: Aubert-Gamet (1997).

De acordo com Aubert-Gamet (1997), os comportamentos de digressão e subversão podem ocorrer tanto em relação à oferta do serviço quanto em relação ao processo do serviço. No primeiro caso, o consumidor utiliza o ambiente físico para a obtenção de serviços que não são oferecidos pela empresa. A utilização da mesa de um restaurante para a realização de uma reunião de trabalho poderia ser citada como um exemplo característico de tal comportamento.

No segundo caso, o consumidor utiliza o ambiente físico para a obtenção do serviço oferecido pela empresa. Apesar disso, ele promove algum tipo de alteração de natureza funcional ou simbólica no seu ambiente físico. A alteração do percurso seguido pelos consumidores, já mencionada anteriormente, poderia ser citada como um exemplo da forma de digressão ou subversão (Aubert-Gamet, 1997).

As práticas de apropriação utilizadas pelos grupos de indivíduos podem representar risco para as empresas que projetam seus espaços físicos a partir de uma perspectiva cognitivista focada no comportamento de indivíduos isolados com o objetivo de criar estímulos sensoriais sem o devido reconhecimento do caráter social do consumo de serviços e dos espaços onde os mesmos são executados. A compreensão de tais práticas pode permitir um melhor aproveitamento do potencial de apropriação oferecido por determinados ambientes físicos de serviços (Aubert-Gamet, 1997).

Assim, torna-se tarefa relevante entender de que forma ocorre o processo de apropriação de ambientes físicos de serviços por parte de grupos de indivíduos com a finalidade de promover a construção e afirmação de suas identidades culturais.

Análise e interpretação dos resultados

Grupo Matriz, Casa da Matriz e a festa "A Maldita"

A Casa da Matriz é uma casa noturna localizada no bairro de Botafogo, na Zona Sul da cidade do Rio de Janeiro. Ela é o mais antigo dos 10 estabelecimentos pertencentes ao Grupo Matriz, comandado pelo jornalista e empresário Léo Feijó. Ainda fazem parte do Grupo Matriz os estabelecimentos: Pista 3, Cinemathèque, Drinkeria Maldita, Choperia Brazooka, Bar da Ladeira, Teatro Odisseia, Cine Lapa, Bar Salvação e Garage.

É possível perceber que os estabelecimentos pertencentes ao Grupo Matriz podem ser caracterizados como estabelecimentos temáticos de serviços.

Todos eles procuram transmitir, por meio de diversos elementos presentes em seus respectivos ambientes físicos, significados derivados de códigos sociais e culturais associados a diversos segmentos da indústria musical alternativa.

Tal posicionamento pode ser considerado adequado desde que os frequentadores desses estabelecimentos possam ser caracterizados como membros de tribos urbanas pós-modernas constituídas em torno da paixão compartilhada por tais estilos musicais. Além disso, os membros dessas tribos devem utilizar tais ambientes para realizar determinadas práticas ritualísticas com o objetivo de expressar e reforçar sua identidade cultural.

O início do funcionamento da Casa da Matriz ocorreu no ano de 1997 em um imóvel residencial abandonado que pertencia ao avô de Léo Feijó. O nome Casa da Matriz era uma referência à sua localização na rua da Matriz, no bairro de Botafogo. Com a demolição do imóvel no ano de 1999, a Casa da Matriz teve seu funcionamento transferido para outro imóvel residencial localizado na rua Henrique Novais, também em Botafogo, onde permanece até hoje.

A Casa da Matriz é dividida em sete ambientes, sendo dois no andar térreo e cinco no andar de cima. O andar térreo conta com uma pista de dança e um bar. O andar de cima conta com outra pista de dança, uma sala de estar, uma sala de vídeo, um brechó e uma sala de jogos eletrônicos. A Casa da Matriz possui uma equipe que conta com gerente, atendentes de bar, auxiliares de atendente, recepcionista e seguranças. A equipe de DJs responsáveis pela programação musical varia ao longo das noites da semana em função da programação de festas. Na realidade, pode-se considerar que os DJs são os efetivos produtores das festas que acontecem na Casa da Matriz, cabendo ao Grupo Matriz o fornecimento da infraestrutura e dos serviços de apoio. A Casa da Matriz possui uma grade semanal fixa de festas dedicadas a diferentes estilos musicais, com destaque para o *rock*.

As festas realizadas na Casa da Matriz também podem ser caracterizadas como temáticas, visto que cada uma delas é organizada em torno de um tema com significados derivados de códigos sociais e culturais associados aos respectivos segmentos da indústria musical alternativa ao qual elas se encontram vinculadas. Entre os principais elementos utilizados para transmitir tais significados pode-se destacar a própria programação musical de cada uma das festas, além da equipe de DJs responsável pela mesma.

Os frequentadores das festas realizadas na Casa da Matriz podem, assim como os frequentadores das demais casas do Grupo Matriz, ser caracterizados como membros de tribos urbanas, já que se reúnem nelas para construir e expressar uma identidade cultural baseada na paixão compartilhada por tais estilos musicais. É possível observar, portanto, um cruzamento entre o posicionamento e o público-alvo de cada uma das casas do Grupo Matriz e das festas nelas realizadas.

O portfólio de estabelecimentos e festas gerenciado pelo Grupo Matriz torna clara sua habilidade para explorar oportunidades de mercado resultantes do atendimento a grupos de consumidores que possam ser caracterizados como tribos urbanas organizadas em torno da preferência por músicas alternativas. O Grupo Matriz consegue atender a uma variedade significativa de tribos de forma customizada graças à sua grande variedade de estabelecimentos e festas. Assim, pode ser estabelecida a percepção, junto a cada grupo de consumidores, de que o Grupo Matriz consegue oferecer ambientes e festas feitos sob medida para atender às suas respectivas necessidades.

A festa A Maldita, idealizada e comandada pelos DJs Zé Felipe e Gordinho, é a mais antiga do cenário alternativo do Rio de Janeiro, com cerca de 10 anos de existência. A festa teve início despretensioso e não comercial na casa de um amigo e, após o sucesso da primeira edição, passou a ser realizada mensalmente. Após ocupar diferentes endereços na Zona Sul do Rio de Janeiro, ela passou a ser realizada na Casa da Matriz, onde continua até hoje, nas noites de segunda-feira.

A festa A Maldita pode ser considerada a mais tradicional festa do cenário alternativo do Rio de Janeiro. A festa possui uma programação musical dedicada ao chamado *indie rock*, ou seja, ao *rock* independente. Embora muitos acreditem que seu nome seja uma referência ao apelido da antiga rádio Fluminense FM, ele é, na verdade, uma referência à noite de segunda-feira, em que ela acontece desde que começou a ser produzida (maldita segunda-feira!). Além disso, o *slogan* da festa também faz referência ao dia da semana em que a mesma acontece (Comece a semana se acabando!).

É importante destacar que a característica mais marcante da festa é sua programação musical composta por músicas de bandas e artistas fora do *mainstream* da indústria fonográfica. Os DJs Zé Felipe e Gordinho vêm se notabilizando no mercado pela sua capacidade de estar antenados com as mais novas tendências musicais e, consequentemente, pela capacidade de montar uma programação com músicas que não são tocadas em qualquer outro local.

Outro aspecto importante a ser destacado é que os DJs Zé Felipe e Gordinho começaram a trabalhar com Léo Feijó e seus sócios na produção da festa Loud, que foi durante alguns anos o principal empreendimento do Grupo Matriz. A Loud começou a ser realizada no *campus* da UFRJ, na Praia Vermelha. Posteriormente, passou a ser produzida no primeiro imóvel ocupado pela Casa da Matriz até sua demolição. Desde então, vem sendo realizada no Cine Íris, na Lapa. A Loud teve importante papel na construção da reputação dos DJs e do Grupo Matriz no cenário alternativo carioca.

A festa A Maldita pode ser caracterizada como uma festa temática, visto que é organizada em torno do tema *rock* a partir do uso que faz dos códigos sociais e culturais a ele associados. Tal caracterização é consistente com o uso já descrito de tal abordagem nas demais festas realizadas na Casa da Matriz e, também, nas demais casas noturnas pertencentes ao Grupo Matriz. Entre os principais elementos utilizados para transmitir tais significados, pode-se destacar a programação musical da festa, além dos DJs que a organizam. Coerentemente, os frequentadores da festa A Maldita podem ser caracterizados como membros de uma tribo urbana visto que se reúnem na mesma para construir e expressar uma identidade cultural baseada na paixão compartilhada pelo *rock*.

Ambiente físico da Casa da Matriz

Como dito, a Casa da Matriz ocupa um antigo imóvel residencial localizado na rua Henrique Novais no bairro de Botafogo. A rua Henrique Novais faz a ligação entre as ruas São João Batista e Real Grandeza e possui reduzido movimento de veículos e pedestres. O fluxo mais significativo que pode ser verificado na rua, especialmente no turno da noite, é o de clientes entrando e saindo da Casa da Matriz e do Bar Salvação.

A casa mantém uma fachada com aparência de imóvel residencial, sem a presença de qualquer tipo de sinalização visual externa que a identifique. Ela possui dois andares e suas paredes têm cor em tonalidade salmão. O elemento que torna possível reconhecer mais facilmente a finalidade econômica do imóvel é sua porta de entrada, que, além de ser mais larga para facilitar a locomoção das pessoas que se dirigem para dentro, também possui bilheteria e espaço coberto para proteger as pessoas que estiverem em fila de espera.

Logo após a porta de entrada, há um pequeno *hall*, a partir do qual é possível se dirigir à pista de dança e ao bar, localizados no andar térreo. A porta de acesso para a pista de dança é larga, permitindo a observação do movimento na mesma a partir do *hall*. O *hall* também possui uma escada de madeira por meio da qual é possível chegar ao segundo andar da casa. A largura da escada permite o uso dos seus degraus como assento sem comprometer o deslocamento de outras pessoas.

A pista de dança principal fica à direita da porta de entrada e possui formato em L. A cabine do DJ fica localizada no canto do cômodo, o que permite sua visualização por parte das pessoas localizadas em qualquer uma das extremidades da pista. A pista possui aspecto tradicional. Suas paredes são cobertas por uma espécie de carpete de cor escura, seu piso é quadriculado em preto e branco e a iluminação é fraca.

O bar do andar térreo pode ser acessado tanto por meio de uma porta localizada no final do *hall* de entrada quanto por meio de outra porta localizada em uma das extremidades da pista de dança. O bar possui alguns jogos de mesas e cadeiras altas localizadas perto das paredes. Há um balcão no fundo do cômodo onde ocorre o serviço de bar. Há, também, uma cabine localizada ao lado do balcão onde funciona o guichê para pagamento. O bar conta com uma televisão de 42 polegadas em que é veiculada uma seleção de vídeos musicais.

O segundo andar conta com um pequeno corredor em formato de "U" por meio do qual é possível acessar os demais cômodos na Casa da Matriz. Uma primeira porta, localizada no lado esquerdo desse corredor, funciona como entrada para a sala de jogos eletrônicos. Outra porta, localizada no lado direito, permite a entrada no banheiro masculino. Uma terceira porta, localizada no lado direito da primeira curva do corredor, permite acesso ao brechó. Outra porta, localizada no lado direito do corredor após a primeira curva, dá acesso à sala de estar.

Uma quinta porta, localizada do lado direito da segunda curva do corredor, permite o acesso à sala de vídeo. Logo ao lado dessa porta, é possível observar um minibalcão de bar. Um pouco mais à frente do corredor, existe uma segunda porta de acesso para a sala de vídeo do lado direito, e uma segunda porta de acesso para a sala de jogos eletrônicos do lado esquerdo. Existe, por fim, uma última porta do lado esquerdo do corredor por onde é possível entrar na segunda pista de dança da casa.

A sala de jogos eletrônicos possui cerca de 10 metros quadrados. Ela é mobiliada com um sofá de couro preto com dois assentos, uma mesa semelhante às do bar do andar térreo e duas cadeiras de madeira comum. A sala conta com duas antigas máquinas de jogos eletrônicos encostadas na parede em frente ao sofá e à mesa. Suas paredes possuem um tom azulado e são grafitadas com tinta *spray*. As paredes são vazadas na parte de cima e a iluminação é fraca.

A sala de vídeo possui cerca de 25 metros quadrados. Ela possui dois sofás de couro preto, sendo um com dois assentos e outro com um assento. Há, também, duas cadeiras de madeira similares às existentes nos outros cômodos. A sala conta com uma televisão de 42 polegadas que transmite a mesma programação que a televisão localizada no andar térreo e possui uma janela atrás da televisão com vista para a rua Henrique Novais. Há, ainda, uma porta de entrada para o banheiro feminino nos fundos da sala.

A sala de estar e o brechó ficam localizados em salas contíguas e de dimensões similares, ocupando, ao todo, cerca de 25 metros quadrados. A sala de estar possui um sofá com dois lugares e uma janela com vista para a rua Henrique Novais. O brechó possui um balcão com alguns objetos em exposição para venda. O balcão também conta com um aparelho de som em funcionamento. As laterais do brechó possuem araras com peças de vestuário disponíveis para venda. Sua parede é decorada com dois *skates* e algumas gravuras.

A pista de dança do segundo andar apresenta dimensões extremamente reduzidas, com cerca de 15 metros quadrados. Há uma cabine de som no canto do cômodo oposto à porta de entrada. As paredes são cobertas com um tecido acarpetado escuro, semelhante ao existente na pista de dança do térreo e a iluminação também é bastante fraca. A programação musical dessa pista é completamente diferente da programação do aparelho de som do brechó e da pista do andar térreo.

Abordagem utilizada para projetar o ambiente físico: sugestão

De acordo com os dados levantados, com base na tipologia proposta por Aubert-Gamet (1997), a abordagem que melhor caracteriza o ambiente físico de serviços da Casa da Matriz é a de sugestão. Isso significa que seu ambiente físico permite uma grande variedade de comportamentos, oferecendo elevado potencial de apropriação a seus frequentadores.

Diversos elementos contribuem para a caracterização da utilização de tal abordagem. É possível observar que a fachada atual da Casa da Matriz mantém algumas características típicas da fachada de um imóvel residencial. Do mesmo modo, é possível perceber que o imóvel não sofreu qualquer tipo de modificação estrutural, internamente, que pudesse vir a tornar seu *layout* mais parecido com o de uma casa noturna tradicional.

A manutenção de uma divisão por cômodos, com a presença de uma sala de estar, de uma sala de vídeo e de uma sala de jogos eletrônicos, contribui para reforçar a experiência de estar presente em um imóvel residencial. Tal organização espacial sinaliza para seus frequentadores a inexistência de uma atividade que possa ser caracterizada como a mais importante na dinâmica social da Casa da Matriz.

Os móveis utilizados para decorar a Casa da Matriz também contribuem para a caracterização do seu ambiente físico como sendo de sugestão. Sofás, mesas e cadeiras possuem a aparência de móveis para uso tipicamente residencial, contribuindo para reforçar a sensação da possibilidade de usos variados para os mesmos. Além disso, tais móveis podem ter sua disposição facilmente modificada pelos próprios frequentadores da Casa da Matriz, já que não são fixados ao piso.

É importante ressaltar que os próprios gestores da Casa da Matriz demonstram ter consciência do potencial de apropriação oferecido pelo seu ambiente físico. Uma das características marcantes da Casa da Matriz, desde sua inauguração, sempre foi a existência de uma programação cultural variada. A organização de peças teatrais, mostras de arte, cursos e palestras tornam clara tal consciência.

> [...] sempre muito com arte na verdade... todo esse processo tem... uma mostra, uma exposição de artes plásticas, tem um bazar de roupa... misturando tudo [M., 25 anos, publicitária].

Casas noturnas tradicionais, por outro lado, poderiam ter seus ambientes físicos classificados, com base na tipologia proposta por Aubert-Gamet (1997), como sendo de prescrição, já que impõem determinados comportamentos aos seus frequentadores, oferecendo reduzido potencial para apropriação. Elas são tradicionalmente organizadas em torno de uma pista de dança localizada em uma posição central dos seus ambientes físicos. Todos os demais elementos do ambiente físico, como balcão de bar, mesas, cadeiras e bilheteria, são geralmente localizados ao redor dessa pista, tornando claro para seus frequentadores seu papel central na dinâmica social.

> [...] porque não é aquela coisa da casa noturna tradicional, eu acho, que tem a pista de dança enorme, e os lugares em volta [M., 25 anos, publicitária].

Casas noturnas tradicionais normalmente impõem um caminho lógico a ser percorrido por seus frequentadores com o objetivo claro de maximizar o consumo, oferecendo-lhes pouca ou nenhuma liberdade de ação criativa. As poucas mesas e cadeiras disponíveis são, por exemplo, fixadas ao piso, impedindo qualquer tipo de rearrumação e desestimulando sua utilização de modo a garantir que o foco das atenções não seja desviado da pista de dança.

A caracterização da abordagem utilizada para projetar o ambiente físico da Casa da Matriz permite que tenha início a caracterização das categorias de análise referentes ao seu posicionamento temático e, posteriormente, às práticas de apropriação utilizadas por seus frequentadores.

Caracterização da tribo de frequentadores da Casa da Matriz

Tanto os frequentadores da Casa da Matriz quanto, mais especificamente, os da festa A Maldita podem ser classificados como membros de uma tribo urbana pós-moderna. É uma comunidade reunida em torno da paixão e emoção compartilhada pelo *rock* e utiliza a Casa da Matriz para a realização das suas práticas sociais. Seu ambiente físico, no entanto, exerce um papel secundário, embora importante, na construção da identidade da referida tribo. O papel principal é efetivamente exercido pela música *rock*.

Você vai perceber isso. É uma grande... é uma comunidade de pessoas. E aí pessoas voltam e vão entrando nesse grupo... eu acho que o que mais une as pessoas mesmo é o gosto musical [Z., 32 anos, DJ].

Assim, de acordo com a tipologia proposta por Cova e Cova (2001), podemos observar alguns papéis assumidos pelos membros da tribo de frequentadores da Casa da Matriz e da festa A Maldita, como ilustra a figura 7.

Figura 7
Papéis dos membros da tribo de frequentadores da Casa da Matriz

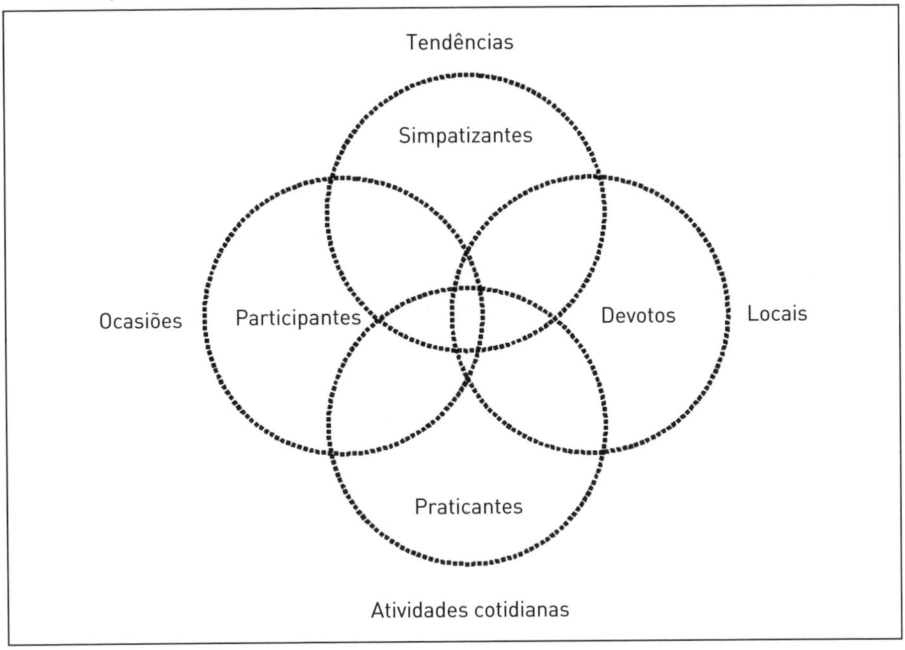

É possível observar que determinados indivíduos assumem o papel de participantes da tribo urbana. São aqueles cujo comportamento é caracterizado pela adesão a eventos ou ocasiões informais da tribo urbana. De acordo com estimativas de proprietários e gestores, o número de pessoas presentes assiduamente às festas da Casa da Matriz, frequentando efetivamente seu ambiente físico de serviços, varia entre 120 e 500 pessoas. Tal grupo de indivíduos é relevante para a presente pesquisa, já que é por meio dele que o processo de apropriação de ambientes físicos de serviços efetivamente ocorre.

> Mas a galera vai, toda segunda-feira, tem neguinho assim, de 45 anos que vai até hoje na festa, e vai virado pro trabalho, é religioso... a Maldita é assim... [M., 25 anos, publicitária].

> Adoro a Matriz... minha noitada ou é nela ou não é. Porque não gosto, nem frequento nenhuma outra boate... a Maldita é a única festa que me faz sair à noite num dia que eu não posso (terça-feira de manhã eu fico um lixo, mas vou!) [L., 24 anos, estudante].

Também é possível observar a existência de indivíduos que assumem o papel de devotos, ou seja, aqueles formalmente associados à tribo urbana. No caso da Casa da Matriz, tal papel pode ser caracterizado pela associação à sua página no Facebook, com mais de 67.500 seguidores. Além disso, também há uma quantidade considerável de indivíduos cadastrados no programa de relacionamento do Grupo Matriz. Tal associação é comumente motivada pela busca de benefícios de natureza promocional, como a obtenção de descontos nos preços dos ingressos para as festas. No entanto, é possível perceber que tais comunidades virtuais também funcionam como local de ligação para os membros da tribo de frequentadores da Casa da Matriz, permitindo práticas de socialização entre os membros.

Os indivíduos que assumem o papel de praticantes são aqueles que participam das atividades cotidianas da Casa da Matriz por meio da prática de apropriação categorizada como reunião de condomínio, que será descrita posteriormente. Tal papel é exercido por um número que varia entre aproximadamente 15 e 25 pessoas que participam mais ativamente dos tópicos de discussão propostos no fórum da comunidade virtual. É possível observar um alto nível de envolvimento de tais indivíduos com questões do dia a dia da Casa da Matriz, típico daqueles que se sentem como seus coproprietários, além de um alto nível de intimidade com outros praticantes.

O papel de simpatizantes é exercido pelos indivíduos que frequentam de forma menos assídua o ambiente físico da Casa da Matriz e sua comunidade virtual. Tais indivíduos manifestam sua simpatia por meio da adesão ou do acesso à sua comunidade virtual, mas não participam ativa e frequentemente das discussões ocorridas no seu fórum.

Embora a tipologia de Cova e Cova (2001) tenha demonstrado capacidade para explicar adequadamente os papéis assumidos pelos frequentadores da

Casa da Matriz e da festa A Maldita, ela apresenta algumas limitações no que diz respeito à existência de elementos para analisar o nível de envolvimento dos frequentadores entre si. Isso parece representar uma lacuna significativa de análise quando se pretende caracterizar a existência de uma comunidade, o que pressupõe a existência de laços sociais entre seus membros.

A tipologia proposta por Kozinets (2002), embora destinada à análise de comunidades de natureza virtual, parece contribuir para preenchimento de tal lacuna uma vez que reconhece explicitamente a importância de tais laços sociais, além do reconhecimento da importância do envolvimento com a atividade de consumo em torno da qual a comunidade é construída.

Assim, de acordo com a tipologia de Kozinets (2002), é possível identificar a existência de frequentadores que podem ser categorizados como internos. Tais frequentadores são aqueles que possuem alto envolvimento com a Casa da Matriz e a festa A Maldita. Eles frequentam assiduamente suas festas, participam ativamente de suas comunidades virtuais e demonstram forte identificação com sua programação musical. Além disso, eles interagem intensamente uns com os outros, desenvolvendo laços sociais profundos, embora limitados à paixão e à emoção compartilhadas pelo *rock*.

Figura 8
Papéis dos membros das tribos de frequentadores da Casa da Matriz

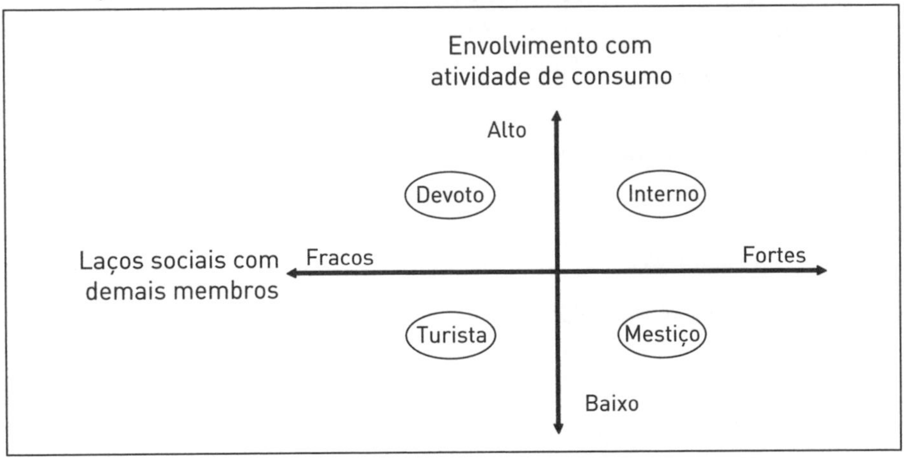

Ainda de acordo com a tipologia de Kozinets (2002), é possível identificar a existência de frequentadores que podem ser categorizados como devotos.

Tais indivíduos frequentam ativamente a Casa da Matriz e suas comunidades virtuais, embora não desenvolvam laços sociais fortes com os demais membros da tribo. O foco da atenção de tais indivíduos está direcionado quase que exclusivamente para a música *rock*, sendo este o motivo central pelo qual frequentam a Casa da Matriz e suas comunidades de relacionamento.

Também é possível identificar a existência de indivíduos que podem ser categorizados como mestiços na tribo de frequentadores da Casa da Matriz. A motivação central de tais indivíduos para frequentar a Casa da Matriz é a existência de laços sociais com outros frequentadores que possuem maior envolvimento com ela, embora eles não demonstrem possuir forte conexão com a música *rock* ou com a Casa da Matriz propriamente dita.

Por fim, ainda segundo a classificação de Kozinets (2002), alguns frequentadores da Casa da Matriz podem ser categorizados como turistas, ou seja, aqueles que possuem baixo envolvimento com os demais frequentadores e com o estilo musical *rock*. Existe um contingente significativo, embora minoritário, de pessoas que frequentam a Casa da Matriz em função da curiosidade despertada por sua reputação.

É importante ressaltar, mais uma vez, que a tipologia proposta por Kozinets (2002) foi desenvolvida especificamente para analisar comunidade de natureza virtual. Apesar disso, ela se mostrou bastante adequada para categorizar os frequentadores da Casa da Matriz e da festa A Maldita, mesmo não contemplando o uso de ambientes físicos de serviços como variável específica de análise.

Uma vez tendo realizado a categorização do ambiente físico da Casa da Matriz e de seus frequentadores, torna-se possível analisar as práticas de apropriação desse mesmo ambiente adotadas por esses frequentadores.

Práticas de apropriação: criação

De acordo com os dados levantados, com base na tipologia proposta por Aubert-Gamet (1997), a prática que melhor caracteriza o comportamento dos frequentadores da Casa da Matriz é a prática de criação. Isso significa que eles agem como coconstrutores do ambiente físico de serviços, tirando proveito de todo o potencial de apropriação fornecido pelo mesmo por meio da execução.

Figura 9
Práticas de apropriação dos frequentadores habituais da Casa da Matriz

Abordagem / Hiato	Sugestão	Sedução	Prescrição
Baixo	Reprodução	Concessão	Submissão
Médio	Concessão	Concessão / Digressão	Digressão
Alto	Criação	Digressão	Subversão

De fato, é possível observar nos relatos feitos por clientes e funcionários, transcritos a seguir, o engajamento dos frequentadores da Casa da Matriz em uma grande variedade de práticas sociais distintas daquelas para as quais casas noturnas são habitualmente projetadas, por exemplo, dança ou paquera.

Os relatos, por outro lado, também servem para reforçar o argumento apresentado anteriormente de que a abordagem utilizada para projetar e gerenciar a Casa da Matriz é a de sugestão. Os relatos tornam claro que a grande variedade de práticas sociais empreendidas é possível graças às características do próprio ambiente físico.

> Teve uma festa da Casa Matriz que durou 51 horas, foi uma festa sem fim, assim, tinha tudo... as pessoas tinham que... teve um cara que ficou 51 horas dentro da festa, aí tinha um bazar ele comprou uma roupa, ele trocou de roupa, ele comeu um negócio... [M., 25 anos, publicitária].

> [...] quer dizer, os próprios clientes vão armando a disposição dos móveis, não é fixa, sabe, eu posso mudar o sofá de lugar [M., 25 anos, publicitária].

> O que mais gosto é ter diversas opções... dançar, jogar *videogames*, ver TV, ficar no bar, ou simplesmente deitar no sofá e dormir, se eu estiver de saco cheio [D., 21 anos, estudante].

> Vou lá, fico à vontade, posso até dormir lá, entendeu? [L., 33 anos, sócio].

> Às vezes quando fico cansado lá pro meio da noite, eu gosto de ficar um tempo jogando fliperama da salinha de jogos [G., 20 anos, estudante].

De fato, o trabalho de campo realizado na Casa da Matriz também permitiu observar de forma direta o comportamento de criação. Os frequentadores se engajam simultaneamente em uma série de práticas sociais distintas em todos os cômodos de seu ambiente físico.

Na pista do andar térreo, havia um pequeno grupo de indivíduos dançando e outro pequeno grupo em uma roda de bate-papo. Ainda na pista de dança, havia algumas pessoas apenas observando os DJs tocando as músicas. No bar do andar térreo, havia alguns grupos organizados em círculos conversando, além de algumas pessoas aparentemente desacompanhadas assistindo à programação veiculada na televisão.

A sala de jogos eletrônicos do segundo andar estava sendo ocupada por dois indivíduos que realizavam uma disputa nas máquinas de fliperama e por um pequeno grupo de indivíduos que conversavam acomodados no sofá. Na sala de vídeo, havia outro grupo de indivíduos sentados nos sofás e cadeiras formando uma roda de bate-papo, além de algumas pessoas sentadas em cadeiras próximas à televisão acompanhando a programação. Havia, também, um casal sentado no sofá da sala de estar conversando.

As poucas pessoas presentes na pista de dança do segundo andar permaneciam praticamente imóveis observando a DJ responsável pela programação musical em sua cabine. O brechó foi o único cômodo que permaneceu vazio a maior parte da noite. Algumas poucas pessoas transitaram rapidamente por ele, inspecionando visualmente os objetos em exposição. A inexistência de sofá ou cadeiras onde as pessoas pudessem se acomodar parece ter desestimulado um uso mais intenso desse cômodo pelos frequentadores da Casa da Matriz.

É importante destacar que alguns frequentadores da Casa da Matriz apresentaram um comportamento que pode ser classificado, com base na tipologia proposta por Aubert-Gamet (1997), como uma prática de reprodução. Isso significa que tais frequentadores não se apropriam do ambiente físico de serviços, tentando reproduzir comportamentos que costumam utilizar em outros tipos de casas noturnas, embora o mesmo favoreça a prática de criação.

Tal comportamento foi relatado por frequentadores novatos da Casa da Matriz nas entrevistas, embora o mesmo não tenha sido verificado durante o trabalho de observação de campo. A prática de reprodução se manifestou na tentativa de engajamento em atividades típicas de casas noturnas tradicionais, como dançar na pista do andar térreo. Cabe destacar que tal engajamento foi percebido por esses frequentadores novatos como tendo sido malsucedido.

Figura 10
Práticas de apropriação dos frequentadores novatos da Casa da Matriz

Hiato \ Abordagem	Sugestão	Sedução	Prescrição
Baixo	Reprodução	Concessão	Submissão
Médio	Concessão	Concessão / Digressão	Digressão
Alto	Criação	Digressão	Subversão

> A gente chegou a ir para a pista dançar, mas não foi legal. Parecia que não era... como se ninguém tivesse lá pra isso... [R., 23 anos, estudante].

> Eu fiquei meio sem graça dançando na pista, porque só tinha a gente dançando e a pista meio vazia (E., 26 anos, estudante].

É importante salientar que o comportamento dos frequentadores da Casa da Matriz se encontra em frontal oposição ao comportamento que frequentadores de casas noturnas tradicionais costumam adotar, que pode ser habitualmente classificado, com base na tipologia proposta por Aubert-Gamet (1997), como de submissão, ou seja, aquelas em que os frequentadores aderem completamente às normas impostas pelo ambiente físico de serviços, o que, no caso das casas noturnas tradicionais, significa permanecer na pista dançando.

> Quando a gente sai de noite pra uma Nuth, é para ver e para ser visto. Só que lá tinha uma coisa diferente. Ninguém tava muito preocupado com isso lá [E., 26 anos, estudante].

> Eu gosto de ir pra *raves*. Todo mundo vai lá pra dançar e a gente fica dançando a noite toda [R., 23 anos, estudante].

Figura 11
Práticas de apropriação dos frequentadores de casas noturnas tradicionais

Hiato \ Abordagem	Sugestão	Sedução	Prescrição
Baixo	Reprodução	Concessão	Submissão
Médio	Concessão	Concessão / Digressão	Digressão
Alto	Criação	Digressão	Subversão

Uma vez tendo identificado que os frequentadores da Casa da Matriz efetivamente se engajam em práticas de criação, torna-se possível identificar de que forma tal apropriação é empreendida por eles.

Conclusões

O objetivo da pesquisa foi compreender como determinados ambientes físicos de serviços são apropriados pelos diferentes grupos de indivíduos que os utilizam para construir sua identidade cultural, modificando a finalidade econômica original para que foram projetados por seus gestores.

Identificar um ambiente físico de serviços que ofereça elevado potencial de apropriação aos seus frequentadores e descrever as abordagens adotadas por seus gestores para projetar tal ambiente físico de serviços bem como para gerenciá-lo foram também objetivos intermediários da pesquisa.

A Casa da Matriz demonstrou, ao longo da pesquisa de campo, preencher os requisitos necessários para ser classificada como um ambiente físico de serviços dotado de elevado potencial de apropriação. De fato, de acordo com a tipologia proposta por Aubert-Gamet (1997), a Casa da Matriz pode ser classificada como um ambiente físico de serviços projetado e gerenciado dentro de uma abordagem de sugestão.

A Casa da Matriz efetivamente remete seus frequentadores para um clima típico de uma festa caseira, e seu ambiente físico sugere a possibilidade de engajamento em uma ampla variedade de práticas sociais distintas daquelas para as quais casas noturnas são tradicionalmente projetadas.

Tal abordagem é potencializada pela manutenção de características típicas de um imóvel residencial, por exemplo, a fachada, a divisão espacial e a decoração. Além disso, a própria Casa da Matriz oferece uma programação que não se restringe à realização de festas, mas também abriga peças teatrais, exposições e cursos.

Os frequentadores da Casa da Matriz se apropriam do ambiente físico por meio de práticas de criação, de acordo com a tipologia proposta por Aubert-Gamet (1997). Eles efetivamente tiram proveito do potencial de apropriação oferecido pelo ambiente físico de serviços. Assim, agem como seus coproprietários e coconstrutores, utilizando-o para a realização de práticas sociais distintas daquelas para as quais casas noturnas são tradicionalmente projetadas.

Além disso, tais práticas sociais são utilizadas pelos frequentadores para construir e reforçar suas identidades culturais. A identidade cultural da tribo de frequentadores da Casa da Matriz é construída em torno de dois temas centrais: *rock* e festa caseira. O estabelecimento transmite a eles significados derivados de códigos sociais e culturais relacionados a tais temas, legitimando-se como local de ligação para esses frequentadores.

Assim, frequentar a Casa da Matriz e suas festas contribui para que tais indivíduos se sintam de fato como membros de uma comunidade ou tribo urbana reunida em torno da paixão compartilhada pelo *rock* e por festas e ambientes com clima descontraído, típicos de uma festa caseira.

De acordo com a tipologia proposta por Cova e Cova (2001), podemos observar alguns papéis assumidos pelos membros da tribo. Por um lado, é possível observar que determinados indivíduos assumem um papel de participantes da tribo urbana, frequentando efetivamente o ambiente físico de serviços. De acordo com a estimativa de um funcionário, o número de pessoas presentes às festas da Casa da Matriz oscila entre 120 e 500 pessoas.

Também é possível observar a existência de indivíduos que assumem o papel de devotos, ou seja, aqueles formalmente associados à tribo urbana. No caso da Casa da Matriz, tal papel pode ser caracterizado pela associação à sua comunidade virtual, que possui cerca de 5 mil indivíduos cadastrados. Uma parte desses indivíduos assume o papel de praticante, uma vez que participa de suas atividades cotidianas por meio da prática de reunião de condomínio descrita anteriormente.

Os frequentadores da Casa da Matriz adotam, ainda, as três modalidades de práticas de apropriação descritas por Fischer (1992). Práticas de exploração e de construção de ninho são utilizadas tanto por frequentadores novatos quanto por frequentadores habituais da Casa da Matriz com o objetivo de adquirir domínio sobre seu ambiente físico. Práticas de demarcação de território são utilizadas apenas por frequentadores experientes, já familiarizados com o ambiente físico, com seus demais frequentadores e com sua forma de funcionamento.

A finalidade econômica do ambiente físico da Casa da Matriz é modificada por seus frequentadores. Conforme dito, o ambiente é utilizado para finalidades econômicas e sociais distintas daquelas para as quais casas noturnas são tradicionalmente projetadas. Tal modificação pode ser claramente observada na sua utilização como extensão do ambiente doméstico dos seus frequentadores.

Desse modo, é possível considerar que o objetivo geral da pesquisa foi atingido, permitindo que a tese subjacente à mesma seja enunciada conforme se segue:

> *Ambientes físicos de serviços projetados e gerenciados por meio de abordagens de sugestão são apropriados por membros de tribos urbanas pós-modernas por meio de práticas de exploração, construção de ninho, demarcação e reunião de condomínio. Tal apropriação se destina à realização de práticas sociais utilizadas para construir e expressar suas identidades culturais e provocam a modificação da finalidade econômica original do ambiente físico de serviços, gerando conflitos com seus proprietários e gestores.*

Referências

ARNOULD, E. J.; PRICE, L. L. River magic: extraordinary experience and the extended service encounter. *Journal of Consumer Research*, v. 26, p. 24-45, 1993.

____; ____; TIERNEY, P. The wilderness servicescape: as ironic comercial landscape. In: SHERRY JR., J. F. (Ed.). *Servicescapes*: the concept of place in contemporary markets. Chicago: NTC Business Books, 1998.

____; WALLENDORF, M. Market-oriented ethnography: interpretation building and marketing strategy formulation. *Journal of Marketing Research*, v. 31, n. 4, p. 484-504, nov. 1994.

AUBERT-GAMET, V. Twisting servicescapes: diversion of the physical environment in a re-appropriation process. *International Journal of Service Industry Management*, v. 8, n. 1, p. 26-41, 1997.

____; COVA, B. Servicescapes: from modern non-places to postmodern common places. *Journal of Business Research*, v. 44, p. 37-45, 1999. Special issue: Service marketing and management: European contributors.

BAKER, Julie. The role of the environment in marketingservices: the consumer perspective. In: CZEPIEL, J.; CONGRAM, C. A.; SHANAHAN, J. (Ed.). *The services challenge*: integrating for competitive advantage. Chicago: American Marketing Association, 1987. p. 79-84.

____. Examining the informational value of store environments. In: SHERRY JR., J. F. (Ed.). *Servicescapes*: the concept of place in contemporary markets. Chicago: NTC Business Books, 1998.

BAUER, M.; AARTS, B. A construção do *corpus*: um princípio para a coleta de dados qualitativos. In: BAUER, M. W.; GASKELL, G. (Ed.). *Pesquisa qualitativa com texto, imagem e som*: um manual prático. 6. ed. Petrópolis: Vozes, 2007.

BAUMAN, Z. *Comunidade*: a busca por segurança no mundo atual. Rio de Janeiro: Zahar, 2003.

BELK, R. W.; COSTA, J. A. The mountain man myth: a contemporary consuming fantasy. *Journal of Consumer Research*, v. 25, p. 218-240, dez. 1998.

____; WALLENDORF, M.; SHERRY JR., J. F. The sacred and the profane in consumer behavior: theodicy on the odyssey. *Journal of Consumer Research*, v. 16, p. 138, jun. 1989.

BERRY, L.; PARASURAMAN, A. *Serviços de marketing*: competindo através da qualidade. 3. ed. São Paulo: Maltese, 1995.

BITNER, M. J. Servicescapes: the impact of physical surroundings on customers and employees. *Journal of Marketing*, v. 56, p. 57-71, abr. 1992.

BROWN, S.; SHERRY JR., J. F. (Ed.). *Time, space, and the market*: retroscapes rising. Nova York: M. E. Sharpe, 2003.

CARVALHO, J. *A luz nos cenários de serviços*: fenomenologia da experiência interativa dos participantes dos encontros de serviços com a iluminação ambiental. Rio de Janeiro: Ed. PUC-Rio, 2003.

____; HEMAIS, M.; MOTTA, P. Do zen ao techno: as tribos de clientes e a música nos cenários de serviços. In: ENCONTRO NACIONAL DA ASSOCIAÇÃO NACIONAL DOS PROGRAMAS DE PÓS-GRADUAÇÃO EM ADMINISTRAÇÃO, 25., 2001, Campinas. *Anais*... Foz do Iguaçu: Campinas, 2001.

____; MOTTA, P. Experiências em cenários temáticos de serviços. *Revista de Administração de Empresas*, v. 42, n. 2, p. 54-65, abr./jun. 2002.

____; VERGARA, S. A fenomenologia e a pesquisa dos espaços de serviços. *Revista de Administração de Empresas*, v. 42, n. 3, p. 78-91, jul./set. 2002.

CASTELLS, M. *O poder da identidade*. 5. ed. São Paulo: Paz e Terra, 2006. v. 2 de *A era da informação*: economia, sociedade e cultura.

COVA, B. Community and consumption: towards a definition of the "linking value" of products and services. *European Management Journal*, v. 31, n. 3-4, 1997.

____. From marketing to societing: when the link is more important than the thing. In: BROWNLIE, D. et al. (Ed.). *Towards critical marketing accountings*. Londres: Sage, 1999. p. 64-83.

____; COVA, V. Tribal aspects of postmodern consumption research: the case of French in-line roller skates. *Journal of Consumer Behaviour*, v. 1, n. 1, p. 67-77, jun. 2001.

____; ____. Tribal marketing: the tribalisation of society and its impact on the conduct of marketing. *European Journal of Marketing*, v. 36, n. 5, p. 595-620, 2002.

DONOVAN, R.; ROSSITER, J. Store atmosphere: an environmental approach. *Journal of Retailing*, v. 58, n. 1, p. 34-57, 1982.

____; ____. Store atmosphere and purchasing behavior. *Journal of Retailing*, v. 70, n 3, p. 283-294, 1994.

FIRAT, A.; DHOLAKIA, N.; VENKATESH, A. Marketing in a postmodern world. *European Management Journal*, v. 29, n. 1, p. 50-56, 1995.

FISCHER, G. N. *Psychologie social de l'espace*. Toulouse: Pratiques Sociales, 1992.

FOUCAULT, Michel. *Vigiar e punir*: nascimento da prisão. Trad. Raquel Ramalhete. Petrópolis: Vozes, 1987.

GOTTDIENER, M. The semiotics of consumer spaces: the growing importance of themed environments. In: SHERRY JR., J. F. (Ed.). *Servicescapes*: the concept of place in contemporary markets. Chicago: NTC Business Books, 1998.

GRÖNROOS, C. *Marketing*: gerenciamento e serviços. São Paulo: Campus, 1995.

GUMUCHIAN, H. *Représentations et aménagement du territoire*. Anthropos: Paris, 1991.

HALPERN, E. *Estratégias de multicanais*: um estudo em empresas do setor industrial do estado do Rio de Janeiro. Rio de Janeiro: Coppead/UFRJ, 2002.

____; ROCHA, A. Firm, market, and product characteristics in the choice of distribution methods in a developing country: a study of Brazilian manufacturers. In: KEHOE, W. J.; LINDGREN JR., J. H. (Ed.). *2002 AMA Educators' Proceedings*: enhancing knowledge development in marketing. San Diego: AMA, 2002. v. 13. p. 281-289.

HERRINGTON, J. D.; CAPELLA, L. M. Effects of music in service environments: a field study. *The Journal of Services Marketing*, v. 10, n. 2, 1996.

KOZINETS, R. V. On netnography: initial reflections on consumer research investigations of cyberculture. *Advances in Consumer Research*, v. 25, p. 366-371, 1998.

____. E-Tribalized marketing? The strategic implications of virtual communities of consumption. *European Management Journal*, v. 17, n. 3, p. 252-264, 1999.

____. The field behind the screen: using netnography for marketing research in on line communities. *Journal of Marketing Research*, v. 39, n. 1, p. 61-72, 2002.

LEFEBVRE, H. *La production de l'espace*. Paris: Anthropos, 1974.

____. *The production of space*. Malden, MA: Blackwell, 2007.

MAFFESOLI, M. *O tempo das tribos*: o declínio do individualismo nas sociedades de massa. 4. ed. Rio de Janeiro: Forense Universitária, 2006.

MCALEXANDER, J. H.; SCHOUTEN, J. W. Brandfests: servicescapes for the cultivation of brand equity. In: SHERRY JR., J. F. (Ed.). *Servicescapes*: the concept of place in contemporary markets. Chicago: NTC Business Books, 1998.

MEHRABIAN, A.; RUSSELL, J. A. *An approach to environmental psychology*. Cambridge, MA: The MIT Press, 1974.

MILLER, M. B. *The bon marché*: bourgeois culture and the department store, 1869-1920. Princeton, NJ: Princeton University Press, 1981.

MILLIMAN, R. The influence of background music on the behavior of restaurant patrons. *Journal of Consumer Research*, v. 13, set. 1986.

MUNIZ, A. M.; O'GUINN, T. C. Brand community. *Journal of Consumer Research*, v. 27, n. 4, p. 412-432, mar. 2001.

SCHOUTEN, J. W.; MCALEXANDER, J. H. Subcultures of consumption: an ethnography of the new bikers. *Journal of Consumer Research*, v. 22, n. 1, p. 43-61, jun. 1995.

SHERRY JR., J. F. Anthropology of marketing and consumption: retrospect and prospect. In: ____ (Ed.). *Marketing and consumer behavior*: an anthropological sourcebook. Thousand Oaks: Sage, 1995.

____. The soul of the company store: Nike Town Chicago and the emplaced brandscape. In: ____ (Ed.). *Servicescapes*: the concept of place in contemporary markets. Chicago: NTC Business Books, 1998.

SHOSTACK, G. L. Breaking free from product marketing. *Journal of Marketing*, v. 41, n. 2, p. 73-80, abr. 1977.

URRY. J. *Consuming places*. Londres: Routledge, 1995.

____. *O olhar do turista*: lazer e viagens nas sociedades contemporâneas. São Paulo: Studio Nobel/Sesc, 1996.

WAKEFIELD, K.; BLODGETT, J. The effect of the servicescape on customers' behavioral intentions in leisure service settings. *The Journal of Services Marketing*, v. 10, n. 6, p. 45-61, 1996.

WILLIAMS, R. H. *Dream worlds*: mass consumption in late nineteenth-century France. Berkeley: University of California Press, 1982.

4. O global e o contextual no aprendizado gerencial de multinacionais: uma perspectiva brasileira

Américo Ramos[*]

Resumo

O objetivo deste capítulo é verificar, pela perspectiva brasileira, como aspectos globais e contextuais influenciam o aprendizado gerencial em multinacionais. A base teórica aborda cultura e globalização; capacidades organizacionais; interações organizacionais e de aprendizagem; e estratégia de internacionalização. O modelo de análise tem quatro dimensões, cuja combinação influencia o fluxo de conhecimento resultante e a aprendizagem obtida: a internacional; a global; a gerencial; e a interorganizacional. A pesquisa estudou cinco casos de empresas brasileiras internacionalizadas, com sistemas de gestão implementados. Os sujeitos da pesquisa foram gestores e profissionais responsáveis pela gestão. Os dados foram coletados na sede e, complementados, *in loco*, com gestores/profissionais expatriados que retornaram ao Brasil. Os resultados confirmam a suposição de que o aprendizado gerencial da interação entre matriz e subsidiárias/coligadas de uma corporação multinacional está sujeito a dois tipos de forças: a convergente, relacionada a práticas organizacionais estandardizadas e globais; e a divergente, que insere o aprendizado como prática social sujeita às singularidades organizacionais e culturais. O estudo

* Doutor em administração pela FGV EBAPE. Professor adjunto do Departamento de Administração da Universidade Federal Fluminense (UFF) e administrador sênior da Petrobras. E-mail: <americoramos@id.uff.br>.

sugere uma tipologia para análise de empresas internacionalizadas segundo a particularização ou universalização das práticas de gestão por elas aprendidas e transmitidas, no nível global ou organizacional.

Introdução

Um tema da administração que tem experimentado significativo crescimento nos últimos anos no Brasil é o da gestão internacional, motivado pela expansão das empresas brasileiras no mercado externo, especialmente por intermédio dos investimentos diretos no exterior, os IDEs. Assim, fortalecem-se as "multinacionais" no Brasil e também em outros países que não aqueles centrais, como a Índia, o México ou a China. Desse modo, questões que têm sido estudadas há anos por países como os Estados Unidos ou o Reino Unido, envolvendo as multinacionais, sua relação e seus impactos nos países onde atuam, passam a ter repercussão e ressonância no Brasil, acadêmica e empresarialmente. A ação das multinacionais mundo afora, por *startups* (criações de empresas) ou por aquisições, é assunto constante dos noticiários de economia, sem contar as fusões e megafusões, algumas anunciadas com grande estardalhaço, como espetáculos de mídia.

Com esse crescimento, as empresas brasileiras têm experimentado também certa contradição. Por um lado, a globalização e a tecnologia da informação abrem oportunidades potenciais de conexões, intercâmbios e similaridades nos costumes em níveis nunca vistos até então. Entretanto, persistem conflitos interculturais e políticos, rivalidades entre unidades organizacionais e inadequações de aplicação de técnicas gerenciais por problemas locais, impondo, assim, limites a essas oportunidades.

A internacionalização tem sido uma consequência de um crescente envolvimento estratégico das empresas em mercados internacionais, no contexto contemporâneo de globalização. Sua ação tem sido basicamente feita por *startups* (criações de empresas), ou mediante uma mudança mais incisiva por intermédio de aquisições de outras empresas locais nos países onde vão operar, sem contar as fusões e megafusões. Evidentemente, essas fusões e aquisições (FeA) não se dão sem problemas: aumentam as pressões no sentido de uma reconfiguração interna das organizações envolvidas, com a implantação de sistemas de gestão cada vez mais complexos, sejam estes os da matriz, o da organização adquirida, ou um modelo híbrido. Tais sistemas carregam as práticas de gestão que vão doravante orientar as decisões, rotinas e projetos dessas unidades organizacionais.

Essas práticas trazem com elas um conjunto de tecnologias gerenciais, umas adaptadas e desenvolvidas pelas empresas, outras adquiridas diretamente. Tais tecnologias são conhecidas pelo mundo corporativo globalizado com viés marcadamente americano e disseminadas mundialmente pelas empresas multinacionais, sendo a base das chamadas *best practices*. Algumas tecnologias, principalmente nos últimos 20 anos, chegaram ao mercado empresarial como *blockbusters*, algumas com vida efêmera, outras se transformando com o tempo, como camaleões, outras tantas permanecendo como totens de adoração e respeito reverencial.

As práticas gerenciais são aplicadas pelas empresas no intuito de se inserir no cenário competitivo e fortalecer sua imagem e influência. Para legitimar esse objetivo e acelerar sua aprendizagem gerencial, procuram instrumentos que lhe deem uma referência em escala global, tais como os processos de candidatura ao prêmio Malcolm Baldrige nos Estados Unidos, ou o Prêmio Nacional da Qualidade, no Brasil (PNQ); certificações, como a ISO 9000 (sistemas da qualidade) ou a ISO 14000 (sistemas de gestão ambiental), e as relacionadas à responsabilidade social corporativa, como o índice de sustentabilidade da Dow Jones (DJSI), o da Ibovespa ou do instituto Ethos.

Note-se ainda o papel dos gerentes de linha e profissionais de suporte à gestão no contexto de disseminação e adaptação de tais práticas e tecnologias. Os gerentes, em especial, estão na linha de frente, sendo cobrados diretamente pelo sucesso ou fracasso de uma integração organizacional, pelo menos no que se refere ao sucesso econômico. Os profissionais de suporte, por sua vez, estejam eles alocados a processos de administração estratégica, recursos humanos ou desenvolvimento organizacional, aliam a visão técnica à experiência pragmática, podendo ser decisivos na aceitação ou rejeição de determinada prática ou tecnologia. Logo, esses agentes dispõem de representatividade potencial no estudo do aprendizado na gestão, como proposto neste estudo, suscitando um aprofundamento na investigação por tal caminho.

Portanto, os movimentos de práticas de gestão e das tecnologias que lhes são inerentes podem ser feitos de diversas maneiras: a partir de subsidiárias ou coligadas para a matriz, entre subsidiárias ou a partir da própria matriz, com papéis complementares ou interdependentes. Logo, falar em intercâmbio pode ser mais adequado em alguns casos, razão pela qual foram empregadas na tese, concomitantemente a outros termos, as palavras "transferência" e "fluxo".

Ainda com relação à terminologia, foi alternado o emprego dos termos "prática" e "tecnologia gerencial", ou "tecnologia de gestão", pelo termo "conhecimento gerencial", ou "de gestão" – entendendo-se este conhecimento como constituído do uso de práticas e tecnologias, minimamente sistematizado, por pessoas devidamente competentes, e refletindo os recursos e capacidades das empresas. Além disso, foram usados concomitantemente aprendizagem e aprendizado, ambas significando "ato ou efeito de aprender", e não se empregando a palavra "aprendizado" no sentido usado no Brasil de "estabelecimento de ensino técnico ou profissional" (Ferreira, 1999:172).

Assim, as transferências de conhecimento gerencial no contexto da internacionalização de empresas podem portar significativa complexidade, de ordem cultural, política, institucional ou interorganizacional, em que movimentos padronizadores refletem-se em interesses de contextos diversos. As empresas se deparam com esse fluxo de maneira totalmente diversa, recorrendo a soluções como a implantação de sistemas integrados, transferências lineares e programas pasteurizados de gestão da mudança intercultural, sem ter a dimensão e a consciência de todas as consequências. Os erros e acertos dessas experiências e as oportunidades de melhoria que são colocadas vão desenvolvendo nessas empresas um processo variável de aprendizagem, processo esse ainda incipiente.

A aprendizagem no sistema de gestão da corporação internacionalizada se dá por via das transferências e interações de práticas e tecnologias gerenciais entre matriz e unidades. Se essa aprendizagem implica a interveniência de fatores diversos, de ordem cultural, política, institucional ou interorganizacional, por outro lado, as práticas de gestão, por conta de uma globalização de cunho informacional e ideológico, seguem um viés padronizador ineludível.

Com isso, o objetivo deste trabalho é propor e verificar um modelo teórico que investigue os aspectos contextuais e globais que influenciam a aprendizagem decorrente do fluxo de conhecimento em gestão resultante da interação entre matriz e subsidiárias de uma empresa que se internacionaliza por investimentos diretos no exterior (IDEs). Essa interação será analisada segundo duas dicotomias: a dicotomia entre a universalidade das práticas e tecnologias gerenciais e a particularidade dos contextos onde operam, assim como a dicotomia entre as singularidades no nível organizacional e as do arcabouço político e cultural de cada país onde as empresas, matriz ou subsidiárias, atuam.

Portanto, o estudo da aprendizagem gerencial a partir de uma transformação organizacional sustentável de tal porte, em um contexto internacional naturalmente complexo, pode realizar um potencial inovador e contributivo em suas duas grandes áreas de aplicação: na academia, discutindo viabilidade de modelos teóricos na realidade de países como o Brasil; nas empresas, gerando conhecimento e experiência gerencial mediante a aplicação e desenvolvimento de sistemas e práticas de gestão apropriadas aos países onde atuam.

Este trabalho consistirá, inicialmente, de uma fundamentação teórica, dividida em cinco partes impactantes da aprendizagem das multinacionais com o fluxo de conhecimento em gestão entre matriz e suas unidades: a primeira cobre a cultura circundante e o efeito da globalização; a segunda focaliza as capacidades e conhecimentos organizacionais; a terceira apresenta perspectivas de abordagem interacionista escolhidas para estudar o contexto de pesquisa, unidas ao estudo da aprendizagem; a quarta aborda diretamente a gestão das multinacionais e seus dilemas quanto à transferência de práticas e aprendizagem em seu contexto diferenciado; a quinta e última parte conclui a problemática do estudo e apresenta o modelo de análise a ser aplicado na pesquisa de campo.

Segue o estudo com a caracterização e os resultados dessa pesquisa, compostos de uma série de proposições alocadas aos elementos constituintes do modelo de análise construído.

São ainda representadas e nomeadas simbolicamente algumas situações enfrentadas pelos gestores na internacionalização das empresas brasileiras de que fazem parte, a partir da experiência do autor com o respectivo contexto vivenciado.

Ao final, são colocadas considerações sobre o estudo, bem como suas extensões possíveis, incluindo a proposição de uma tipologia para análise de empresas internacionalizadas segundo a particularização ou universalização das práticas de gestão por ela aprendidas e transmitidas, no nível global ou organizacional.

Fundamentação teórica

O aprendizado obtido pela interação entre matriz e subsidiárias em multinacionais e suas respectivas capacidades e recursos, com o fluxo de conhecimento em gestão num ambiente intercultural, requer uma compreensão integrada dos elementos que compõem tal formulação, ou seja: a cultura, em seus aspectos conceituais; a dicotomia entre o local e o global; os conhecimentos que sustentam as capacidades e recursos organizacionais; as premissas teóricas que norteiam as abordagens escolhidas para enfocar as interações organizacionais; a natureza do aprendizado organizacional em si, considerada também a dimensão gerencial; e a multinacional no contexto da internacionalização, chegando a um encerramento com o estudo do conhecimento em gestão a ser transferido em organizações desse tipo. Este capítulo procura destacar alguns tópicos relacionados a tais categorias.

Cultura circundante e globalização

O termo "cultura" está associado a diversos significados (Larraia, 2001). Um deles, o simbólico, tem sido bem aplicável nos estudos internacionais, em que a cultura é mais bem-vista não como complexos de padrões concretos de comportamento - costumes, usos, tradições, feixes de hábitos -, mas como um conjunto de mecanismos de controle - planos, receitas, instruções ("programas") - para governar o comportamento (Geertz, 1989). O homem é mais dependente daquilo que é aprendido culturalmente.

O estudo da diversidade cultural em empresas vem de algum tempo, mas esta se tornou basicamente inserida em um nível maior de discussão acadêmica a partir, principalmente, dos estudos de Hofstede (1997). Outros estudos conhecidos foram o de Trompenaars (1994), Hall e Hall (1990) e Schwartz (1999). O próprio conceito de cultura em empresa sofre o efeito de ser algo pretensamente global, mas que emerge do fenômeno cultural em si. Entretanto, torna-se indispensável ressaltar o contexto globalizante atual e as pressões que se operam, seja de homogeneização, seja de diferenciação.

Não há um conceito único e definido para a globalização, segundo Held e McGrew (2001), ainda que o termo remonte ao final do século XIX. Os autores dividem as principais correntes entre globalistas e céticos. Para os globalistas, a globalização cultural tem sido cada vez mais impulsionada por empresas (Held e McGrew, 2001). Outros autores já não veem possível uma cultura global, com uma mesma língua e valores. Culturas cosmopolitas e locais interagem, e a maior parte das empresas se insere em uma cultura de negócios nacional particular (Featherstone, 1999). Hall (2005) comenta ainda sobre os efeitos da globalização na desintegração da identidade nacional, mas ressalta que, de outra forma, reforça a resistência, levando a um hibridismo.

Note-se, nesta seção, a contraposição entre o global e o local, mas ainda assim haveria algum suporte para aceitar a ideia de que a diversidade em si não influencia o sistema global e suas consequências. As empresas fazem parte desse sistema e são tanto agentes quanto pacientes do processo de globalização, especialmente com relação a seu conjunto de práticas, tecnologias e valores, que reagem aos mais diferentes contextos, podendo imprimir características próprias.

A composição de soluções universalizantes e particularizantes vai depender das capacidades organizacionais e gerenciais de cada empresa, o que está ligado à sua história particular, aos seus recursos e competências, aos seus ativos de conhecimento, à sua estratégia de crescimento e transposição das fronteiras nacionais.

Conhecimento e capacidades gerenciais das organizações

Chandler Jr. (1994) entende que a dinâmica do capitalismo industrial está nucleada nas capacidades organizacionais da empresa (instalações físicas e habilidades humanas), situadas como um todo unificado e que fazem a coordenação e a integração em todos os níveis gerenciais. Uma tarefa crítica da alta administração é manter e integrar essas capacidades geradoras de crescimento contínuo. Para Chandler Jr., as tecnologias gerenciais são importantes nesse papel. A firma gerencial também foi objeto de estudo de Penrose (2006), por ela considerada um reservatório de recursos, A taxa de crescimento da firma é limitada pelo incremento de seus conhecimentos, porém, a depender da eficiência administrativa, de novas formas estruturais ou da cultura da organização, ela pode continuar a crescer. Nelson e Winter (2005) colocam que uma organização funciona "rotineiramente" se as rotinas necessárias subsistem nos repertórios de seus integrantes. Ter somente as rotinas, entretanto, não basta; há de se ter as habilidades também.

Os estudos de Chandler Jr. (1994), Penrose (2006) e Nelson e Winter (2005) influenciaram bastante a abordagem da visão baseada em recursos (Barney, 1991, 2002; Collis e Montgomery, 1998; Wernerfelt, 1984) e ainda a teoria das capacitações dinâmicas (Teece e Pisano, 1994), referentes à habilidade de adaptar, integrar e reconfigurar adequadamente os recursos e capacidades de uma organização ao ambiente em mudança. As capacitações dinâmicas derivam-se das rotinas de alto desempenho das firmas – inseridas em seus processos organizacionais e gerenciais (coordenação/integração, aprendizagem e reconfiguração) –, dos seus ativos intangíveis e alinhados pela sua trajetória cultural, sua história. A firma torna-se, assim, uma instituição integradora e aplicadora de conhecimento (Grant, 1996).

Os conhecimentos, para Penrose (2006), chegam de duas maneiras: uma formal e objetivamente ensinada e outra na forma de conhecimento pessoal. Isso remete à divisão entre o conhecimento objetivo e o proveniente da experiência, ou pessoal. Tal divisão aparece em Bourdieu (2004) nas formas de manifestação do capital cultural, que pode ser incorporado (adquirido pela própria pessoa, tornado *habitus*), objetivado (bens culturais: quadros, livros, dicionários, instrumentos etc.) ou institucionalizado (diploma).

A transferência de conhecimento organizacional relaciona-se "ao processo através do qual os atores organizacionais (equipes, unidades, organizações) trocam, recebem e são influenciados pela experiência ou conhecimento de outros" (Van Wijk, Jansen e Lyles, 2008:832, tradução nossa) e está ligada também, segundo esses autores, a outros termos, como "fluxo", "aquisição" e "compartilhamento". Pode contribuir também para o desenvolvimento de capacidades organizacionais mais distintivas e inovações. A transferência de conhecimento pode ser considerada um processo de mudança, com as ferramentas adequadas para um processo como esse, trabalhando os aspectos gerenciais, *just-in-time*, gestão pela qualidade total, arquitetura organizacional etc. (Guzman e Wilson, 2005).

Ao se expandir para o exterior e criar ou adquirir organizações existentes, o fluxo de conhecimento em gestão se faz pela interação das capacidades e dos recursos de cada empresa em particular, considerado ainda seu meio de diversidade cultural. Que aspectos, portanto, podem e devem ser considerados nessa interação organizacional? A seção seguinte pretende privilegiar algumas abordagens teóricas sobre a interação dentro de um pensamento filosófico comum, chamando a atenção para sua essencialidade, para o entendimento do pensamento administrativo e organizacional contemporâneo.

Perspectivas interacionistas e sua relação com a aprendizagem

As perspectivas relacionadas a seguir foram relacionadas por dois motivos. O primeiro deles é o caráter originário interacionista, pressupondo socialização e formação de hábitos rotinizados (Fine, 2005). O segundo é o relativo balanceamento quanto às questões de agência e estrutura (Bakken e Hernes, 2003; Fine, 2005; Mingers, 2003; Pozzebon, 2004; Reed, 1997). Foram trabalhadas aqui as seguintes abordagens:

- A abordagem neoinstitucionalista, com as noções de isomorfismo e ambiente institucional, trabalha a reação das práticas gerenciais globalizantes em ambientes locais (por exemplo, Abrahamson, 1991; Powell e DiMaggio, 1991), levando ainda em conta as proposições de Rosenzweig e Singh (1991) a respeito das pressões opostas sofridas pelas subsidiárias de multinacionais, uma do ambiente local, outra da consistência interna, em que se inclui a força da matriz.
- A abordagem da singularidade organizacional, com raízes no interacionismo simbólico (Mead, 2004) e centrado nas noções de identidade, cultura e imagem organizacionais, apropriado a redes complexas como as multinacionais (por exemplo, Albert e Whetten, 2004; Hatch e Schultz, 2002).
- A abordagem da *autopoiesis*, com seus conceitos relacionados de recursividade, autorreferenciação e escala (Fleener, 2000), desenvolve, dentro do próprio sistema organizacional, suas práticas gerenciais como resposta interna às pressões de práticas gerenciais globais ou de unidades organizacionais influentes dentro da rede (por exemplo, Luhmann, 2005; Von Krogh e Roos, 1995, 1996).
- A abordagem do capital social, mostrando as organizações como redes diferenciadas e repositórios de conhecimento (por exemplo, Adler e Kwon, 2002; Portes, 2000).

As perspectivas abordadas têm em comum o interacionismo e a propriedade de reconhecer tanto as particularidades das estruturas quanto as do poder de agência representado pelas práticas de gestão. A aprendizagem organizacional relaciona e dialoga com essas ideias de forma a refletir a aprendizagem contínua promovida pela ação individual.

O estudo de aprendizagem organizacional tem sido marcado por diversas correntes de pensamento, com maiores ou menores diferenças (Cyert e March, 1963; Easterby-Smith, Burgoyne e Araújo, 2001; Garvin, 2000; Parsons et al., 1962). Numa visão social, enfocada aqui, prevalecem:

- A aprendizagem na ação (Argyris e Schön, 1996) postula que as pessoas aprendem mais eficientemente quando se deparam com problemas reais no trabalho, via programas de instrução e questionamentos espontâneos.
- A aprendizagem situada (Lave e Wenger, 1991; Gherardi, Nicolini e Odella, 1998) entende que quem aprende é a pessoa e não a organização; portanto a aprendizagem natural dos indivíduos deve ser incentivada. Essa corrente tem como foco as relações concretas entre as pessoas, levando à tona o conceito das comunidades de prática. O conhecimento é situado em sua cultura e contexto.

Para Antal et al. (2001), os modelos propostos tornam-se cada vez mais complexos e transdisciplinares, indo da agência individual ao foco maior na prática social, com progressiva integração entre teoria e prática e alcance comparativo internacional, envolvendo redes de organizações, comunidades e ambientes de aprendizado. Esta última observação inclui as multinacionais e a internacionalização como objetos de estudo, a ser abordado a seguir.

Gestão das multinacionais

A internacionalização pode ser entendida, mais objetivamente, como "movimentos das empresas além das fronteiras de seu país de origem" (Cyrino e Barcellos, 2006:224). Serão aqui enfatizados os investimentos diretos no exterior (IDEs) (Barreto e Rocha, 2003), mais especificamente o movido por aquisições de empresas e associações similares (Barkema e Vermeulen, 1998; Hitt, Ireland e Hoskisson, 2002).

Essas associações provocam profundos efeitos nas organizações, envolvendo identidades, linguagens e culturas diferentes (Angwin e Vaara, 2005). As empresas carregam sua herança administrativa (Bartlett e Ghoshal, 1992), e preconceitos e dissonâncias vêm à tona. As práticas, a distância cultural e o relacionamento impactam a performance de uma pós-aquisição (Child, Faulkner e Pitkethly, 2001). Tendo em vista a diversidade cultural, estudos sobre aculturação foram transplantados para as organizações, com tipologias que consideram hipóteses de integração, coexistência ou mistura de culturas das empresas (Haspelagh e Jemison, 1991; Marks e Mirvis, 1998). Child, Faulkner e Pitkethly (2001) apontam que devem ser observados na gestão de pós-aquisições o grau e o tipo de mudança introduzida na companhia, as melhorias com a introdução de novas ou modificadas práticas de gestão, a integração e a forma de controle e, ainda, os processos de mudança pós-aquisição em que as novas práticas e a plataforma de integração são introduzidas.

A eficiência de uma multinacional como instituição integradora de conhecimento é direcionada por mudanças no contexto da subsidiária e suas capacidades de conhecimento do processo (Ambos, Ambos e Schlegelmilch, 2006). As subsidiárias dentro da multinacional possuem papéis bem definidos, como propalados na literatura (por exemplo, Bartlett e Ghoshal, 1992; Gupta e Govindarajan, 1991). Tais papéis estão em um *continuum* que vai do operacional, local e específico ao estratégico, funcional e integrado. Observa-se uma interessante relação entre posicionamento estratégico e potencial da subsidiária para a disseminação de um aprendizado comum. A sinergia no relacionamento também é importante, ainda que nem sempre produtiva (Campbell e Gould, 1999).

Observa-se que as sinergias adquiridas refletem-se naturalmente da identificação e diferenciação das práticas de gestão e conhecimentos organizacionais existentes na matriz e subsidiárias, sujeitas a condicionamentos relacionados à herança administrativa de cada unidade organizacional (Bartlett e Ghoshal, 1992), às peculiaridades nacionais (Hofstede, 1997) e a barreiras diversas (Lindvall, 1999; Simard e Rice, 2003). Essa transferência de conhecimentos e práticas reflete-se na aprendizagem, modulada pelas singularidades, atributos institucionais, acoplamentos estruturais possíveis e o capital social desenvolvido ou a desenvolver. O aprendizado resultante do modo como essas práticas, tecnologias e conhecimentos repercutem interativamente nas várias unidades constituintes das multinacionais, em contextos e histórias singulares, é a questão principal levada para a problemática (Quivy e Van Campenhoudt, 2005), assunto da próxima seção.

Síntese da problemática adotada

A convivência com situações de padronização global, de um lado, e a permanência de diferenças nacionais e organizacionais, de outro, pode ser abordada convenientemente por perspectivas que considerem agência e estrutura (Mingers, 2003; Tempel e Walgenbach, 2007), a partir do que se extraem as quatro abordagens interacionistas já comentadas. A aprendizagem, entendida como prática social, relaciona-se e dialoga com essas ideias de forma a refletir a interação e a continuidade.

Desse panorama, distinguiu-se o inter-relacionamento entre a universalidade e diversidade na gestão, ou, em outras palavras, a convergência e divergência, cujas origens mais recentes remontam a Webber (1969) e Kerr et al. (1969). Enquanto a força *convergente* indica um modelo gerencial universal, a *divergente*, por sua vez, defende a influência das diferenças culturais no estilo de gestão. Uma terceira alternativa integra as anteriores, postulando uma tecnologia transferível, desde que adaptada às condições culturais locais, reforçando a diferenciação nos valores e a convergência na estrutura: as pós-aquisições operam ora como veículos de padronização, ora reprodutores de diferenças nacionais (Barros, 2003; Child, Faulkner e Pitkethly, 2001; Motta, 1997, 2006). Aprofundando essa terceira via, a pesquisa realizada supõe que a implantação de tecnologias gerenciais no ambiente multinacional opera em função do referido campo de forças em cada contexto. Isso leva à elaboração do modelo de análise (Quivy e Van Campenhoudt, 2005) e dos demais procedimentos metodológicos, objeto da seção seguinte.

O modelo de análise e procedimentos metodológicos

Feitas as considerações de caráter teórico, tem-se a suposição central de que a aprendizagem na gestão de uma corporação multinacional, operante por meio de práticas, conhecimentos e tecnologias gerenciais, é suscetível a dois tipos de forças: as de natureza convergente, levando a um aprendizado movido pela experiência com a prática administrativa implantada, e as de natureza divergente, relacionando o aprendizado a uma prática eminentemente social. Por sua vez, cada força convergente ou divergente trabalha tanto no campo nacional quanto no organizacional.

A figura 1 mostra essa composição, indicando quatro dimensões de análise. A pesquisa de campo teve como parâmetro as dimensões do modelo e suas proposições de trabalho, a depender do contexto estudado:

- a dimensão *global* considera as forças universalizantes de valores e práticas;
- a dimensão *gerencial* abrange as capacidades e recursos gerenciais criados, adquiridos e transformados na organização, efetivados como melhores práticas;
- a dimensão *internacional* considera a diversidade cultural e política;
- a dimensão *interorganizacional* leva em consideração a interação entre matriz e subsidiárias de uma multinacional.

Figura 1
Modelo de análise

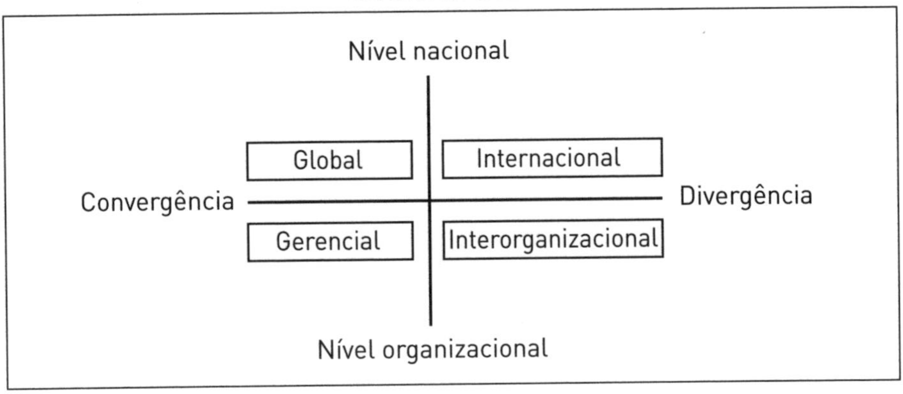

Foi feito um estudo múltiplo de casos (Yin, 2005). Foram selecionadas cinco empresas brasileiras a partir de critérios preestabelecidos, especialmente o índice de internacionalização estabelecido pela Conferência das Nações Unidas sobre Comércio e Desenvolvimento (Unctad, 2007) e, ainda, a experiência na implantação de modelos de gestão alinhados a requisitos de referência nacional ou internacional, com base em entrevistas feitas em algumas das instituições brasileiras especializadas ou normalizadoras sobre o assunto: o Instituto Nacional de Metrologia, Normalização e Qualidade Industrial (Inmetro), Comitê de Qualidade (CB-25) da Associação Brasileira de Normas Técnicas (ABNT), a Fundação Nacional da Qualidade (FNQ), o Instituto Ethos e o Centro de Estudos da Sustentabilidade (CES) da Fundação Getulio Vargas de São Paulo.

A pesquisa com as empresas foi feita em suas sedes em uma primeira etapa e, numa segunda etapa, em uma ou duas unidades no exterior, *in loco* ou com profissionais que tiveram experiência nesses países. Os principais sujeitos da pesquisa foram profissionais ou gerentes responsáveis pelo desenvolvimento da gestão, assessores ou consultores internos das empresas, de forma a extrair sua experiência na implantação das práticas e modelos de gestão. Entre os gerentes, encontraram-se tanto os de funções corporativas (gestão organizacional, estratégia, recursos humanos), como também de linha, quando acessíveis.

A pesquisa teve natureza qualitativa (Flick, 2004; Miles e Huberman, 1994), composta especialmente de entrevistas em profundidade semiestruturadas (Flick, 2004; Godoi e Mattos, 2006) e observação direta. Foram realizadas, nas duas etapas, aproximadamente 60 entrevistas, sendo 60% no Brasil, incluindo as sedes das empresas escolhidas e 40% no exterior, feitas em países da Europa e América do Sul.

Análise dos resultados

A partir de entrevistas com profissionais e dirigentes das instituições brasileiras especializadas ou normalizadoras referenciadas na seção anterior, pode ser sugerido que as demandas por sistemas de gestão são bastante explicadas por questões isomórficas, seja pela via profissional (consultores, auditores, gerentes da qualidade), seja pelo modismo, seja por imposição de organismos de fora.

Nota-se que, quando a aplicação se torna cerimonial, pouco resultado gera, sendo este ilusório e efêmero.

Ter sistemas da qualidade hoje, como foi percebido nas entrevistas, confirma-se como mais do que uma obrigação, deixando de ser um diferencial. Todavia, é indispensável conhecer essa linguagem se a empresa vai para o exterior; ela é, de fato, um "passaporte". Já os sistemas de responsabilidade social vêm crescendo em importância, porém são os que apresentam maiores diferenças de acordo com o contexto do país onde são aplicados, onde os diversos graus de desenvolvimento imprimem notáveis diferenças em prioridades e ênfases.

Outro dado importante é o pragmatismo e utilitarismo preponderante nesse contexto, em que a busca por um destaque junto a um mercado rende, na prática, mais dividendos que a oportunidade de um aprendizado de alavancagem futura. Houve também uma concordância no sentido de que, tratando-se de práticas de gestão, há convergências no enfoque e divergências quanto à aplicação, esta mais dependente do contexto em si. Isso reforça, de alguma forma, a coexistência de forças convergentes e divergentes, que fazem sentir sua influência nas práticas em aspectos diferentes de sua manifestação.

Por outro lado, a qualidade e a representatividade do Brasil em organismos de normalização e certificação, seja na área da qualidade ou da responsabilidade social, têm ajudado a impulsionar as empresas brasileiras para atender a exigências do mercado internacional, o que leva a supor que empresas que têm se ressaltado na internacionalização já são destacadas quanto à sua gestão de "berço". Tanto que se questiona se uma empresa que já não fosse boa teria chances em uma premiação ou reconhecimento de maior envergadura. Pode ser resgatado o que se costuma chamar de "dilema de Tostines", aplicado ao caso em estudo: a empresa se internacionaliza (e transfere conhecimento gerencial) eficazmente por ter uma boa gestão, ou ela aprimora sua gestão ao se internacionalizar (e transferir conhecimento gerencial)? Segundo as entrevistas, caminha-se mais para a primeira opção.

Portanto, foram mostradas algumas tecnologias gerenciais de impacto global que pudessem servir de linguagem comum em empresas que se internacionalizam, inclusive brasileiras. As seções a seguir enfocam as empresas escolhidas para o estudo de caso, sob a lupa de seus sistemas, práticas de gestão e respectivas tecnologias utilizadas. Não são aqui explicitados detalhes maiores sobre as características e o histórico de cada empresa, dados, porém, que foram consultados para melhor embasamento na análise das suas ações gerenciais no contexto da internacionalização. Buscou-se mostrar que o estágio e particularidades dos sistemas, práticas e tecnologias gerenciais para cada empresa são também reflexos da interação desta com diferentes contextos culturais e institucionais. Cada empresa depende, em seu processo de internacionalização, de como é sua gestão, seus valores, práticas e outras referências. Há uma interdependência entre o modo como a empresa é gerenciada, e o modo como ela encara sua participação internacional.

Já com relação às cinco empresas selecionadas para os estudos de casos, o quadro 1 procura mostrar alguns tópicos que buscassem uma síntese da situação observada em cada uma delas. Não cabe aqui analisar que uma ou outra solução seja melhor, mas apresentar os caminhos percorridos e como as forças de caráter convergente e divergente interferiram em cada situação, tanto no nível nacional quanto no organizacional. Não se tem a pretensão de universalizar afirmações: a generalização aqui sugerida é de caráter analítico, próprio dos estudos de caso, porém sempre tendo como limites os casos estudados.

Quadro 1
Resumo das características encontradas em cada caso estudado

Empresa	Observações
A	Transmissão de conhecimento gerencial por competências específicas, ligadas à gestão tecnológica e à gestão da produção, dependendo do contexto da aquisição. Nas outras competências, houve maior descentralização ou sincretismo com técnicas desenvolvidas a partir de iniciativas locais
B	Focado na ação gerencial como veículo reprodutor de valores da matriz, com ênfase na gestão participativa, padronização, empreendedorismo, controle de prazos, qualidade autêntica e tecnologia de produção, entre outros. Em função disso, maior variabilidade na ação dos contextos de cada unidade do exterior, em especial as de singularidade mais forte, gerando também sincretismos
C	Disseminação da cultura empresarial como "cola" à atuação da empresa no Brasil e exterior, com efeito na formação de redes, disseminação do conhecimento e aprendizado decorrente. Modelo de gestão associado também às particularidades do negócio e do contexto histórico da organização
D	Modelo de práticas estruturadas por processos, usados para integração da gestão das aquisições e unidades já existentes, via avaliações sistemáticas e reguladas por procedimentos. Acompanhamento e disciplina mais intensivos, inclusive nos aspectos sindicais, podendo gerar conflitos
E	Não houve um modelo de gestão específico, com ações resultantes das iniciativas dos gestores brasileiros em interação com o contexto local, com maior autonomia e sincretismo, ao menos na fase inicial, porém as ações estão alinhadas à cultura gerencial corporativa. A replicação inversa da experiência no país, no entanto, resultou em armadilhas de competência, um típico problema ligado à aprendizagem e à liderança situacional

Numa análise integrada dos casos, alguns enunciados gerais puderam ser formulados, como se segue.

Dimensão global

P 1.1: A aprendizagem gerencial advinda da difusão e transferência de tecnologias gerenciais é direcionada pelas práticas do capitalismo global e a cultura global em que estas estão imersas, reproduzindo uma visão hegemônica.

As empresas pesquisadas estão dentro do cenário de globalização, cujas diretrizes principais são hegemônicas. Isso leva ao alinhamento tanto das práticas de aquisição e integração das empresas adquiridas quanto das tecnologias gerenciais globais que são adotadas, como a gestão da qualidade e responsabilidade social, alinhamento esse maior nos países em desenvolvimento ou emergentes. A linguagem pela qual as empresas trocam suas experiências e práticas gerenciais é também acentuadamente global. Quanto aos choques culturais, a dita linguagem comum os atenua na gestão.

Dimensão gerencial

P 2.1: A aprendizagem gerencial relaciona-se menos a fatores culturais do que à incorporação dos valores gerenciais mais propagados e dominantes.

A proposição se verificou verdadeira, porém dentro de certos limites impostos pelo contexto, em especial o do trabalho, em que o viés nacional se faz sentir. O principal fator de homogeneização foi o da linguagem, como o que se aprende nas escolas de administração, MBAs, entre outros, e disseminado nas empresas. Além disso, os papéis assumidos nas empresas em processos de integração pós-aquisição também apresentam certa similaridade especialmente em termos de resistência mais ou menos explícita à mudança, independentemente do perfil geopolítico do país.

P 2.2: A aprendizagem gerencial é produto da assimilação das práticas gerenciais planejadas e reconhecidas internacionalmente, tendo força de aculturação.

A proposição é particularmente verdadeira em práticas de uso global, como as certificações pela ISO 9000 ou pela responsabilidade social, especialmente em países em desenvolvimento, com influência significativa na formulação dos modelos de atuação das empresas estudadas. Podem ser enumeradas ainda as diversas tecnologias gerenciais, disponibilizadas por consultorias, livros etc., que contribuem para que a linguagem seja praticamente a mesma, sem contar a influência de grupos profissionais que acabam por defender propostas semelhantes, como no caso dos profissionais da qualidade.

P 2.3: A aprendizagem gerencial resulta de práticas institucionais de desenvolvimento gerencial, aprendizado contínuo e educação corporativa.

O que ficou mais pronunciado quanto a essa proposição foi a aprendizagem pela prática gerencial, alinhada aos valores das empresas brasileiras adquirentes, podendo sobrepujar-se, em importância, à educação corporativa. Uma das razões de não se fortalecer essa estratégia foi o temor de expectativas das pessoas envolvidas, assim como a dificuldade de alinhar os objetivos dos programas às demandas pontuais e urgentes da vida prática. Reforçou-se a presença de gestores brasileiros no exterior como portadores da cultura e conhecimento organizacionais para fazer valer os interesses da empresa quanto à gestão.

P 2.4: A aprendizagem gerencial é impactada, além de fatores gerenciais e interculturais, também pelo ambiente de negócio circundante ao setor onde a empresa atua.

O contexto de negócios do país onde está uma empresa adquirida pode afetar mais a relação com a adquirente do que a distância cultural. Por exemplo, se uma empresa de determinado país, comprada por uma congênere brasileira, estiver em má situação ou em um setor decadente, isso pode acabar tendo mais peso, em termos de receptividade e aprendizagem de novas técnicas e práticas, do que a cultura do país em questão, mesmo se este for pertencente ao chamado mundo desenvolvido. Outro aspecto está na relação de emprego: em países desenvolvidos, trabalhar em empresas como as compradas pelas brasileiras, que são de *commodities* ou de setores considerados secundários, não possui muito apelo ou se destina a profissionais de segunda linha em termos gerenciais, levando a lacunas não encontradas em empresas brasileiras internacionalizadas de ponta.

P 2.5: A aprendizagem gerencial da organização ocorre segundo suas capacidades e recursos, direcionando a assimilação das práticas e tecnologias, de uso global ou não.

As tecnologias gerenciais, globalizadas ou não, são inúteis sem o alinhamento às suas capacidades e aos seus princípios organizacionais. A própria interação entre capacidades e recursos gerenciais nem sempre foi bem aproveitada ou trabalhada. Logo, a dimensão gerencial é influente no processo de aprendizagem, não tanto pela capacidade de transacionar práticas importadas, mas por portar as capacidades gerenciais da própria empresa, levando-a a se diferenciar e ter determinada sua trajetória de crescimento e de internacionalização. Na pesquisa de campo, isto pôde ser observado na forma particular pela qual as empresas estudadas integravam práticas de uso corrente à sua trajetória e formação.

Dimensão internacional

P 3.1: A aprendizagem gerencial advinda da difusão e transferência de tecnologias gerenciais é afetada pela diversidade intercultural entre matriz e subsidiárias.

Como já dito, a influência se dá mais na cultura do trabalho, em como os grupos locais reagem a estilos de gestão e de liderança de contextos nacionais diferentes. Foi recorrente a alegação de ser flexível ante essa diversidade, embora em mais de uma empresa ficasse também explícito que essa flexibilidade não implica uma imitação do ser estrangeiro. Percebeu-se, portanto, certa autossuficiência cultural por parte dos adquirentes, que veem as organizações, mesmo que inconscientemente, funcionando a partir de sua própria perspectiva cultural, inclusive regional, levando a dissonâncias e preconceitos.

P 3.2: A difusão e transferência de tecnologias gerenciais e a aprendizagem gerencial decorrente reproduzem contexto político entre os países da matriz e das subsidiárias.

A preocupação dos países com a manutenção dos empregos, a qualificação dos locais, questões de soberania nacional, crescimento econômico sustentável gera outras questões relacionadas ao assunto. Notou-se ainda que, quando a empresa adquirida era de um país dito central, havia um cuidado explícito maior em relação às reações a questionamentos e posicionamentos das equipes da empresa adquirida, até porque isso de fato ocorria. Por outro lado, se o país era de importância geopolítica percebida como menor, tal preocupação não era tão acentuada ou era omitida. A flexibilidade também se tornava "mais flexível" a depender da relação de forças percebida.

Dimensão interorganizacional

P 4.1: A aprendizagem gerencial advinda da difusão e transferência de tecnologias gerenciais em cada unidade enfrenta pressões institucionais concorrentes de alinhamento entre sistemas corporativos ou globais, práticas de outras unidades e práticas organizacionais locais.

As dificuldades e incertezas de subsidiárias ou coligadas em assimilar um modelo de gestão da adquirente são bem referenciadas a tais tipos de pressões. O isomorfismo está presente na própria linguagem comum de gestão. A influência de profissionais de gestão foi muito importante para a disseminação das normas ISO e da certificação e, no Brasil, pode ter contribuído para uma familiarização maior das empresas com o ambiente internacional. Já a legitimidade (Kostova e Zaheer, 1999), é dificultada em organizações etnocêntricas e de menor visibilidade em termos geopolíticos, como nas organizações brasileiras estudadas, dificultando a implantação de suas práticas e valores, principalmente nos países mais desenvolvidos. O processo de transferência fica ainda mais delicado quando as firmas locais mantêm uma legitimidade representativa, oriunda de seu histórico anterior, o que se notou em algumas unidades visitadas no exterior.

P 4.2: A falta de permeabilidade entre culturas e identidades de subsidiárias e matriz dificulta a aprendizagem gerencial advinda da difusão e transferência de tecnologias gerenciais.

Há resistências, até maiores, da matriz, em ceder a algo significativamente diferente dos valores fundadores. Então, a identidade não se forma a contento, nem se estrutura a aprendizagem (Kogut e Zander, 1996). Uma cultura dita "forte", ou narcisista, ou pouco aberta às mudanças, portanto, pode vir a dificultar o aprendizado. Os comportamentos clássicos de processos de gestão da mudança estão presentes nas empresas adquiridas com a renovação de pessoal e busca de aliados. Por outro lado, se a empresa vai mal e um novo adquirente consegue levantá-la, a identificação tende a aumentar, vencendo a "síndrome do saque", que surge quando a empresa compra a outra, a usa e depois vai embora, não criando vínculo maior com o pessoal da empresa adquirida.

P 4.3: A aprendizagem gerencial advinda da transferência e difusão de tecnologias gerenciais entre as unidades organizacionais e a matriz é adquirida por um processo de relacionamento organizacional autorreferenciado, com a preservação da autoimagem e identidade das unidades envolvidas.

Qualquer modelo visto nas entrevistas repercutiu mais ou menos na unidade a partir da maneira pela qual esta internalizou as mudanças e as assimilou de fato, produzindo nela sua resposta ao que era colocado. Não havendo isso, o cerimonialismo institucional imperava, entre outros mecanismos de resistência. A aprendizagem e a produção de conhecimento – gerencial, neste estudo – são mais induzidas do que simplesmente recebidas: A dificuldade e resistência das matrizes de reconhecerem a recursividade e o caráter mútuo implícito em uma interação obstaculiza a viabilização de uma aprendizagem organizacional mais ampla.

P 4.4: A aprendizagem gerencial advinda da transferência e difusão de tecnologias gerenciais entre subsidiárias e matriz é dependente do capital social a ser formado, aumentando essa dependência com a complexidade dos relacionamentos existentes.

O *boundary spanner* torna-se o recurso mais utilizado para aumentar o capital social e, consequentemente, reduzir a resistência no tocante às interações entre unidades. Esse personagem pode ser representado pelo gerente ou técnico da matriz, que passa um tempo na unidade e contribui com sua experiência na implantação de sistemas ou internalização de valores, ou o gerente ou técnico de uma unidade que vai à matriz para conhecer o que lá é feito e é "cooptado" para servir de ponte na transferência de sistemas e valores para a unidade. Por sua vez, as redes ainda não avançaram muito institucionalmente, tornando-se dependentes dos conectores e outras pessoas-chave.

Algumas situações enfrentadas pelos gestores no processo de internacionalização

Durante o estudo e a pesquisa empreendidos a respeito da aprendizagem gerencial das empresas brasileiras com sua internacionalização, emergiu uma série de situações típicas de casos enfrentadas pelos gestores em um processo como esse. Algumas destas situações já tinham sido engendradas anteriormente e confirmadas com o caso específico da internacionalização; outras surgiram com os resultados da pesquisa, por sinal, a maioria. As situações que serão comentadas receberão aqui títulos representativos e serão enumeradas e descritas a seguir, a saber:

1) a trindade corporativa;
2) o Zeus corporativo;
3) o dilema de Tostines;
4) a síndrome do saque;
5) a síndrome do salvador da pátria;
6) a síndrome do sequestrado;
7) Nassau executivo;
8) as sandálias da humildade;
9) as flexibilidades mais "flexíveis" que outras;
10) o complexo de vira-lata "hierarquizado";
11) o efeito Robocop;
12) brasileiro globalizado, um "inglês de segunda classe";
13) para "brasileiro ver".

As situações aqui descritas e seus respectivos títulos procuram fazer, em um sentido ilustrativo e didático, um quadro geral das questões a serem enfrentadas pelas empresas em seu processo de internacionalização, em especial as brasileiras, objeto do nosso estudo. Partindo para uma intenção mais abrangente, as situações mostradas podem ajudar as empresas e designar pontos de atenção em sua trajetória de internacionalização, rumo a um ambiente mais interativo, menos autocentrado em que integração não signifique, absolutamente, dominação.

A trindade corporativa

A relação das situações começa com o mito da trindade hinduísta (Pannu, 2000), que pode ser aplicado à gestão organizacional, inclusive se ampliado para a esfera internacional. Essa trindade compõe-se das divindades Brahma, Vishnu e Shiva:

- Brahma é o deus criador, que regula o universo;
- Vishnu é o deus que representa o elemento conservador e protetor do universo;
- Shiva é o deus que representa a destruição para uma nova construção, a transformação.

Assim se processam os diferentes ciclos da vida, e no caso da gestão de multinacionais, no governo de seus processos ao longo de unidades dispostas em diferentes lugares no mundo, inserem-se os princípios de criação, um *startup*; sustentação, expresso pelo fluxo de conhecimento gerencial; e transformação, com novas aquisições, associações e reestruturações internas, recomeçando-se o ciclo.

Portanto, a gestão, na qual se insere a praticada no contexto de internacionalização, conjuga suas manifestações empreendedoras, administradoras e transformadoras, simbolizadas pela trindade. A gestão de unidades no exterior, com isso, deve ter presente a permanente integração desses três princípios em suas práticas e processos.

O Zeus corporativo

Zeus, principal deus da mitologia grega, tem, entre suas características, a de que é um mulherengo incorrigível, inseminando diversas deusas, ninfas e mortais. Por trás dessas investidas, estava o desejo da perpetuidade pela numerosa descendência (Kury, 2009).

A figura de Zeus como representação nas empresas tem sido utilizada em estudos organizacionais (Handy, 1991). O desejo de certas empresas brasileiras de ver seu sistema de gestão presente em todas as unidades que criam e adquirem (um "sistema único"), ou de "reconhecer a empresa que criou em qualquer lugar do mundo", mostra a considerável "vocação de Zeus" presente nessas empresas, de fazer a singularidade e a trajetória da matriz, como genes, memes, como sugere Dawkins (2006), impressos em seu "sêmen gerencial". Tal visão, por vezes excessivamente autocentrada, incorre em resistências e fricções, em princípio, dispensáveis.

Os tempos atuais, com o fortalecimento da interação, das redes e das comunicações, sugerem que à imagem de Zeus seja acrescentada a de outras divindades, como a de seus filhos Atena (Handy, 1991) e Hermes.

O dilema de Tostines

Trata-se de uma expressão já usada em muitas situações, mas nem todos, especialmente os mais novos, conhecem sua origem. Remonta a uma campanha publicitária veiculada pela Tostines promovendo seu biscoito, fazendo a pergunta: "Tostines vende mais porque é fresquinho ou é fresquinho porque vende mais?".

A expressão é utilizada aqui da seguinte maneira: as empresas se internacionalizam com sucesso por terem uma boa gestão ou têm uma boa gestão porque se internacionalizam?

Uma tendência com as entrevistas e mesmo com a observação mais geral é concluir pela primeira resposta. Afinal, tomando por base empresas brasileiras como Gerdau, Vale, Petrobras etc., há uma preocupação constante de passar sua cultura e suas práticas gerenciais, formadas no país de origem, testadas e com, no mínimo, suficiente sucesso.

Entretanto, não se pode afirmar isso peremptoriamente. A motivação estratégica de ampliação de mercados, crescimento, entre outras razões que levam as empresas a procurar sair de suas fronteiras iniciais, passa pela superação de desafios, entre os quais o de ter sistemas de gestão mais robustos. Além disso, não é incomum as empresas brasileiras irem com "a cara e a coragem" para lugares distantes e se depararem com problemas de integração ou alinhamento gerencial que terminam por impactar seus sistemas domésticos, de modo que estes se comuniquem com as unidades novas recém-adquiridas. Há também um movimento, de certa forma contrário, de gerentes que se deparam com um sistema interno bem resolvido e não querem trocar por um corporativo de futuro duvidoso, podendo com isso provocar uma reação da matriz por receio de perder o controle da gestão. Assim, dizer que a internacionalização só é possível com uma gestão mais madura não pode ser admitido como verdade absoluta.

Portanto, o dilema de Tostines mostra, mais uma vez, sua aplicação multifacetada, bem como o conceito de recursividade, visto que gestão e estratégia se complementam no seu desenvolvimento e nos desafios gerados para seu aperfeiçoamento.

A síndrome do saque

A história conta, com frequência, a inter-relação entre ascensão e queda de povos e o movimento de conquistas. Seja na Antiguidade, seja na atualidade, passando da violência física, ainda hoje empregada, à "violência econômica", mais sutil, a conquista ou dominação permanece atual. Remetendo às conquistas mais antigas, um de seus produtos mais universais era a prática do saque dos vencidos, disseminando o terror, sem perdoar crianças, idosos e incapacitados em geral. O medo grassava, gerando ressentimento, abatimento, mais violência, reações das mais díspares. Além do saque, sobrevinha, muitas vezes, a destruição completa: é conhecida a frase do senador romano Catão, durante as guerras púnicas entre Roma e Cartago, de que esta precisava ser destruída, mesmo que já não tivesse mais forças para voltar a rivalizar com aquela (Burns, 1970; Sampaio, 2009).

Paralelamente, as empresas adquiridas também passam pelo "medo do saque". Trata-se de empresas que foram compradas por outras, geram caixa e outros recursos até sua exaustão, e depois são revendidas praticamente como "sucata", sem o interesse da empresa compradora em revigorar o desenvolvimento das competências e capacidades da empresa adquirida. Tal comportamento gera efeitos danosos quanto à resistência à mudança e descrença quanto ao efeito positivo que possam ter as aquisições para empresas adquiridas, sem contar as implicações relativas à manutenção do emprego.

Em uma das unidades do exterior em que estive, pude ratificar essa impressão. A empresa em questão tinha tido dias mais venturosos, até que sua administração resolveu descontinuar a produção daquele tipo de linha, vendendo, assim, a fábrica para outra empresa, que, por sua vez, ficou pouco tempo, sem nada adicionar. Em seguida, foi revendida a uma empresa brasileira, que não tinha esta intenção, mas que teve de demonstrar várias vezes que não estava lá "para saquear", podendo assim gerar um ambiente de mudança mais favorável.

Logo, um cuidado que a empresa adquirente deve ter é dar mostras de que não será uma saqueadora. Se possível, deve respeitar as peculiaridades contextuais da empresa adquirida, ainda que recolha os ganhos de sua produção, como é regra no sistema capitalista. Algo como faziam os árabes do final do primeiro milênio e início do segundo, ou mesmo o Império romano, que concedia algumas liberdades aos povos vencidos em troca de tributos ("remessa de lucros"). Há, ainda, casos análogos à relação dos romanos com os gregos, que os dominaram politicamente, mas, por sua vez, foram dominados culturalmente, o que inspira, no caso corporativo, a chamada assimilação reversa (Marks e Mirvis, 1998), em que a empresa adquirida dita as regras do jogo no tocante às práticas e cultura gerencial.

A síndrome do salvador da pátria

Essa imagem está bastante relacionada à síndrome do saque. Utilizando novamente a história como pano de fundo, quando um povo oprimido via o opressor ser derrotado por outro, que assumia uma intenção mais positiva e respeitadora, este era, muitas vezes, festejado e idolatrado. Para os judeus da Babilônia do século VI a.C., então no período do cativeiro imposto pelos caldeus, Ciro da Pérsia era um salvador que permitiu que pudessem voltar a Jerusalém para reedificar seu templo destruído havia décadas. O mesmo ocorreu em outras situações, incluindo os americanos com relação à Europa, que saía do jugo nazista. Há também os líderes carismáticos, sejam ou não democratas, cuja confiança do povo não raro ultrapassa os limites do racional (Burns, 1970).

Comparando com as empresas adquiridas, sua força de trabalho tende também a acolher como "salvadores" os representantes das empresas adquirentes em quem reconheçam o esforço e intenção de reerguer a empresa, fortalecendo os empregos de muitos. Vários depoimentos de executivos brasileiros em diferentes países apontaram para esse tipo de reação: na medida em que se mantinham empregos, melhorava-se a autoestima, criava-se um ambiente de crescimento, ser brasileiro, francês ou americano já não era tão importante;

o importante era que a insegurança quanto ao futuro de cada um na empresa tendia a diminuir. Tal atitude, por sua vez, facilitava a incorporação, do ponto de vista gerencial, da empresa adquirente, diminuindo-se resistências e propiciando uma atmosfera de maior colaboração.

Entretanto, o efeito "salvador da pátria", tem seu prazo de validade: se não houver práticas gerenciais mais consistentes, com o tempo a desconfiança e mesmo certos preconceitos, mais particulares no caso de empresas brasileiras e em países ditos desenvolvidos, podem potencialmente tornar-se recorrentes. Daí que as empresas aproveitem seu efeito para alavancar práticas gerenciais e as implantem de forma mais sistemática, com a participação das unidades no exterior que vierem a ser envolvidas.

A síndrome do sequestrado

O nome original dessa síndrome é a síndrome de Estocolmo (*Stockholm syndrome*), um estado psicológico dos quais são vítimas pessoas que foram sequestradas. Há uma tendência da vítima de defender o sequestrador e até se afeiçoar a ele, tornando-se um aliado. Recebeu esse nome por causa de um assalto ocorrido em Estocolmo, Suécia, em 1973, em que os reféns desenvolveram tal comportamento. Um caso notório foi também o de Patty Hearst, neta de William Hearst, magnata das comunicações, em 1974, que foi sequestrada por uma organização denominada Exército Simbionês de Libertação. Mesmo depois de libertada, ela se aliou a seus algozes em ações praticadas, incluindo assaltos a bancos (Ferreira-Santos, 2007).

Como essa síndrome pode se manifestar no contexto da gestão de empresas brasileiras internacionalizadas? A partir das entrevistas realizadas, percebeu-se que isso ocorre costumeiramente quando o diretor expatriado assume uma dessas empresas, não poucas vezes com o objetivo de implantar práticas ou mesmo um sistema de gestão da matriz. Entretanto, esse executivo termina por identificar-se com a estrutura de gestão da empresa adquirida, vindo a defender seus pontos de vista e ser mais flexível quanto aos planos de integração.

Além disso, em certos casos, a empresa comprada já tem um bom sistema de gestão e, pressionado pelas metas da matriz, o executivo que chega prefere não fazer grandes mudanças, para obter apoio do *staff* e evitar problemas de continuidade: pode não ser bom ser cobrado por falta de integração, mas a falta de resultados não raramente o leva à degola definitiva.

Essa síndrome chama a atenção para que a estratégia de integração gerencial das unidades adquiridas por uma multinacional seja bem refletida. Acompanhar estritamente resultados pode levar a distorções de natureza defensiva. Pensar estratégia global, processos locais e contexto em conjunto, enfim, pode levar a um melhor desempenho.

Nassau executivo

Trata-se de uma representação que, aplicada à realidade empresarial pesquisada, apresenta semelhanças com o descrito na seção anterior. João Maurício de Nassau (Johann Mauritius van Nassau), considerado por muitos um competente administrador e por outros um corrupto, era um conde alemão estabelecido na Holanda no século XVII, quando foi designado pela Companhia das Índias Ocidentais, a grande multinacional da época, para cuidar dos negócios nas possessões conquistadas no Brasil, com sede em Pernambuco. Destacou-se na administração e reforma urbanística, empenhou-se em recuperar a agromanufatura do açúcar e teve ainda uma boa recepção a artistas, cientistas e grupos judeus e protestantes, com bom conceito entre a população em geral (Mello, 2006).

Entretanto, foi também acusado de improbidade administrativa, entrando em conflito com a administração central, que exigia a liquidação imediata das dívidas dos senhores de engenho inadimplentes, ação da qual Nassau discordava. Isso, somado a outros problemas e desgastes, precipitou sua saída. Nassau, de volta à Europa, continuou a atuar na administração na Holanda e Alemanha, onde foram evidenciadas também realizações arquitetônicas, tornando-se, ao final, príncipe do Sacro Império Romano-Germânico. No Brasil, por outro lado, os conflitos aumentaram, até culminar na insurreição pernambucana e na recuperação do "Brasil holandês" por Portugal (Mello, 2006).

Durante as entrevistas realizadas, houve um caso que tipicamente lembrou a figura de Nassau: um gerente brasileiro que, em um país mais desenvolvido, encontrou uma série de problemas na empresa que passou a gerenciar. Progressivamente, seu trabalho foi empreender uma ação institucional intensiva, implantando boas práticas de gestão e fortalecendo as relações com as partes interessadas, especialmente no âmbito cultural e de relações públicas. Destaca-se também a preocupação com a imagem física das instalações e a intangível, pelos relacionamentos políticos e culturais efetivados.

Embora assessorado por um grupo de profissionais, a ação desse executivo foi eminentemente individual, não formou sucessores, levando a um progressivo recuo nas conquistas alcançadas. Por sua vez, ao ser promovido e enviado de volta à sede, o executivo em questão também teve problemas, não se adaptando a uma mudança no contexto de negócios. Terminou por sair da empresa, consolidando mais tarde uma carreira de consultor e conferencista, inclusive para acadêmicos.

Em outras situações, quando o executivo expatriado entra em conflito com os objetivos da sede, o que é mais costumeiramente observável quando a integração é incipiente ou pouco desenvolvida, a experiência de Nassau novamente se manifesta. Novamente, a conjunção entre a consideração do contexto, a flexibilidade, a possibilidade de autonomia, com a convergência de políticas e sistemas e estratégias, evitando-se uma dependência excessiva da individualidade na gerência, pode mostrar um caminho para amenizar ou evitar esse tipo de síndrome.

As sandálias da humildade

Recorre-se a essa expressão, usada no sentido de as pessoas reduzirem sua soberba e arrogância, para explicar uma palavra recorrente em muitas das entrevistas realizadas. Muitos falaram nessa palavra ("humildade") para justificar a necessidade de entender melhor as práticas e costumes de empresas e países, por vezes bastante diferentes dos da cultura nativa da matriz. Não adianta, dizem os executivos, agir como se o que eles fazem no Brasil fosse o melhor: há de se recolher a uma posição mais humilde e aceitar a diferença.

Assim, ao menos teoricamente, gerenciar empresas no exterior significa despir-se de preconceitos, estereótipos e fórmulas prontas. Trata-se de uma oportunidade de, reduzindo a autossuficiência de conclusões regionalistas e apressadas, aprender e aplicar soluções diferentes daquelas às quais os gerentes estavam acostumados. Além disso, o gerente aprende a não ter soluções únicas, permitindo seu desenvolvimento e criatividade em contextos diversos.

As flexibilidades mais "flexíveis" que outras

Aqui é parafraseada a expressão "uns mais iguais que os outros", de forma a chamar a atenção para o fato de que, por trás de pretensas abertura e igualdade, encontram-se o preconceito e a desigualdade quanto às atitudes tomadas, especialmente quando envolvem poder e *status*, inclusive ou principalmente de natureza geopolítica.

Há também uma relação com a imagem anterior. Notou-se, relacionando-se as entrevistas, que a pretensa humildade/flexibilidade era tanto maior quanto era o poder geopolítico do país onde se estava atuando. Assim, em países desenvolvidos ou em um estágio aproximadamente equivalente, havia uma maior preocupação em ser flexível na gestão, evitando-se desgastes, tendo em vista o conhecimento de que haveria uma reação. Entretanto, em outros países, a imagem, ainda que dissimulada, de superioridade levava a uma conduta menos condescendente e, por vezes, até mais arrogante: quando havia uma reação, as consequências terminavam por ser piores, como pôde ser observado em alguns países da América do Sul. Em uma fábrica pesquisada em um desses países, foi relatado, inclusive, o descontentamento com a rigidez e falta de abertura de executivos brasileiros ante a moldagem de seu sistema de gestão da produção e na relação entre gerentes e executivos dos dois países em questão.

Portanto, a disposição à flexibilidade e interatividade na gestão nem sempre é determinada por motivos legítimos e universais, mas condicionada à relação de poder entre culturas e economias. Logo, a igualdade é relativa, o que pode prejudicar o entendimento e a disposição de um sistema que reflita as potencialidades e competências de cada organização pertencente à multinacional.

O complexo de vira-lata "hierarquizado"

Essa imagem caminha por uma via oposta à anterior. Faz-se aqui uso de uma expressão cunhada pelo jornalista e dramaturgo Nelson Rodrigues. Referia-se Rodrigues à Copa do Mundo de Futebol de 1950, em que a seleção brasileira perdeu para a uruguaia em pleno Maracanã recém-inaugurado, gerando um grande "trauma". Tal acontecimento seria consequência de uma falta de confiança dos brasileiros, uma sensação de inferioridade, especialmente ante os países desenvolvidos, o que só experimentaria uma primeira superação após a vitória na Copa de 1958 (Marques, 2012).

Por vezes, os executivos brasileiros no exterior, em especial em países da Europa ou nos Estados Unidos, ressentem-se desse complexo de inferioridade. As consequências normalmente são implacáveis. Um dos entrevistados narrou que o executivo expatriado precisa se impor nesses ambientes, pois "é testado pelos subordinados nativos o tempo todo". Um antecessor dele caiu nessa cilada e passou a apontar por todo lado acusações de que estava sendo perseguido pelo fato de ser brasileiro. Assim, o executivo brasileiro deve se conduzir por sua competência, embora lembrando-se sempre de não se deixar levar pela arrogância e autoritarismo quanto à prevalência de suas opiniões, que ficam mais nítidos em países de menor nível de desenvolvimento e nos quais o "complexo de vira-lata" é substituído pelo "complexo de *poodle*", ou "complexo de *pitbull*", a depender do estilo do executivo.

O efeito Robocop

Esse efeito foi citado por um dos executivos expatriados que assumiram posições de comando em unidades de empresas brasileiras no exterior, fazendo referência ao personagem criado nos anos 1980 para o cinema, especialmente nas suas capacitações, como o visor que possibilita gravação de vídeo ou a interface com computadores. Ao fazer referência de que o Robocop procura analisar os dados das pessoas, o executivo adverte para o fato de que não se deve fazer isso nos países onde se atua, como se querendo adivinhar o que o nativo está pensando, de modo estereotipado. Tal comportamento leva a incompreensões e ruídos significativos, comprometendo as relações de trabalho.

Em paralelo, este executivo e outros sugerem um maior envolvimento com as atividades e comportamentos dos nativos daquele país, agindo com maior empatia e sem separatismos. Um exemplo recorrentemente citado era o da matrícula dos filhos em escolas públicas locais. Entretanto, essa aceitação do modo de vida do país não deve ser confundida com a anulação de sua cultura de origem, como poderá ser percebido na próxima imagem a ser comentada.

Brasileiro globalizado, um "inglês de segunda classe"

Essa expressão também foi comentada pelo mesmo executivo citado na imagem anterior. Ele quis dizer que o executivo, embora deva interagir com a cultura local e ser até mais cosmopolita, não deve se distanciar dos seus valores culturais de forma a reproduzir uma farsa, sendo algo que definitivamente não é: daí a "segunda classe".

Esses depoimentos confirmam a ideia de que interatividade e identidade caminham lado a lado. A atuação no exterior, em termos pessoais ou profissionais, deve se pautar por uma interação com os contextos locais, evitando encerrar-se em seus costumes, mas também não ser subordinado aos costumes de outros povos. Tal equilíbrio é essencial na construção de um modelo de gestão integrado e interativo.

Para "brasileiro ver"

A expressão "para inglês ver" é conhecida em nossa cultura, no sentido de realizar algo fazendo de conta que é efetivo, quando, na verdade, é algo de "fachada", artificial. Entre suas inúmeras aplicações no cotidiano social brasileiro, foi apropriada por Wood Jr. e Caldas (1999) para explicar as tecnologias gerenciais de fora aplicadas nas filiais brasileiras de forma cerimonial, com pouco ou nenhuma internalização ou comprometimento de fato.

Os resultados da pesquisa, entretanto, indicaram que esse comportamento não é privativo de empresas do Brasil ou de países que recebam uma administração de um país mais desenvolvido. A condição determinante é a relação de subordinação. Seja a empresa brasileira, americana ou francesa, ela poderá receber as diretrizes corporativas de uma empresa brasileira ou mexicana com o mesmo cerimonialismo típico.

O que parece valer mais é aquilo que foi consagrado pela análise transacional e seus modelos de "pai", "filho" e "adulto" (Oliveira, 1976): se a empresa é a adquirida, independentemente do país, seus integrantes agem como "filhos"; se é a adquirente, já agem como "pais".

Durante visitas às empresas, ficou claro esse tipo de cerimonialismo, não obstante o estágio de desenvolvimento de um país. A todo momento, mostrava-se a manutenção de um sistema local, a despeito de exigência de conformidade com um sistema corporativo por parte da matriz brasileira, a pretexto de suas semelhanças intrínsecas. Usando a semelhança, mantinha-se o *status quo*.

Esses acontecimentos mostram que a imposição de um sistema de gestão integrada, sem uma discussão mais amadurecida, reforça os cerimonialismos e certa hipocrisia nas relações interorganizacionais, em que o principal prejuízo incorre na credibilidade de haver práticas gerenciais que levem a uma eficácia global maior.

Considerações finais

Podem ser resumidas algumas considerações críticas acerca de fatores implícitos na suposição central, conforme o quadro 2.

Quadro 2
Considerações sobre a suposição central

Fator	Considerações
Intercâmbio ou transferência de conhecimento e aprendizagem decorrente	Se o estudo do fluxo de conhecimento gerencial em multinacionais não deve ser condicionado exclusivamente pelas políticas e estratégias da matriz, a pesquisa indicou, entretanto, uma preocupação maior com a transferência direta, ao invés do intercâmbio; a transferência nem sempre ocorria sistematicamente e, por vezes, nem era estratégia de atuação, pois a decisão poderia ser a de fazer uma unidade adquirida operar *stand-alone*, de forma isolada
Interação e aprendizagem	Se a interação organizacional não se realizava com o potencial possível, a aprendizagem situada também não se via plenamente realizada, concentrando-se, quando possível, em questões técnicas e de informação
Influência das tecnologias gerenciais estandardizadas nas práticas transferidas	Essa influência foi indireta, pois tais tecnologias estavam inseridas, como componentes, nos modelos gerenciais que foram difundidos, em maior ou menor grau, nas empresas. Se esses componentes eram de uso "universal", tornava-se possível fazer adaptações mais facilmente quando a prática ou sistema gerencial atravessava as fronteiras do país de origem para alcançar outro contexto cultural
Visão etnocêntrica como barreira ao intercâmbio de conhecimento gerencial	O discurso de flexibilizar procedimentos em prol de diretrizes tinha seu limite na percepção de risco à singularidade da empresa no Brasil. A aceitação de um modelo independente no exterior, quando ocorria, provavelmente não significava sua difusão para a matriz ou outras unidades. Preservar a integridade de um modelo gerencial tornou-se, inclusive, justificativa para evitar problemas com aquisições

Entretanto, a despeito de todas essas ressalvas, a pesquisa realizada validou a suposição central. A aprendizagem ocorreu no sentido de expor as capacidades construídas das empresas a diferentes realidades culturais, setoriais do negócio e organizacionais; desenvolver seus modelos alinhados a essas competências e ter a flexibilidade de rever esses modelos a partir da experiência desenvolvida no contato com essas realidades. À tentativa de orientação e padronização corporativa, contrapunha-se a necessidade de maior agilidade local, de forma mais coerente com as necessidades.

Um ponto comum observado na pesquisa foi que houve, no geral, a intenção de adotar um enfoque gerencial essencialmente convergente, apesar das variações (se em códigos de valores, sistemas, competências específicas, estilos gerenciais); da extensão (em toda a gestão, ou em partes relacionadas às principais competências); da intensidade (mecanismos de acompanhamento ou indução mais ou menos intensos, maior ou menor centralização), entre outros. A história administrativa de cada uma dessas empresas ditou também, em maior ou menor grau, seus estilos na gestão de suas unidades do exterior, podendo ser um facilitador ou dificultador, a depender do contexto, como no caso da autossuficiência cultural.

Por sua vez, todas as empresas também enfrentaram de diversas formas o contexto diferenciado. Em alguns casos, não houve um controle de gestão mais explícito; em outros, essa preocupação esteve mais presente, levando a diferentes graus de mobilização. As diferenças se dão em função da natureza da interação entre as organizações adquirente e adquirida, no contexto cultural e econômico que as circunda.

O meio organizacional e cultural inerente a uma unidade adquirida em um país diferente do da adquirente tende a modificar, de alguma forma, o conteúdo das práticas da matriz, sejam estas de origem global ou não. Ao não se aproveitar a dimensão social da aprendizagem, corre-se o risco de ter um conteúdo eminentemente técnico que se perde por falta de compartilhamento do conhecimento e maior interação entre os grupos envolvidos. O aprendizado tende a se tornar mais robusto – o que se evidenciou, mesmo quando de forma tímida ou inicial, nas entrevistas – na admissão de uma construção de modelos mais flexíveis.

Uma aplicação do modelo às matrizes das multinacionais está representada na figura 2. Essa extensão identifica o posicionamento das empresas conforme os eixos convergência e divergência (horizontal) e prática organizacional e prática global (vertical). O primeiro eixo indica o quanto a matriz flexibiliza suas práticas em diferentes contextos nacionais ou organizacionais: uma empresa autocentrada tende a não trocar experiências com subsidiárias ou coligadas. Já o segundo eixo indica o grau de maturidade da empresa em lançar suas próprias tecnologias gerenciais, ou a tendência a importar e adotar tecnologias gerenciais globais, além das praticamente mandatórias, como os sistemas de gestão certificados (ISO 9000, ISO 14000 etc.). Temos, assim, quatro perfis de organizações segundo esta tipologia.

Figura 2
Tipos de multinacionais, segundo o fluxo interno de conhecimento gerencial

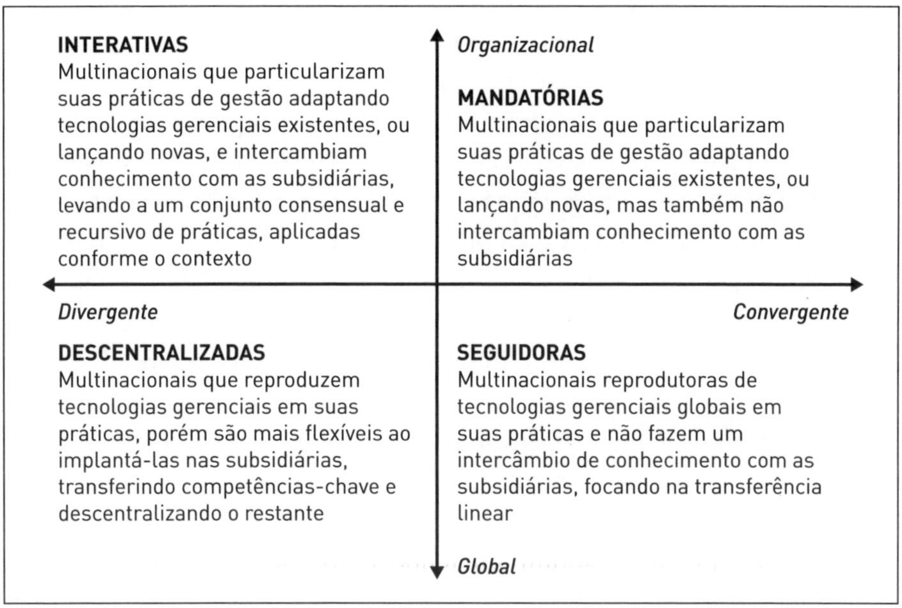

Esse modelo pode ser ampliado para além de uma matriz 2 × 2, de forma a aprimorar a respectiva descrição dos quadrantes. Na prática, o estágio de uma empresa estará situado em uma posição intermediária, com tendências em determinado quadrante, porém repercutindo características dos demais. Outra particularização a ser feita seria utilizar o modelo do ponto de vista da subsidiária. Dessa forma, se uma organização matriz é reprodutora de práticas e com grau alto de divergência, e uma subsidiária é lançadora de práticas e convergente, pode haver um ambiente propício a uma transferência reversa de práticas em massa, por exemplo. Assim, diversas matrizes poderiam ser feitas, se necessário, mas sua representação pode ficar um pouco mais complexa.

Com relação às empresas brasileiras estudadas, elas tenderam a estar em uma posição intermediária quanto à maturidade das práticas, com algumas formas de adaptação e desenvolvimento de tecnologias já existentes, enquanto há uma preocupação maior com a convergência, ainda que haja uma preocupação expressa, embora relativamente tímida de forma geral, com flexibilização conforme os contextos.

Portanto, como se pôde depreender dos casos apresentados, a depender da interação possibilitada pelo contexto, são singularizados os fluxos de conhecimento em gestão, com repercussões na aprendizagem. Trata-se de uma experiência que, para essas empresas brasileiras, ainda é relativamente nova, além de complexa. A sistematização das lições aprendidas, porém, dificilmente consegue ser concretizada, em função de diversas dificuldades e pressões, sem contar com o fato de que se trata de uma atividade não devidamente reconhecida. Logo, é um assunto que requer um maior debate por parte da academia para que, com pragmatismo, esta possa contribuir para que as empresas respondam a seus desafios e às contingências de natureza gerencial.

Os resultados obtidos podem implicar outros projetos, como:

- a análise estratégica e operacionalização de novos negócios, estudando os impactos dos IDEs do ponto de vista das oportunidades de sinergia, barreiras e desafios quanto à integração do conhecimento gerencial em toda a empresa;
- a inclusão das empresas adquiridas na política de gestão da empresa internacionalizada, dinamizando a integração dos conhecimentos gerenciais da matriz e demais unidades;
- o aperfeiçoamento dos sistemas de gestão e da sistemática de integração do conhecimento gerencial pela consideração não só dos aspectos técnicos, mas também dos relativos ao contexto ambiental, das trajetórias históricas das empresas envolvidas, dos valores, práticas e processos preexistentes, da interação inerente à promoção de um melhor fluxo e intercâmbio de conhecimento;
- a construção de programas de desenvolvimento da gestão e gestão da mudança, envolvendo práticas, sistemas, processos, bem como cultura, valores e hábitos;

- a elaboração de programas de desenvolvimento gerencial de modo a considerar seu papel no conhecimento em gestão em multinacionais, articulando convergência e divergência, interculturalidade e interação organizacional (manter as equipes de transição durante incorporações na gestão pós-aquisição permanece como boa prática);
- a elaboração de um modelo de gestão transnacional que conjugue os principais fatores críticos para seu sucesso frente ao balanceamento ativo das forças globais e contextuais que interagem nas empresas, consubstanciada por seus sistemas e por suas práticas, é função de fatores como:
  - o domínio das diversas técnicas que compõem o aprendizado organizacional;
  - o conhecimento e gestão das bases da empresa, a saber, suas competências, suas rotinas e seus valores;
  - a gestão do mix de cultura local e global expressa nas práticas e valores interagentes na empresa;
  - a gestão da diversidade cultural e organizacional das várias unidades da empresa;
  - a estratégia de internacionalização adotada;
  - o domínio e utilização do potencial rico do fluxo de conhecimento e interação das várias unidades da empresa.

Este estudo, portanto, procurou um olhar que integrasse o contextual ao global, o interativo ao tecnicista, padronizador. Ambos os caminhos são possibilidades de mudança da cultura e estrutura de todas as unidades de uma multinacional, incluindo a matriz. Do balanceamento de forças aplicado a uma interação multiorganizacional, tem-se a capacidade tanto de contribuir quanto de receber contribuições em termos de experiência, prática, conhecimentos gerenciais, levando, assim, à fluidez do conhecimento.

Referências

ABRAHAMSON, Eric. Managerial fads and fashions: the diffusion and rejection of innovations. *Academy of Management Review*, Briarcliff Manor, NY, v. 16, n. 3, p. 586-612, jul. 1991.

ADLER, Paul S.; KWON, Seok-Woo. Social capital: prospects for a new concept. *Academy of Management Review*, Briarcliff Manor, NY, v. 27, n. 1, p. 17-40, jan. 2002.

ALBERT, Stuart; WHETTEN, David A. Organizational identity. In: HATCH, Mary Jo; SCHULTZ, Majken (Ed.). *Organizational identity*: a reader. Oxford: Oxford University Press, 2004. p. 89-118.

AMBOS, Tina C.; AMBOS, Björn; SCHLEGELMILCH, Bodo B. Learning from foreign subsidiaries: an empirical investigation of headquarters benefits from reverse knowledge transfers. *International Business Review*, Orlando, v. 15, n. 3, p. 294-312, jun. 2006.

ANGWIN, Duncan; VAARA, Eero. Connectivity in merging organizations: beyond traditional cultural perspectives. *Organization Studies*, Londres, v. 26, n. 10, p. 1445-1453, out. 2005.

ANTAL, Ariane B. et al. Organizational learning and knowledge: reflections on the dynamics of the field and challenges for the future. In: DIERKES, Meinolf et al. *Handbook of organization learning e knowledge*. Nova York: Oxford University Press, 2001. p. 921-939.

ARGYRIS, Chris; SCHÖN, Donald A. *Organizational learning II*: theory, method and practice. Reading, MA: Addison-Wesley, 1996.

BAKKEN, Tore; HERNES, Tor. Implications of self-reference: Niklas Luhmann's auto-poiesis and organization. *Organization Studies*, Londres, v. 24, n. 9, p. 1511-1535, nov. 2003.

BARKEMA, Harry G; VERMEULEN, Frank. International expansion through start-up or acquisition: a learning perspective. *Academy of Management Journal*, Briarcliff Manor, NY, v. 41, n. 1, p. 7-26, fev. 1998.

BARNEY, Jay B. Firm resources and sustained competitive advantage. *Journal of Management*, Thousand Oaks, v. 17, n. 1, p. 99-120, mar. 1991.

____. *Gaining and sustaining competitive advantage*. 2. ed. Upper Saddle River: Prentice-Hall, 2002.

BARRETO, Antonio; ROCHA, Ângela. A expansão das fronteiras: brasileiros no exterior. In: ROCHA, Ângela (Coord.). *As novas fronteiras*: a multinacionalização das empresas brasileiras. Rio de Janeiro, Mauad, 2003. p. 29-76.

BARROS, Betania T. *Gestão à brasileira*: uma comparação entre América Latina, Estados Unidos, Europa e Ásia. São Paulo: Atlas, 2003.

BARTLETT, Christopher A.; GHOSHAL, Sumantra. *Gerenciando empresas no exterior*: a solução transnacional. São Paulo: Makron Books, 1992.

BERGER, Peter; LUCKMANN, Thomas. *A construção social da realidade*. 24. ed. Petrópolis: Vozes, 2004.

BOURDIEU, Pierre. Os três estados do capital cultural. In: NOGUEIRA, M. A.; CATANI, A. (Org.). *Escritos de educação*. 6. ed. Petrópolis: Vozes, 2004. p. 73-79.

BURNS, Edward McNall. *História da civilização ocidental*. 2. ed. Porto Alegre: Globo, 1970. 2 v.

CAMPBELL, Andrew; GOULD, Michael. *The collaborative enterprise*: why links between business units often fail – and how to make them work. Cambridge, MA: Perseus Books, 1999.

CHANDLER JR., Alfred D. *Scale and scope*: the dynamics of industrial capitalism. Cambridge: Harvard University Press, 1994.

CHILD, John; FAULKNER, David; PITKETHLY, Robert. *The management of international acquisitions*. Oxford: Oxford University Press, 2001.

COLLIS, David J.; MONTGOMERY, Cynthia A. *Corporate strategy*: a resource-based approach. Boston: Irwin McGraw-Hill, 1998.

CYERT, Richard M.; MARCH, James G. *A behavioral theory of the firm*. Englewood Cliffs: Prentice-Hall, 1963.

CYRINO, Álvaro B.; BARCELLOS, Érika P. Estratégias de internacionalização: evidências e reflexões sobre as empresas brasileiras. In: TANURE, Betania; DUARTE, Roberto G. (Org.). *Gestão internacional*. São Paulo: Saraiva, 2006. p. 221-246.

DAWKINS, Richard. *The selfish gene*. 3. ed. Oxford: Oxford University Press, 2006.

EASTERBY-SMITH, Mark; BURGOYNE, John; ARAÚJO, Luís (Coord.). *Aprendizagem organizacional e organização de aprendizagem*: desenvolvimento na teoria e na prática. São Paulo: Atlas, 2001.

FEATHERSTONE, Mike. *Cultura global*: nacionalismo, globalização e modernidade. 3. ed. Petrópolis: Vozes, 1999.

FERREIRA, Aurélio B. de H. *Novo Aurélio século XXI*: o dicionário da língua portuguesa. 3. ed. rev. Rio de Janeiro: Nova Fronteira, 1999.

FERREIRA-SANTOS, Eduardo. *Transtorno de estresse pós-traumático em vítimas de sequestro*. São Paulo: Summus, 2007.

FINE, Gary A. O triste espólio, o misterioso desaparecimento e o glorioso triunfo do interacionismo simbólico. *Revista de Administração de Empresas*, São Paulo, v. 45, n. 4, p. 87-105, out./dez. 2005.

FLEENER, M. Jayne. Dewey's logic and social autopoiesis: creative forces for/of social (r)evolution. In: ANNUAL MEETING OF THE AMERICAN EDUCATIONAL RESEARCH ASSOCIATION, 2000, Nova Orleans. *Anais eletrônicos*... Washington, DC: American Educational Research Association, 2000. Disponível em: <http://eric.ed.gov/ERICDocs/data/ericdocs2/content_storage_01/0000000b/80/22/28/4f.pdf>. Acesso em: 11 mar. 2007.

FLICK, Uwe. *Uma introdução à pesquisa qualitativa*. 2. ed. Porto Alegre: Bookman, 2004.

GARVIN, David A. *Construindo a organização que aprende*. Rio de Janeiro: Campus, 2000. p. 50-81. Coletânea Gestão do Conhecimento, da *Harvard Business Review*.

GEERTZ, Clifford. *Interpretação das culturas*. Rio de Janeiro: LTC, 1989.

GHERARDI, Silvia; NICOLINI, Davide; ODELLA, Francesca. Toward a social understanding of how people learn in organizations. *Management Learning*, Thousand Oaks, v. 29, n. 3, p. 273-297, set. 1998.

GODOI, Christiane K.; MATTOS, Pedro Lincoln C. L. Entrevista qualitativa: instrumento de pesquisa e evento dialógico. In: GODOI, Christiane K.; BANDEIRA-DE-MELLO, Rodrigo; SILVA, Anielson B. (Org.). *Pesquisa qualitativa em estudos organizacionais*: paradigmas, estratégias e métodos. São Paulo: Saraiva, 2006. p. 301-323.

GRANT, Robert M. Toward a knowledge-based theory of the firm. *Strategic Management Journal*, Hoboken, v. 17, p. 109-122, 1996. Número especial.

GUPTA, Anil K.; GOVINDARAJAN, Vijay. Knowledge flows and the structure of control within multinational corporations. *Academy of Management Review*, Briarcliff Manor, NY, v. 16, n. 4, p. 768-792, out. 1991.

GUZMAN, Gustavo A. C.; WILSON, John. Transferindo conhecimento organizacional em redes produtivas modulares: a experiência brasileira. In: AMATO NETO, João (Org.). *Redes entre organizações*. São Paulo: Atlas, 2005. p. 170-191.

HALL, Edward T.; HALL, Mildred R. *Understanding cultural differences*: Germans, French, and Americans. Boston: Intercultural Press, 1990.

HALL, Stuart. *A identidade cultural na pós-modernidade*. 10. ed. Rio de Janeiro: DP&A, 2005.

HANDY, Charles. *Os deuses da administração*. São Paulo: Saraiva, 1991.

HASPESLAGH, Philippe C.; JEMISON, David B. *Managing acquisitions*: creating value through corporate renewal. Nova York: The Free Press, 1991.

HATCH, Mary Jo; SCHULTZ, Majken. The dynamics of organizational identity. *Human Relations*, Thousand Oaks, v. 55, n. 8, p. 989-1018, ago. 2002.

HELD, David; MCGREW, Anthony. *Prós e contras da globalização*. Rio de Janeiro: Zahar, 2001.

HITT, Michael A.; IRELAND, R. Duane; HOSKISSON, Robert E. *Administração estratégica*. São Paulo: Pioneira Thompson Learning, 2002.

HOFSTEDE, Geert. *Culturas e organizações*: compreender a nossa programação mental. Lisboa: Sylabo, 1997.

KERR, Clark et al. The road to similarity. In: WEBBER, Ross A. *Culture and management*: text and readings in comparative management. Homewood: Richard D. Irwin, 1969.

KOGUT, Bruce; ZANDER, Udo. What firms do? Coordination, identity, and learning. *Organization Science*, Pittsburgh, v. 7, n. 5, p. 502-518, set./out. 1996.

KOSTOVA, Tatiana; ZAHEER, Srilata. Organizational legitimacy under conditions of complexity: the case of the multinational enterprise. *Academy of Management Review*, Briarcliff Manor, NY, v. 24, n. 1, p. 64-81, jan. 1999.

KURY, Mário G. *Dicionário de mitologia grega e romana*. 8. ed. Rio de Janeiro: Zahar, 2009.

LARRAIA, Roque B. *Cultura*: um conceito antropológico. 14. ed. Rio de Janeiro: Zahar, 2001.

LAVE, Jean; WENGER, Etienne. *Situated learning*: legitimate peripheral participation. Cambridge: Cambridge University Press, 1991.

LINDVALL, Jan. The creation of management practice: a literature review. *CEMP Report*, n. 1 ed. rev., abr. 1999. Disponível em: <www.fek.uu.se/ cemp/ cemp.html.>. Acesso em: 12 ago. 2005.

LUHMANN, Niklas. *Organización y decisión*: autopoíesis, acción y entendimiento comunicativo. Barcelona: Anthropos, 2005.

MARKS, Mitchell L.; MIRVIS, Philip H. *Joining forces*: making one plus one equal three in mergers, acquisitions, and alliances. São Francisco, CA: Jossey-Bass, 1998.

MARQUES, José Carlos. *O futebol em Nelson Rodrigues*. 2. ed. São Paulo: Educ, 2012.

MEAD, George H. The self, the I and the me. In: HATCH, Mary Jo; SCHULTZ, Majken (Ed.). *Organizational identity*: a reader. Oxford: Oxford University Press, 2004. p. 30-34.

MELLO, Evaldo C. *Nassau*. São Paulo: Companhia das Letras, 2006. Col. Perfis brasileiros.

MILES, Mathew B.; HUBERMAN, Alan M. *Qualitative data analysis*. 2. ed. Thousand Oaks: Sage, 1994.

MINGERS, John. Observing organizations: an evaluation of Luhmann's organizational theory. In: BAKKEN, Tore; HERNES, Tor. *Autopoietic organization theory*: drawing on Niklas Luhmann's social systems perspective. Copenhague: Copenhagen Business School Press, 2003. p. 103-122.

MOTTA, Paulo Roberto. *Transformação organizacional*: a teoria e a prática de inovar. Rio de Janeiro: Qualitymark, 1997.

____. Novas hipóteses sobre a gestão intercultural: avanços de uma contracorrente. In: ENCONTRO ANUAL DA ANPAD, 30., 2006, Salvador. *Anais eletrônicos...* Rio de Janeiro: Anpad, 2006. Disponível em: <www.anpad.org.br/enanpad/2006/dwn/enanpad2006-eorc-1116.pdf>. Acesso em: 20 set. 2006.

NELSON, Richard R.; WINTER, Sidney G. *Uma teoria evolucionária da mudança econômica*. Campinas: Ed. Unicamp, 2005. Col. Clássicos da inovação.

OLIVEIRA, Marco Antonio G. *Análise transacional na empresa*. São Paulo: Atlas, 1976.

PANNU, Sujan S. *Mitos e mistérios da Índia*. São Paulo: Madras, 2000.

PARSONS, Talcott et al. Some fundamental categories of the theory of action: a general statement. In: ____; SHILS, Edward A. (Ed.). *Toward a general theory of action*. Nova York: Harper and Row, 1962. p. 3-29.

PENROSE, Edith. *A teoria de crescimento da firma*. Campinas: Ed. Unicamp, 2006. Col. Clássicos da inovação.

PORTES, Alejandro. Capital social: origens e aplicações na sociologia contemporânea. *Sociologia*: problemas e práticas, Oeiras, n. 33, p. 133-158, set. 2000.

POWELL, Walter W.; DIMAGGIO, Paul. J. (Ed.). *The new institutionalism in organization analysis*. Chicago: University of Chicago Press, 1991. p. 63-82.

POZZEBON, Marlei. The influence of a structurationist view on strategic management research. *Journal of Management Studies*, Oxford, v. 41, n. 2, p. 247-272, mar. 2004.

QUIVY, Raymond; VAN CAMPENHOUDT, Luc. *Manual de investigação em ciências sociais*. 4. ed. Lisboa: Gradiva, 2005.

REED, Michael I. In praise of duality and dualism rathering agency and structure in organizational analysis. *Organizational Studies*, Londres, v. 18, n. 1, p. 21-42, jan. 1997.

ROSENZWEIG, Philip M.; SINGH, Jitendra V. Organizational environments and the multinational enterprise. *Academy of Management Review*, Briarcliff Manor, NY, v. 16, n. 2, p. 340-361, abr. 1991.

SAMPAIO, Adovaldo F. *Letras e memória*: uma breve história da escrita. São Paulo: Ateliê Editorial, 2009.

SCHWARTZ, Shalom H. A theory of cultural values and some implications for work. *Applied Psychology*: an international review, Oxford, v. 48, n. 1, p. 23-47, jan. 1999.

SIMARD, Caroline; RICE, Ronald, E. *The practice gap*: barriers to the diffusion of best practices. New Brunswick, NJ: The Centre for Organisational Development and Leadership, 2003. Disponível em:<www.cdl.rutgers.edu/pdf/diffusion.pdf>. Acesso em: 1º dez. 2005.

TEECE, David; PISANO, Gary. The dynamic capabilities of firms: an introduction. *Industrial and Corporate Change*, v. 3, n. 3, p. 537-556, 1994.

TEMPEL, Anne; WALGENBACH, Peter. Global standardization of organizational forms and management practices? What new institutionalism and the business-systems approach can learn from each other. *Journal of Management Studies*, Oxford, v. 44, n. 1, p. 1-24, jan. 2007.

TROMPENAARS, Fons. *Nas ondas da cultura*: como entender a diversidade cultural nos negócios. São Paulo: Educator, 1994.

UNITED NATIONS CONFERENCE ON TRADE AND DEVELOPMENT (UNCTAD). *World Investment Report 2007*: transnational corporations, extractive industries and development. Genebra: Unctad, 2007. Disponível em: <www.unctad.org/en/docs/wir2007_en.pdf>. Acesso em: 11 jul. 2008.

VAN WIJK, Raymond; JANSEN, Justin J. P.; LYLES, Marjorie A. Inter and intraorganizational knowledge transfer: a meta-analytic review and assessment of its antecedents and consequences. *Journal of Management Studies*, Oxford, v. 45, n. 4, p. 830-842, jun. 2008.

VON KROGH, Georg; ROOS, Johan. *Organizational epistemology*. Nova York: St. Martins, 1995.

____; ____ (Ed.). *Managing knowledge*: perspectives on cooperation and competition. Londres: Sage, 1996.

WEBBER, Ross A. Convergence or divergence? *Columbia Journal of World Business*, Nova York, v. 4, n. 3, p. 75-83, maio/jun. 1969.

WERNERFELT, Birger. A resource-based view of the firm. *Strategic Management Journal*, Hoboken, v. 5, n. 2, p. 171-180, abr./jun. 1984.

WOOD JR., Thomaz; CALDAS, Miguel. P. Antropofagia organizacional. In: ____; ____. *Transformação e realidade organizacional*: uma perspectiva brasileira. São Paulo: Atlas, 1999. p. 46-65.

YIN, Robert K. *Estudo de caso*: planejamento e métodos. 3. ed. Porto Alegre: Bookman, 2005.

5. Tempo e espaço: as representações do trabalho em regime de confinamento na indústria petrolífera brasileira

*Denise Salles**

Resumo

Este capítulo explora a influência do sistema de trabalho confinado nas representações do ambiente organizacional e nos comportamentos sociais, dentro e fora do ambiente de trabalho. O confinamento pode ser referido como uma vivência total no local de trabalho que estabeleceria, para o trabalhador, uma rotina de vida profissional e pessoal diferenciada. O estudo, embasado na teoria das representações sociais de Moscovici e no pensamento de Bourdieu, explorou como os trabalhadores confinados constroem significados e representações do seu trabalho em ambientes considerados de alto risco, por meio dos métodos de evocação de palavras e análise dos discursos. Foram realizadas 40 entrevistas em duas empresas de grande porte do ramo petrolífero, com sedes nas cidades do Rio de Janeiro e Duque de Caxias (RJ). Os resultados confirmaram a influência dos ambientes de trabalho confinados na formação de crenças e na consolidação de comportamentos específicos, baseados em mecanismos de defesa que visam manter a estabilidade psicológica do trabalhador, imprescindível à sobrevivência nesse tipo de ambiente.

* Doutora em administração pela FGV EBAPE. Professora associada do Departamento de Administração da Universidade Federal Fluminense (UFF). E-mail: <denisesalles@id.uff.br>.

Introdução

O contexto produtivo contemporâneo, caracterizado pela compressão do tempo, faz surgir uma nova sintaxe de desempenho à qual os trabalhadores são obrigados a se adaptar. Um dos mais significativos desafios para a organização e para o trabalhador é o enfrentamento sistemático das descontinuidades e rupturas que obrigam: a organização, a rever continuamente suas formas de organizar o trabalho; o trabalhador, a uma tentativa contínua para transpor a cognição para a ação, para ajustar-se física, psicológica, intelectual e socialmente, de forma a permanecer inserido no mundo do trabalho (Potter e Edwards, 1999).

Evidências a respeito das relações entre valores pessoais dos trabalhadores e seus resultados têm sido demonstradas por pesquisas, tais como a de Anderson, Cooper-Thomas e Van Vianen (2004), que permite asseverar que o tempo na organização é crucial para a consolidação de um modelo de relação entre o trabalhador e a organização. A percepção inicial dos valores organizacionais dos novos empregados pode ser fortalecida ou alterada, como resultado de suas experiências na organização. De acordo com resultados de suas pesquisas, os autores sugerem que empregados adaptam seus próprios valores aos da organização após um considerável intervalo de tempo. Para a organização, é relevante a observação de tal fenômeno para suas diretrizes administrativas, para a estruturação e organização do trabalho e, finalmente, para o ajuste de suas estratégias e o alcance de seus objetivos.

A flexibilização dos contextos produtivos e o imperativo da adaptação imediata indicam a necessidade de revisões conceituais sobre as representações do trabalho nos tempos atuais (Chanlat, 1993; Sennett, 2005). Nas últimas décadas, as ciências sociais e psicológicas passaram a envidar maiores esforços buscando compreender os fenômenos interativos indivíduo/organização, pois as crenças que permeiam a dinâmica organizacional são baseadas em promessas implícitas ou explícitas que, no decorrer do tempo, tomam a forma de esquemas mentais relativamente estáveis.

Parte desses estudos refere-se aos processos cognitivos, que têm importante papel nas ciências do comportamento. Especial atenção é dada às representações mentais, denominadas *frameworks* ou esquemas, que facilitam e modelam a atenção, a memória e outras atividades conscientes.

O processo de elaboração das representações não leva em consideração apenas o indivíduo isolado, mas também as respostas que manifestam tendências do grupo ao qual o indivíduo pertence ou é afiliado. Além disso, as representações devem ser analisadas por meio da articulação de seus elementos afetivos, mentais, sociais, cognitivos, linguísticos e comunicativos com as relações sociais que afetam as próprias representações e com a realidade material e social sobre a qual elas intervêm – ou seja, as representações do trabalho devem ser remetidas às condições sociais de trabalho que as possibilitaram (Salles, 2009).

Nesse enfoque, o indivíduo é visto, simultaneamente, como um ser influenciador e influenciado pelo ambiente (Cable et al., 2006). Dependendo da força da apropriação do homem pelo ambiente, a dificuldade em sobrepujar as imposições do meio torna-se um fato relevante, mostrando a incoerência do discurso sobre o trabalhador contemporâneo, que destaca a inovação e a criatividade como fatores inerentes ao trabalho (George e Zhou, 2007).

O ambiente organizacional onde repousa o interesse deste estudo é aquele no qual a organização do trabalho possui a especificidade da alternância de espaços e de tempos, ou seja, trabalhos confinados durante períodos ininterruptos. Exemplos desse sistema de trabalho podem ser encontrados nas empresas petrolíferas – foco de interesse deste estudo – e também nas atividades pesqueiras, de mineração e outras, sempre que no ambiente organizacional os indivíduos levem uma vida fechada e formalmente administrada, separados dos outros ambientes sociais por determinado intervalo de tempo (Goffman, 1992, 2005). O trabalho confinado pode ser referido como uma vivência total no local de trabalho que estabeleceria, para o trabalhador, uma rotina de vida profissional e pessoal diferenciada da maioria das pessoas. Este capítulo apresenta resultados de pesquisa realizada em duas empresas de grande porte do ramo petrolífero, com sedes nas cidades do Rio de Janeiro e de Duque de Caxias (RJ). O objetivo foi explorar a influência do sistema de trabalho confinado nas representações do ambiente organizacional e nos comportamentos sociais, dentro e fora do trabalho.

Os caminhos que nortearam este estudo basearam-se em uma análise dos processos de transformação do mundo do trabalho, bem como das mudanças ocorridas nas formas de interação entre o indivíduo e o ambiente organizacional. Foram enfocadas as produções das realidades organizacionais, por meio de suas representações, e as transformações e construções de condutas e comportamentos individuais e sociais. Verificaram-se seus efeitos na percepção dos trabalhadores sobre a importância de suas atividades, identificando-se os possíveis fatores responsáveis por tais mudanças e produções.

As representações do ambiente organizacional

O ambiente nunca é neutro, nem livre de valor, mas influenciado pela cultura. Ele transmite continuamente significados e mensagens, e representa uma parte essencial da ação humana (Moser e Uzzell, 2003). O ambiente não é apenas um construto social; ele é real e é utilizado para atribuir significado, promover identidade, localizar o indivíduo socialmente, culturalmente e economicamente (Carnell, Farmer e Parkes, 2005).

Determinadas especificidades ambientais tornam possíveis algumas condutas enquanto inviabilizam outras. Necessário se faz, então, entender os motivos pelos quais os indivíduos reagem às condições constringentes do ambiente, dos espaços e dos tempos dentro dos quais operacionalizam suas ações laborais. A avaliação e percepção que os indivíduos têm desses ambientes irão influenciar seus modos de atuação, condutas e comportamentos (Salles, 2009).

O entendimento das causas do comportamento se pauta na relativa contribuição dos atributos pessoais e situacionais, na relação entre pessoa e ambiente. Uma hipótese que atravessa o tempo se refere ao fato de as organizações tenderem à homogeneidade da personalidade: convergência dos atributos de determinado grupo de pessoas com os atributos do ambiente com o qual interagem, segundo Schneider, Smith e Goldstein (2000). As características principais dos indivíduos na organização tendem a se tornar restritas em função da crescente homogeneização de valores, atitudes e personalidades; valores motivam as ações e são elos entre características individuais e comportamentos (Giberson, Resick e Dickson, 2005).

Simon (1965) afirmou que a racionalidade humana é inevitavelmente limitada e que todo ambiente ou contexto, mesmo os relativamente empobrecidos, contêm mais estímulos do que o observador humano pode reconhecer ou processar. O espaço da atividade organizacional é povoado por processos cognitivos, assim como é afetado pela relação entre indivíduo, organização e ambiente contextual (Dejours, 2002).

Essa compreensão é abrangente, sendo necessário explorar a natureza das atividades organizacionais que, em conjugação com suas estruturas, informam os níveis de relacionamento social que as organizações mantêm com os ambientes externos. Quando essas estruturas reduzem as possibilidades de relacionamento com o ambiente social, pode-se contextualizá-las como instituições totais, conforme denominação de Goffman (1992). Estas podem ser definidas como locais de residência e trabalho, onde um grande número de indivíduos leva uma vida fechada e formalmente administrada, separados dos outros ambientes sociais por determinado intervalo de tempo.

Segundo esse autor, as limitações relativas às entradas e saídas do ambiente geralmente são indicadas pela estruturação do espaço físico. De acordo com a categorização das instituições totais feita por Goffman (1992), há tipos que se caracterizam pela adequação à realização das atividades, que geralmente são peculiares. Em outras palavras, há certos tipos de atividades que estruturalmente demandam um ambiente de confinamento que acarreta o afastamento físico do ambiente social maior.

Os indivíduos convivem, de forma simultânea, em contextos e ambientes diversos. O trabalho organizado em ambiente de confinamento promove o rompimento entre as diversas esferas da vida e, durante determinado intervalo de tempo, suas principais demandas ocorrem em um único lugar, passando a organização a ser a principal supridora de suas necessidades. Tal fato pode levá-los a tentar ajustamentos e adequações ao ambiente, que têm, entre suas principais consequências, a influência sobre seus comportamentos sociais.

O afastamento do trabalhador dos demais ambientes sociais em virtude do regime de confinamento pode provocar o que Goffman (1992) denominou "destreinamento", ou seja, a dificuldade, mesmo que temporária, de enfrentar alguns aspectos de sua vida social mais ampla. A experiência em uma organização total pode gerar uma espécie de tensão entre o mundo doméstico – ou o mundo social fora da organização – e o mundo institucional, representando o exercício de poder organizacional, por meio da utilização da tensão persistente como força estratégica no controle dos trabalhadores. Disso podem decorrer mudanças nas crenças que os indivíduos têm sobre si próprios e sobre o ambiente organizacional, gerando a percepção de "perdas de papéis" no seu mundo social em virtude das barreiras de tempo e espaço do ambiente confinado.

Pode-se supor, de acordo com Salles (2009), que o estresse gerado por determinados ambientes de trabalho tem influência tanto na vida organizacional quanto na vida social: na vida organizacional, em relação aos resultados e produtividade; na vida social, interferindo nos relacionamentos afetivos e nos comportamentos sociais.

Estudos realizados por Chen et al. (2003) identificaram sete fontes de estresse ocupacional em trabalhadores *offshore* da indústria de óleo e gás, que trabalham em regime de confinamento: relacionamentos no trabalho e no lar; gestão do trabalho no ambiente *offshore*; fatores intrínsecos ao tipo de trabalho; incertezas do ambiente de trabalho; a vida no ambiente; segurança; e interface entre trabalho e família. Em um segundo estudo, fontes adicionais de estresse ocupacional foram encontradas: perspectivas de carreira e recompensa; condições físicas dos trabalhadores; clima organizacional; estrutura organizacional; bem-estar físico e transporte aéreo entre os ambientes *offshore* e *onshore*. A produção de óleo *offshore* é reconhecida como uma ocupação de natureza estressante, o que inclui: ambiente físico adverso; mares agitados; riscos nas viagens de helicóptero e de barco; exposição a barulho e acidentes; atividades físicas árduas; vida monótona dentro de um espaço limitado; isolamento social. Todos esses fatores são levados em consideração nos estudos sobre a adequação do trabalho humano em condições de confinamento e de risco.

Nesse campo de estudos, a psicologia social é uma área de conhecimento que investiga os comportamentos grupais e sociais. Conceitos dela oriundos, como o de atitude, são centrais, da mesma forma como o são os conceitos de crença, valor e norma. Dentro do patrimônio teórico da psicologia social, existem diversas perspectivas que poderiam contribuir para seu alargamento teórico-empírico. Porém, nos estudos relativos aos impactos da relação entre o indivíduo e o ambiente espacial e temporal, especialmente aqueles referentes à organização do trabalho em regime de confinamento, uma importante contribuição pode ser fornecida pela teoria das representações sociais, que enfoca a relação das construções simbólicas com as realidades sociais.

Assim, as análises relativas aos impactos da relação entre o indivíduo e o ambiente espacial e temporal têm tido uma importante contribuição da teoria das representações sociais (Moscovici, 1984, 2001, 2005), que enfoca a relação das construções simbólicas com as realidades sociais. Essa teoria pressupõe que os indivíduos e os grupos são construtores ativos de representações sobre objetos sociais relevantes, elaborados a partir de diversas crenças que circulam nas sociedades (Jaspars e Fraser, 1984).

As representações inseridas nas dimensões espaciais e temporais intervêm como uma referência na construção, pelo indivíduo, de sua própria identidade. Segundo Porter, Steers e Mowday (2005), os indivíduos que se mantêm como membros da organização ao longo do tempo fazem maiores investimentos psicológicos, gastam capital emocional na organização, pois possuem um significativo capital social investido na construção de relacionamentos. Por isso, as pesquisas sobre representações sociais são de particular relevância para o estudo das interações entre o indivíduo e o ambiente. A dinâmica dessas interações pode ser compreendida por meio de estudos sistemáticos de representação social.

A organização do trabalho: influências na produção de modelos comportamentais

As temáticas relativas ao trabalho representam um campo fértil para estudos e investigações das ciências sociais e comportamentais, tendo sido transformadas em um campo transdisciplinar, o que facilita o diálogo entre diferentes saberes. Compreender a relação entre os processos sociocomportamentais e os processos de produção passou a ser uma necessidade crescente. Desde a implantação da tecnologia do vapor, em meados do século XVIII, a adaptação do desempenho humano a processos racionalizados de produção demandou domínios mais profundos e sistematizados sobre a relação entre os fluxos de produção e o contexto (Malvezzi, 2004).

A organização do trabalho sempre esteve atrelada às demandas da produção, e tem sido balizada por culturas desenvolvidas como consequência de um longo processo de adaptação ao ambiente. Até a era industrial, o trabalho foi institucionalizado em íntima simbiose com a vida social e familiar, sendo difícil, em muitas sociedades, distinguir a atividade de trabalho da atividade social e familiar.

As importantes consequências que a flexibilização dos contextos e o imperativo da adaptação imediata que eles demandam dos indivíduos geram o que Chanlat (1993) descreveu como o indivíduo sendo solicitado a ser "o eu e o outro". Também a constatação de Sennett (2005) em relação às identidades defensivas indica a necessidade de uma revisão conceitual sobre as representações do trabalho nos tempos atuais.

Dessa forma, estudos sobre crenças, atitudes e comportamentos dos indivíduos em relação ao ambiente constituem, atualmente, uma parte substancial da literatura das ciências sociais. Na tentativa de descrever e compreender as questões das interações dos indivíduos com os ambientes, as ciências sociais e psicológicas passaram a envidar maiores esforços na área, na tentativa de uma compreensão melhor dos fenômenos interativos indivíduo/organização. Parte desses estudos refere-se aos processos cognitivos, que têm um importante papel nas ciências do comportamento. Especial atenção é dada às representações mentais, denominadas *frameworks* ou esquemas, que facilitam e modelam a atenção, a memória e outras atividades conscientes. O entendimento da cognição é necessário à compreensão dos relacionamentos humanos, sendo especialmente importante para a gestão, que envolve a tentativa deliberada de influenciar o comportamento humano e seus resultados (Huff, 2005).

As representações humanas: ações e comportamentos

Toda instituição possui uma tendência ao "fechamento", à absorção do tempo e interesse de seus participantes, fornecendo-lhes a percepção de um mundo particular. Certos ambientes institucionais funcionam como fachadas sociais, em termos das expectativas estereotipadas abstratas que fornecem (Goffman, 2005). Fachadas são os equipamentos expressivos, de tipos padronizados, intencionais ou inconscientemente empregados pelo indivíduo durante sua representação. A fachada torna-se uma representação coletiva e um fato, por direito próprio. Assim, ambientes de trabalho sujeitos a alternâncias de tempos e espaços são propícios a serem levados pelos atores para outros cenários da vida cotidiana.

Os indivíduos, de modo geral, convivem, de forma simultânea, em contextos e ambientes diversos. O trabalho organizado em ambiente de confinamento permite o rompimento entre as diversas esferas da vida e, durante determinado período, suas principais demandas (e respectivos atendimentos) ocorrem em um único lugar, passando a organização a ser a principal supridora das necessidades dos indivíduos que a compõem. Tal fato pode levar os indivíduos a tentarem ajustamentos e adequações ao ambiente, que têm, entre suas principais consequências, a influência sobre seus comportamentos sociais.

Um importante aspecto do processo de socialização é a tendência que os atores têm de oferecer a seus observadores uma impressão idealizada, inclusive para eles próprios, das realidades que estão representando (Goffman, 2005). Quando o indivíduo se apresenta diante dos outros, seu comportamento e seu desempenho tenderão a incorporar e a exemplificar os valores oficialmente reconhecidos pela sociedade ou pelo contexto no qual está inserido (Schneider, Smith e Goldstein, 2000). Assim, a representação de um indivíduo ou de um grupo em uma região de fachada pode ser vista como um esforço para dar a aparência de que sua atividade mantém e incorpora certos padrões de comportamento e de valores compartilhados, em conformidade com os padrões aceitos no ambiente.

Segundo Bourdieu (2005), a realidade é uma representação, instituída por meio de simbolizações cuja construção depende, profundamente, do conhecimento e do reconhecimento. A dinâmica social ocorre no interior de um espaço social, chamado, por ele, de "campo", que é um segmento do social cujos agentes – indivíduos e grupos – têm disposições ou localizações específicas, a que Bourdieu denominou *habitus*. Este é delimitado por valores ou tipos de capital, que lhe dão sustentação (Thiry-Cherques, 2006).

Para Bourdieu (2007), as disposições no campo, socialmente constituídas, possuem uma capacidade geradora, pois orientam as ações que, quando naturalizadas, adquirem legitimação. O fato de a individualidade ser socialmente produzida é uma verdade reconhecida (Bauman, 2008).

Nesse caso, o sujeito é considerado tanto como inserido na estrutura quanto como força estruturante de um campo. A concepção de estrutura de Bourdieu é dinâmica, representando um conjunto de relações históricas, sendo produto e produtora de ações, condicionada e condicionante. Deriva da conjunção entre as estruturas mentais e as estruturas objetivas – o mundo dos objetos – dos agentes sociais. O mundo dos objetos, instituído ou tornado inteligível pelos agentes, consiste, relativamente à teoria das representações sociais proposta por Moscovici (1984, 2001), no fenômeno da objetivação dos conceitos, sua transformação em objetos concretos. Ainda segundo Bourdieu (2005), o agente social é um operador prático de construções de objetos. Tanto a percepção quanto as condutas de indivíduos e grupos são constituídas segundo as estruturas do que é percebido, pensado e julgado razoável, dentro do campo em que estão inseridos. Isso, porém, não transforma o sujeito em um agente meramente passivo, pois ele pode, dentro de certos limites, transgredir, ter liberdade em relação às suas condutas, podendo expor sua criatividade e sua capacidade de improvisação.

Da mesma forma, Dejours (2002) assevera que a intencionalidade da ação do sujeito sobre o mundo ao seu redor ou ao mundo representativo de sua realidade é um fato. De acordo com o autor, pode-se conceber a existência de ações do sujeito sobre o real. A noção de ação do real sobre o sujeito, porém, é mais enigmática e dificilmente será possível qualificá-la como intencional. Esse pode ser considerado um problema teórico, pois trata das condições de eficiência das interações entre o sujeito e o mundo ou, como assinala Dejours, entre o sujeito e o ambiente de trabalho. Neste, a ação é distorcida e é apresentada na forma de comportamentos, cuja natureza principal é a capacidade de refletir valores e regras impostos pelos diversos contextos externos ao indivíduo.

A análise crítica de Dejours acerca dos pressupostos da pesquisa sobre o fator humano indica três preconceitos ou pressupostos reducionistas: os fisicalistas, os psicossociologistas e os culturalistas.

O pressuposto fisicalista

A conduta e a ação são reduzidas em proveito de um componente que foi isolado: o comportamento. O homem é reduzido à sua capacidade de operação (Dejours, 2002). Segundo o autor, há um postulado sobre a natureza do comportamento humano: se o comportamento está submetido a leis naturais e estas são imutáveis, considera-se o comportamento humano, por sua vez, invariavelmente submetido a causas identificáveis. Para o autor, esse postulado não é absurdo, mas simplificador e redutor. A coerência proposta entre os acontecimentos que afetam o mundo das coisas e o comportamento humano é conhecida como “pressuposto fisicalista”.

O determinismo do mundo natural sobre o indivíduo, no enfoque do pressuposto fisicalista, induz as reflexões acerca do também determinismo do mundo social sobre o ser humano, cujas críticas de Alberto Guerreiro Ramos (1981) soaram de forma contundente. Se o indivíduo for concebido como um ser passível de total determinação e alienação, seja por quais mecanismos forem, alijado da sua capacidade de atuar, no sentido proposto por Hanna Arendt (2005), estar-se-á, então, concebendo a impossibilidade da mudança e da inovação, bem como do rompimento de paradigmas e de barreiras naturais, sociais e culturais que propiciam, desde tempos remotos, o desenvolvimento humano.

O pressuposto fisicalista trata da eficiência das interações entre o homem (ego) e o ambiente de trabalho (real). Nessa abordagem do fator humano, que parte da concepção tecnicista, considera-se essencialmente a relação entre o homem, representado como "ego", e o ambiente ou o posto de trabalho, representado como "real". O problema teórico colocado é o das condições de eficiência dessas interações.

Para o referido autor, o estudo dos fatores humanos no sistema homem/máquina/ambiente produz um corpo de conhecimentos em crescimento acelerado. Métodos inteiramente novos são concebidos para acompanhar a capacidade do homem em manipular a natureza.

O fator humano é considerado na sua relação com as máquinas e com o ambiente de trabalho no qual o homem funciona. O objetivo de cada esforço é orientar-se para a utilização ótima das capacidades do homem e da máquina, a fim de obter o grau mais elevado de eficácia do sistema.

O pressuposto psicossociologista

Na abordagem do fator humano que se alimenta da psicossociologia, da psicologia clínica e de uma parte bem ampla da sociologia, a entidade ou sistema em que se fundamenta a análise constitui-se das interações entre o homem (ego) e os outros homens (outro), ou entre o sujeito e os outros. Mais do que de comportamento, fala-se aqui de condutas humanas. A regulação das condutas é compreendida como a resultante das interações entre o sujeito e o ambiente humano (Dejours, 2002).

Se na abordagem fisicalista o mundo humano foi descartado em prol da técnica, na abordagem psicossociologista o mundo do trabalho é reduzido ao mundo intersubjetivo e social. O ambiente físico e as especificidades das exigências do posto de trabalho, assim como a atividade no seu sentido ergonômico, são excluídos da análise. Mesmo a sociologia do trabalho tradicional, ao tomar por objeto de estudo o emprego, as qualificações ou as relações profissionais, descarta, muitas vezes, de suas investigações a materialidade da atividade, ou seja, as técnicas nela envolvidas.

O pressuposto que elimina do determinismo das condutas humanas a análise das exigências produzidas pelo ambiente de trabalho é conhecido como "psicologismo".

Ao inverso do pressuposto fisicalista (em virtude do qual o comportamento humano está submetido a leis invariáveis), esse pressuposto admite que as condutas humanas podem mudar e são tributárias do desenvolvimento social e histórico. Por outro lado, esse pressuposto subjetivista implica a intercambialidade dos contextos e a adaptabilidade humana a todos os ambientes (Dejours, 2002).

No pressuposto "psicologista" ou subjetivista, não se fala propriamente do conceito de técnica. O próprio conceito de organização está preso a uma concepção que remete diretamente ao trabalho. A técnica é uma decoração, não sendo vista como um fator determinante das condutas humanas.

O pressuposto culturalista

Segundo esse pressuposto, as condutas são essencialmente fatos da cultura e não a consequência do desenvolvimento da técnica. Entre a cultura, de um lado, e as condutas humanas, de outro, considera-se apenas uma mediação, a "interiorização", concebida essencialmente como um fenômeno passivo da introjeção da cultura. Nessa perspectiva, o fator humano é determinado por um jogo de interações iniciado a partir de um mundo exterior ao próprio trabalho.

Pode-se, a partir da análise de Dejours, afirmar que tanto o fisicalismo, quanto o psicologismo e o culturalismo são pressupostos reducionistas, pois no jogo de interações do qual participam o sujeito (eu), o ambiente (real) e o outro, cada uma das perspectivas considera somente uma parte do processo de interação. Assim, visando suplantar tais críticas, Dejours propõe uma definição antropológica da técnica, segundo a qual esta representa o ato sobre o real, iniciado a partir de uma cultura e sancionado pelo julgamento do outro. A técnica produz a cultura, sendo o ato cultural submetido às exigências da história e da sociedade.

Segundo o postulado que fundamenta o ponto de vista antropológico, as relações intersubjetivas entre o eu e o outro, que desempenham um papel organizador nas condutas humanas, não são redutíveis a um sistema sujeito/outro.

Os conflitos, as relações de poder ou o reconhecimento estabelecem um desafio ao real. Um conflito surgido entre duas pessoas nunca visa à postura subjetiva de uma ou de outra, em si. O conflito visa àquilo que, na postura do sujeito, relaciona-se a um fazer, a um ato, a uma conduta ou a uma ação sobre o real. O julgamento sobre o outro diz respeito à relação desse outro com o real. Se há uma condenação em relação à sua postura ou à sua atitude subjetiva, é porque ela implica uma maneira de agir sobre o mundo, que é desaprovada ou da qual se discorda, ou, ainda, que prejudica os interesses de outros. O julgamento, o conflito e o reconhecimento não se referem diretamente ao ser do sujeito, mas a seu fazer (Dejours, 2002).

Em consonância com essas ideias de Dejours, Bourdieu (2007) aponta que a dominação social ocorre quando os esquemas de pensamento tornam-se naturalizados, determinados pelo posicionamento dos atores no campo. Dessa forma, o pensamento dominante é confirmado pelo mundo social, cuja base de sustentação não é tornada consciente: a relação de dominação social. O mundo social possui divisões arbitrárias que, sendo naturalizadas, adquirem legitimação (Bourdieu, 2007). Para o referido autor, os indivíduos ou grupos dominados aplicam àquilo que os domina esquemas que são produtos da própria dominação, ou seja, seus pensamentos e percepções passam a ser estruturados de acordo com as estruturas da relação de dominação – submissão, reconhecimento da dominação, entre outras.

O poder não pode ser exercido sem a colaboração dos que lhe são subordinados, que a ele se subordinam porque o constroem como poder (Bourdieu, 2005). Essa construção não é um ato intelectual consciente, mas resultante de um poder inscrito na forma de esquemas de percepção e de disposições que tornam os indivíduos sensíveis a certas manifestações simbólicas do poder, a esquemas de representações que lhes permitem a afiliação a determinado contexto ou ambiente social. No contexto organizacional, tal afiliação possibilita o compartilhamento de valores, comportamentos e atributos, geradores de processos de identificação indivíduo/organização.

As representações sociais do mundo do trabalho e suas influências nos comportamentos

O estresse gerado por determinados ambientes de trabalho tem influência tanto na vida organizacional quanto na vida social: na vida organizacional, em relação aos resultados e à produtividade; na vida social, interfere nos relacionamentos afetivos e nos comportamentos.

Estudos relativos aos impactos da relação entre o indivíduo e o ambiente espacial e temporal, especialmente aqueles referentes à organização do trabalho em regime de confinamento, têm tido uma importante contribuição da teoria das representações sociais, que enfoca a relação das construções simbólicas com as realidades sociais.

Segundo a teoria das representações sociais, os indivíduos, para darem sentido às suas ações, produzem representações que conferem significados ao mundo. Transferida para o contexto organizacional, essa abordagem implica o reconhecimento de que as organizações são, em primeira instância, um conjunto de representações formais e informais dos esforços dos indivíduos na coordenação de suas atividades, refletidos em seus comportamentos e na busca da satisfação de seus interesses.

A teoria das representações sociais explica os processos de constituição simbólica, nos quais sujeitos sociais lutam para dar sentido ao ambiente, entendê-lo e nele encontrar seu lugar, por meio de uma identidade social (Guareschi e Jovchelovitch, 2003; Jovchelovitch, 2008; Moscovici, 1984, 2001). A representação social é definida como

> um sistema de valores, ideias e práticas, com uma dupla função: primeiro, estabelecer uma ordem que possibilitará às pessoas orientar-se em seu mundo material e social e controlá-lo; e, em segundo lugar, possibilitar que a comunicação seja possível entre os

> membros de uma comunidade, fornecendo-lhes um código para nomear e classificar, sem ambiguidade, os vários aspectos de seu mundo e da sua história individual e social [Moscovici, 2005:123].

A familiarização é sempre um processo construtivo de ancoragem e objetivação, em que o não familiar passa a ocupar um lugar dentro do mundo familiar.

As reações dos indivíduos aos acontecimentos, suas respostas aos estímulos, estão relacionadas às definições comuns a todos os membros da comunidade à qual eles pertencem (Jodelet, 1984; Minayo, 2002). As representações são mecanismos de inserção do indivíduo no mundo em que vive. Essa perspectiva mostra a força do desconforto psicológico experimentado pelos sujeitos quando em situações onde há falta de referências e de identidades com as quais poderão se reconhecer como parte do grupo social.

A submissão ao *status quo* pressupõe a existência de uma força ideológica que guia pensamentos e ações. Essa força é tanto mais poderosa quanto mais eficazes forem os mecanismos que possibilitam a introjeção de valores e de crenças do ambiente, pelo indivíduo. Por essa perspectiva, quanto mais fortes forem os valores organizacionais, mais totalizantes as referências valorativas do indivíduo e maior a adesão aos interesses da organização. Assim, organizações "fechadas", que restringem o acesso dos indivíduos a outras fontes de discurso que não as organizacionais, buscam uma forma de controle que visa garantir a adesão dos membros da organização aos valores organizacionais, canalizando suas disposições aos interesses produtivos (Freitas, 1999).

Considera-se, assim, que as representações sociais perpassam determinado grupo social, como algo anterior e habitual, que se reproduz a partir das estruturas e das próprias categorias de pensamento do coletivo ou dos grupos. A análise das representações sociais desloca-se, assim, do indivíduo para os fenômenos produzidos pelas construções particulares da realidade organizacional. Neste estudo, os elementos motivadores foram os fenômenos particulares produzidos pelas representações do ambiente de confinamento.

Metodologia

Este estudo refere-se às influências exercidas pela organização do trabalho em regime de confinamento nas representações do ambiente organizacional e nos comportamentos sociais, dentro e fora do ambiente de trabalho. A investigação, de caráter exploratório e com finalidades compreensivas e interpretativas, teve como base a teoria das representações sociais, e os métodos de coleta e análise das informações pautaram-se na evocação livre e na análise do discurso. Conforme assinalam Spink e Lima (2000), qualquer fenômeno social pode ser interpretado à luz das regularidades com que é apresentado e, por ser circunstancial, o discurso é construído e reconstruído a partir de recursos interpretativos particulares e dentro de contextos específicos (Gill, 2003).

A intenção de tais escolhas metodológicas foi possibilitar a emergência de significados da esfera simbólica e do desvelamento de intencionalidades de trabalhadores submetidos a atividades arriscadas, em ambientes reclusos e com periodicidades não inferiores a 15 dias ininterruptos. A figura 1 apresenta o modelo de análise da pesquisa.

Figura 1
Modelo de análise

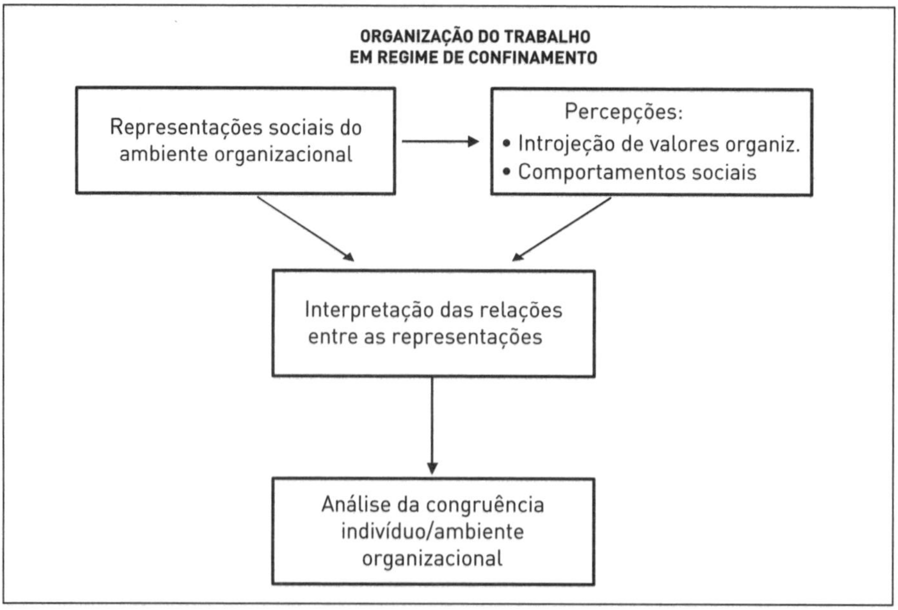

Por privilegiar a linguagem verbal no sentido do encadeamento de ideias na produção de sentidos (Spink, 2003), a pesquisa foi realizada por meio da evocação dos conteúdos e de entrevistas semiestruturadas, direcionadas para a natureza temática e para os objetivos deste estudo.

A pesquisa foi realizada em duas organizações brasileiras de grande porte, atuando na exploração, transporte, refino e produção de energia e de petróleo, com sedes na região do Grande Rio, aqui denominadas Organização 1 e Organização 2, no período de janeiro a maio de 2009.

Em cada uma das organizações, foram compostos dois grupos de entrevistados: um grupo de trabalhadores confinados e um grupo de trabalhadores não confinados, denominado grupo de controle. A composição dos grupos obedeceu ao critério de pertencimento ao quadro organizacional (não foram considerados trabalhadores terceirizados). Para a composição dos grupos de sujeitos da pesquisa, foi usado o critério da acessibilidade. Estipulou-se o número de 10 sujeitos para cada categoria: grupo confinado e grupo de controle, nas duas empresas, totalizando 40 entrevistados, conforme ilustra o quadro 1.

Quadro 1
Estrutura da amostra

Organização 1	
Grupo de pesquisa – confinados (10 sujeitos)	Grupo de controle – não confinados (10 sujeitos)
Organização 2	
Grupo de pesquisa – confinados (10 sujeitos)	Grupo de controle – não confinados (10 sujeitos)

Para os grupos de trabalhadores confinados, o tempo mínimo de confinamento no mesmo ambiente foi estabelecido em cinco anos. Para os grupos de controle, o tempo mínimo de trabalho foi também de cinco anos. O intuito foi controlar os fatores que se pretendia observar (experiência com o confinamento *vs* nenhuma experiência com confinamento). Os grupos de controle participaram da primeira etapa da pesquisa, da qual emergiram dimensões de significado comparadas às dos grupos confinados. Para os grupos confinados, alvo do estudo, seguiu-se uma segunda etapa de pesquisa, em que as dimensões de significado foram aprofundadas, via entrevistas e posterior análise de discurso. Dessa forma, as categorias de análise dos discursos dos entrevistados emergiram do próprio campo, na primeira etapa da pesquisa.

O tempo médio de trabalho dos grupos confinados foi de 18,8 anos. No caso dos grupos de controle, esse tempo foi de 15,6 anos. Todos os sujeitos, nos dois grupos, eram do sexo masculino. Tal fato deve-se ao reduzido número de mulheres nos ambientes estudados, comparativamente ao número de homens.

As entrevistas foram realizadas nos períodos de folga dos empregados, em virtude de serem trabalhos localizados em ambientes de risco. Essa opção foi, possivelmente, um limitador do número de sujeitos envolvidos, mas a autenticidade dos relatos dos sujeitos, desprovidos de grande parte das censuras por estarem fora do ambiente organizacional e por terem garantidos seus anonimatos, teve importância crucial no estudo.

Todas as entrevistas foram realizadas por meio do contato direto entre a entrevistadora e os entrevistados, entendendo-se que o caráter da pesquisa exigia esse tipo de interação. Essa preocupação determinou, por sua vez, a limitação geográfica do estudo, tendo sido as entrevistas realizadas na região do Grande Rio, localidade na qual os domicílios dos entrevistados estavam estabelecidos. Essa restrição reforçou o caráter circunscrito do conhecimento gerado.

O delineamento da pesquisa não buscou uma amostra representativa que visasse à generalização para outros grupos sociais, inclusive aqueles relativos a trabalhos em ambientes de mesma natureza, pela estrita localização dos objetos do estudo.

Os dados foram coletados por meio da utilização do método de evocação livre, com a determinação prévia de cinco indutores, denominados "objetos sociais": *o local de trabalho*; *a empresa*; *a importância da atividade para a empresa*; *estar no local de trabalho*; *estar fora do local de trabalho*. Esses objetos sociais geraram expressões indutoras (frases provocativas) com o intuito de provocar a emersão de significados por meio das palavras proferidas pelos entrevistados. Os resultados obtidos foram comparados entre os grupos, por segmento, promovendo-se análise qualitativa dos resultados à luz do referencial teórico utilizado.

Análise dos dados e interpretação dos resultados

Análise dos dados

Foram quatro as palavras evocadas pelos entrevistados para cada uma das expressões indutoras. As palavras evocadas pelos sujeitos, componentes do núcleo central das representações, foram:

1) Para o grupo confinado:
    - expressão indutora 1: confinamento; trabalho;
    - expressão indutora 2: estabilidade; grandeza;
    - expressão indutora 3: eficiência; relevância; segurança;
    - expressão indutora 4: prisão;
    - expressão indutora 5: liberdade.

2) Para o grupo de controle:
    - expressão indutora 1: refino; trabalho; petróleo;
    - expressão indutora 2: liderança; orgulho; estabilidade;
    - expressão indutora 3: competência; cooperação; segurança;
    - expressão indutora 4: companheirismo; estresse;
    - expressão indutora 5: descanso.

A primeira expressão indutora relacionava-se ao objeto social "local de trabalho". No grupo confinado, emergiram conteúdos relativos a "confinamento" e "trabalho"; no grupo controle, os conteúdos emergentes foram "refino", "trabalho" e "petróleo". O conteúdo "trabalho" esteve presente nos dois grupos, indicando a objetividade do significado do local de trabalho. No entanto, no grupo confinado, a palavra "confinamento" emergiu com relevância, indicando uma qualidade representativa do ambiente de trabalho.

A segunda expressão indutora relacionava-se ao objeto social "empresa". Os conteúdos emergentes indicativos das representações sociais em relação à expressão "empresa" foram, para o grupo confinado: "estabilidade" e "grandeza"; para o grupo de controle: "liderança", "orgulho" e "estabilidade". Mais uma vez, o mesmo conteúdo emergiu nos dois grupos, no caso "estabilidade". Essa representação referia-se à solidez das empresas no mercado, sendo geradoras de reconhecimento de sua importância no cenário nacional. Permite-se inferir que a empresa, em ambos os grupos, mostra-se repleta de significado simbólico para os trabalhadores, ao passo que o local de trabalho é o espaço da objetivação, onde a "vida real" acontece.

A terceira expressão indutora relacionava-se ao objeto social "importância da minha atividade para a empresa". Os conteúdos emergentes no grupo confinado foram: "eficiência", "relevância" e "segurança"; no grupo de controle, foram: "competência", "cooperação" e "segurança". Novamente, uma mesma representação apareceu nos dois grupos: aquela referente à segurança. A responsabilidade pela segurança foi um fator determinante na percepção dos resultados do trabalho, tendo em vista os ambientes de risco em que os trabalhadores, sujeitos da pesquisa, operavam. Além disso, outros fatores relativos aos resultados emergiram, tais como: eficiência e relevância (grupo confinado) e competência e cooperação (grupo de controle), indicando a percepção da qualidade do trabalho executado por eles na empresa.

A quarta expressão indutora relacionava-se ao objeto social "estar no local de trabalho". Um único conteúdo emergiu no grupo confinado, sugerindo ser o núcleo central da representação social relativa ao objeto em causa: "prisão"; no grupo de controle, emergiram os conteúdos "companheirismo" e "estresse", corroborando achados dos estudos de Chen et al. (2003), que identificaram fontes de estresse ocupacional em trabalhadores *offshore* da indústria de óleo e gás. Infere-se, no caso do grupo confinado, a presença de um elemento fortemente marcado por seu valor simbólico: a prisão como representação social da vida no ambiente confinado e com tempo determinado, indicativa da "totalidade" do ambiente de trabalho e do esforço psicológico necessário para a permanência nesse ambiente. As representações relativas ao objeto social do grupo de controle permitem a visualização de um ambiente que, embora estressante, é aparentemente menos árduo e marcado pelo importante espaço do relacionamento interpessoal. Não houve a presença de representações convergentes entre os dois grupos.

A quinta expressão indutora relacionava-se ao objeto social "estar fora do local de trabalho". Enquanto para o grupo controle a representação desse objeto social esteve pautada no período de descanso do trabalho, seu significado para o grupo confinado teve, mais uma vez, a força simbólica e subjetiva do ambiente de trabalho como ente aprisionador de seus corpos e de suas vidas sociais. Tal fato indicou que "do lado de fora" do ambiente de trabalho o que existe é a "liberdade". Também no caso dessa expressão indutora, as representações dos dois grupos não foram convergentes.

Esses resultados indicam que a estruturação do tempo e do espaço do trabalho no regime de confinamento produz representações diferenciadas do ambiente de trabalho.

Com o objetivo de verificar a pertinência, a abrangência e a profundidade das categorias emergentes da evocação dos conteúdos, foram analisadas as relações existentes entre as representações relativas ao ambiente e à organização do trabalho, e à percepção de valores, comportamentos e resultados do trabalho do grupo confinado, por meio de entrevistas semiestruturadas.

As principais percepções identificadas nessa etapa, demonstradas no texto em forma de crenças, foram destacadas mediante a regularidade com que as categorias subjacentes se apresentavam nos discursos do grupo confinado, bem como pela emergência de novas categorias.

Visando facilitar a análise e a interpretação dos discursos emergentes das entrevistas, destacaram-se categorias inerentes ao interesse do estudo e verificou-se a abrangência e a repetição das respostas do grupo que exerce seu trabalho em ambiente confinado.

Interpretação dos resultados

De acordo com a relação explicitada entre as categorias estabelecidas e as representações decorrentes (quadro 2), procedeu-se à análise dos resultados descritos na sequência.

Quadro 2
Representações dos grupos confinados, por categorias

Categoria	Representações
Local de trabalho	Confinamento Trabalho
Empresa	Estabilidade Grandeza
Importância da atividade para a empresa	Eficiência Relevância Segurança
Estar no local de trabalho	Prisão
Estar fora do local de trabalho	Liberdade

A categoria "local de trabalho" teve como principais representações o confinamento e o trabalho. Verificou-se a ênfase na questão da pressão sofrida naquele ambiente, gerando alto nível de estresse, conforme apontado por Dejours (2002). Relatos sugerem que os trabalhadores passam, ao longo do tempo, por um desgaste mental significativo, ocasionando, para alguns, a ultrapassagem de limites razoáveis no que se refere à demonstração do seu estado emocional.

Dando sustentação ao proposto por Goffman (1992), o confinamento é sugerido como um regime de trabalho que ocasiona uma mudança na rotina da vida social do indivíduo, pois ele se estende, em alguns casos, para a vida fora daquele ambiente. Há uma espécie de desajustamento ao mundo "além" do espaço confinado, uma vez que o trabalhador transita, em última instância, entre dois espaços com códigos, lógicas, posturas e atitudes que, na prática, pouco se comunicam. A dificuldade da transição entre esses dois mundos e a carga psicológica que essa transição impõe são reveladas quando os entrevistados destacam que dias antes de embarcar já começam a "pensar como no trabalho", conforme revelado por um entrevistado:

> Perto de ir trabalhar eu começo a ter posturas diferentes, minha esposa até fala assim: "Você já está no trabalho, né?"... porque minha forma de falar muda, é mais contida, é aquela fala mais precisa... muito engraçado.

O trabalho no ambiente confinado é compreendido pelos sujeitos como sendo fonte de superação de desafios diários, tanto no que se refere à própria atividade quanto à rotina de isolamento pela qual eles passam, sistematicamente. O enfrentamento dos desafios demanda uma condição psicológica específica, que vai além das condições técnicas dos trabalhadores. Tal fato sugere que as empresas deveriam investir em técnicas e ferramentas gerenciais que pudessem indicar alguma previsibilidade quanto ao potencial psicológico desses indivíduos nos processos de gestão de pessoas.

A categoria "empresa" teve como principais representações a estabilidade e a grandeza por sua solidez perante o mercado e reconhecimento de sua importância no cenário nacional. Notou-se que conteúdos mais subjetivos e indicativos da presença de valores compartilhados emergiram dessa indução. Essa categoria, apesar de ter inscrita em seu contexto a categoria anterior, é percebida e representada pelos trabalhadores como um ente superior, alheio às intempéries do trabalho, que detém qualidades que, de certa forma, também são suas, pois, por meio de seus esforços e comprometimentos, esse ente fomenta o imaginário social no qual estão inseridos, determinado pelas forças do campo (Bourdieu, 2005):

> Então... ela é uma empresa de tecnologia imensa, o orgulho eu tenho de trabalhar lá. Entre a gente, a gente fala mal da empresa, mas, externamente, ninguém admite isso... a gente compra uma briga incrível. Sabe por quê? Porque nós sabemos o esforço que é.

As empresas, para os confinados, representam aquilo que se encontra além do ambiente perturbador; no entanto, esse ambiente, apesar de impor condições árduas de sobrevivência, possibilita o alcance das metas empresariais e transforma o sacrifício em valor para os atores que nele atuam, corroborando achados da pesquisa de Anderson, Cooper-Thomas e Van Vianen (2004). A grandeza representada indica a importância e o valor das empresas no imaginário de seus empregados, e a suposição de que o mesmo ocorre em relação à sociedade.

As empresas, por meio dos discursos, aparecem como impulsionadoras do "patriotismo" que reveste o compromisso dos trabalhadores com a missão das organizações e com o "bem do país". O seguinte relato de um entrevistado do grupo confinado indica a relevância dessa percepção:

> O funcionário da empresa, ele por si só, ele já é muito patriota. Ele veste mesmo a camisa, não só da empresa, como tem que se enrolar na bandeira da nação.

A influência de políticas governamentais também se faz presente na construção desse imaginário coletivo, representado pela grandiosidade dos valores organizacionais e de seus colaboradores, destacando-se aqueles que "dão seu sangue" pela empresa, os mais "sacrificados", ou seja, os que precisam, pelo bem da produção e de tudo que dela decorre, doar seu tempo, sua liberdade e suas vidas às empresas e ao país.

A categoria "importância da minha atividade para a empresa" teve como principais representações a eficiência, a relevância e a segurança. A eficiência relaciona-se às técnicas e aos procedimentos que devem ser seguidos à risca nesse tipo de trabalho. A relevância destaca o reconhecimento de que o trabalho executado no ambiente de confinamento é parte indissociável da atividade-fim das empresas. Se assim não ocorresse, a produção e a contribuição das empresas para o desenvolvimento do país não se viabilizariam. A segurança pressupõe a necessidade tanto de capacidade técnica específica quanto de equilíbrio psicológico, nem sempre fácil de ser conseguido e mantido no ambiente confinado, de acordo com o seguinte relato:

> A gente tem que estar sempre atento para não acontecer nada... a gente se preocupa muito com a segurança, tanto dos serviços que a gente libera, dos serviços que a gente mesmo vai fazer e tal, então a gente tem que estar sempre preocupado com isso.

E ainda:

> Minha função lá é inspecionar equipamentos, garantir a integridade do funcionamento dos equipamentos, mantendo a integridade de tudo... por consequência, mantenho a segurança.

A categoria "estar no local de trabalho" teve como principal representação a prisão. Essa representação, baseada no pensamento de Goffman (1992), possui um forte significado na relação entre os trabalhadores e as empresas, pois, apesar de estas últimas tentarem implantar condições ambientais que minimizem o estresse provocado pelo confinamento, ainda não se mostraram totalmente capazes de reduzir o impacto que o regime de trabalho provoca nos trabalhadores.

De acordo com os relatos obtidos nas entrevistas, as empresas mantêm a expectativa de possíveis retornos ao ambiente de trabalho, mesmo durante os períodos de folga. A totalidade das empresas, de acordo com Goffman (1992), segue com os trabalhadores para além dos limites do ambiente confinado, gerando neles a percepção de que os próprios equipamentos utilizados durante todo o tempo do período de confinamento fazem parte de seus corpos. Trechos de seus discursos demonstram a sensação de falta de seus capacetes quando estão nas ruas, durante suas folgas. Isso decorre da formação de fortes hábitos, especialmente aqueles relacionados à segurança, que se tornam aparentes por meio dos seus modos de comportar-se.

A obrigatoriedade da interação interpessoal em espaço físico delimitado durante um período foi um fator apontado pelos sujeitos como um desafio importante a ser enfrentado. Conforme expuseram, os conflitos porventura surgidos no contexto do trabalho precisam necessariamente ser resolvidos no curto prazo, ao preço de arriscarem a própria segurança e a produtividade da empresa. Além disso, a convivência forçada demanda a resolução rápida dos problemas de ordem comportamental, pois o afastamento físico entre as pessoas é praticamente impossível:

> Você tem que espairecer, tem que resolver o conflito ali mesmo, porque naquele tempo que a gente está lá, precisa dessa convivência... depois, não... porque o trabalho tem que ser feito, independente de você gostar ou não, de você estar bem ou não, ele tem que ser feito.

> Saíram alguns gerentes, entraram outros e tal, foram chegando pessoas diferentes, uma coisa que às vezes é muito bom, vêm pessoas de várias regiões, com culturas diferentes.

Aos desafios internos impostos a esses trabalhadores, são acrescentados desafios externos, especialmente aqueles relacionados às influências que suas famílias sofrem com o regime e a natureza do trabalho executado.

As diferentes dinâmicas de tempo, vivenciadas pelo trabalhador e por sua família, estabelecem modelos de relacionamento familiar e de exercício da responsabilidade pelo lar, cujos papéis são, na maioria das vezes, ambíguos. Nos períodos de folga do trabalhador, o tempo de sua família é regido por horários que não são compartilhados com ele. Além disso, quem fica no lar precisa também se ocupar do papel de quem está fora. Quando há o retorno, a troca de papéis não é facilmente estabelecida, gerando conflitos que, em muitas situações, determinam a dissolução da união.

No que tange à percepção do tempo de trabalho pelos trabalhadores confinados, há relatos sobre a ansiedade experimentada por eles durante o período de confinamento. Segundo eles, há uma espécie de "curva de humor" que afeta a "curva de eficiência" no seguinte sentido: na chegada ao local de trabalho e durante os próximos dois ou três dias, há dificuldade na imersão nas tarefas e atividades, pois ainda se encontram sob o impacto do período de folga. Os dias subsequentes são marcados pela melhoria do humor, bem como pelo aumento do comprometimento com suas atividades. A "descida da ladeira", segundo eles, começa em torno do sétimo dia de trabalho. Por volta do décimo segundo dia, a ansiedade retorna, pela expectativa do retorno para casa, conforme expressado no seguinte relato:

> Tem uma curva, tem a curva do humor lá também... tem a curva da eficiência também... a gente fala o seguinte: quando a gente chega, os primeiros dois ou três dias são de adaptação... assim não dá o rendimento total... quando chega pelo meio, o rendimento começa a melhorar e, engraçado, o humor também.

De modo análogo, o processo é experimentado também durante o período de folga. No retorno ao lar, a adaptação ao ambiente demanda em torno de dois a três dias. Após esse período, o contato familiar e social melhora, e o desconforto pela expectativa do retorno ao local de trabalho começa a ser sentido próximo de três dias para o término da folga. Um entrevistado relatou que percebia mudanças no seu tom de voz e nos termos utilizados na sua comunicação com a família no período próximo ao seu retorno ao trabalho. Essas mudanças refletiam os comportamentos que ele demonstrava no exercício do seu trabalho. O relato a seguir demonstra a dificuldade de adaptação no retorno para casa:

> Quando eu chego em casa, eu me sinto num vazio, eu me sinto vazio durante dois dias...

Outro fator relevante associado à representação "prisão" é o risco. Todos os entrevistados mostraram forte preocupação com esse fator, que se relaciona com a representação "segurança", inerente à importância de suas atividades nas empresas. O destaque da segurança relaciona-se ao ambiente altamente perigoso no qual esses trabalhadores exercem suas atividades, vivem e estabelecem vínculos interpessoais durante duas semanas. Esses vínculos parecem ser fortalecidos também em função da necessidade de cooperação entre todos, não somente por causa da produtividade exigida. São relevantes as questões de sobrevivência física e emocional.

O risco é parte integrante e indissociável de suas atividades e está presente no próprio ambiente onde habitam durante o período de confinamento. O risco é o terceiro elemento relevante, além do tempo e do espaço, do contexto onde o trabalho se desenvolve. O risco, apesar de perturbador, é elemento agregador, integrador, pois demanda a união em prol de sua minimização. Sua presença constante possibilita a percepção de igualdade entre os indivíduos naquele ambiente, tendo em vista que todos, independentemente do tipo de atividade e de posicionamento hierárquico na organização, estão à sua mercê, gerando representações coletivas alinhadas aos modelos produtivos das empresas (Jaspars e Fraser, 1984), conforme se segue no relato:

> Lá todos, em qualquer função, estão no mesmo barco em relação aos riscos... na hora do risco não existe cozinheiro, não existe gerente... quer dizer com isso que há uma certa igualdade na hora que você está envolvido com o risco.
>
> A gente não está certo do risco... a gente está dentro do risco.

Torna-se compreensível, portanto, o estabelecimento, pelos trabalhadores, de mecanismos de defesa, sociais e psicológicos, visando à sua permanência no ambiente. A autovalorização de suas missões nas empresas reflete a forte presença desses mecanismos, transformando o contexto em terreno fértil para a assimilação dos valores organizacionais e a consequente identificação com as empresas. Quando eles constroem representações de suas empresas relacionadas à grandeza, a parte que lhes cabe nessa representação é também considerada.

A categoria "estar fora do local de trabalho" teve como principal representação a liberdade. Essa representação apareceu com um significado ambíguo: se por um lado simbolizou a possibilidade de vivenciar ambientes que permitem seu livre trânsito e a autonomia para a tomada de decisão sobre suas necessidades e desejos, por outro apareceu como um mecanismo de defesa contra o desconforto psicológico pelo retorno ao ambiente confinado. Os aspectos positivos do confinamento apareceram nos mesmos discursos que relataram a repulsa à "prisão" do ambiente confinado. Quando expressaram a importância da "liberdade" possibilitada pela saída do ambiente confinado, o fizeram interpondo, em seus discursos, os fatores positivos de seus regimes de trabalho, como em um processo de preparação para a angústia do retorno ao confinamento. Os relatos a seguir demonstram o antagonismo presente nos discursos:

> Quando eu estou no meu trabalho, eu às vezes me sinto, assim, um pouco libertado, apesar de estar lá preso, mas eu me sinto um pouco libertado dos meus problemas, da minha casa...
>
> Eu não estou mais acostumado aqui com o trânsito... esse estresse de trânsito é péssimo, lá eu não tenho isso.
>
> Você não se desliga automaticamente quando sai de lá... é difícil... os dois, três primeiros dias você ainda está com seu organismo, seu relógio biológico afetado, porque você saiu do horário de turno, quer dizer, até você se ambientar novamente, leva uns dois ou três dias para voltar ao normal...

A aparente combinação entre conceitos antagônicos – prisão e liberdade – é relevante e significativa. A mistura de sentimentos, capturados nos seus discursos e nas formas não verbais de suas expressões, indica a necessidade de solução desses conflitos. Como a solução não é possível pela via organizacional, o recurso psicológico é plenamente utilizado. Esse fato revela aspectos importantes para a gestão do trabalho em tais ambientes, especialmente aqueles relacionados à adequação dos perfis dos trabalhadores às características ambientais, à qualidade de vida nos ambientes interno e externo e à relação dessas variáveis com a produtividade.

Conclusões

As análises e interpretações realizadas neste capítulo permitiram reflexões e inferências, não propriamente conclusivas, no sentido estrito do termo. A exploração realizada na busca da compreensão dos fenômenos estudados partiu de suposições pautadas mais na observação do pesquisador do que na confirmação de teorias já desenvolvidas sobre o tema, decorrendo daí o caráter exploratório do estudo.

A base conceitual sobre a qual o estudo se desenvolveu foi formada, essencialmente, pelos pensamentos de Moscovici, Bourdieu e Goffman, buscando-se os significados das percepções dos sujeitos da pesquisa sobre suas relações com os ambientes organizacionais, por meio das representações sociais construídas.

A teoria das representações sociais, central neste estudo por ter sido importante para sua delimitação metodológica, possibilitou que se verificassem, à luz dos discursos dos sujeitos, as crenças e os comportamentos decorrentes de suas representações. Estas foram construídas na vivência e na experimentação do ambiente específico de trabalho e estabelecidas no contrato psicológico, consolidado e justificado ao longo do tempo. Esse contrato comporta as crenças dos trabalhadores sobre um acordo tácito definido com a organização, cuja natureza pressupõe um processo de troca, determinante da força da conjugação dos valores individuais com os valores organizacionais.

As promessas implícitas ou explícitas sobre as quais se baseiam os contratos psicológicos no decorrer do tempo se estabilizam na forma de modelos mentais a partir dos quais as representações são construídas. O contrato psicológico inferido por meio dos discursos relaciona-se mais fortemente com as empresas do que com os ambientes de trabalho propriamente ditos, *loci* das pressões sofridas pelo tipo de atividade e pelo regime de confinamento do tempo e do espaço.

A influência dos ambientes de trabalho na formação de crenças e comportamentos dos trabalhadores foi o principal elemento motivador deste estudo. A especificidade do trabalho em regime de confinamento mostrou similaridade com o que Goffman (1992) preconizou sobre as organizações totais, onde muitos indivíduos levam uma vida fechada e formalmente administrada, separados de outros ambientes sociais por determinado intervalo de tempo.

O funcionamento dos ambientes confinados como "fachadas" sociais – que levam às representações coletivas e às dificuldades no enfrentamento de alguns aspectos da vida social fora daqueles ambientes – pôde ser constatado por meio dos discursos. Foi relatada a existência de tensões constantes entre o mundo doméstico e o mundo institucional, o que, para Goffman (2005), pode significar o exercício do poder organizacional, realizado por meio da promoção persistente de formas estratégicas de controle dos trabalhadores. Disso decorrem mudanças nas crenças que os indivíduos têm sobre si próprios e sobre o ambiente organizacional, gerando a percepção de "perda de papéis" no seu mundo social, em função das barreiras impostas pelo espaço e pelo tempo. Os relatos apresentados apontam para a formação de crenças aderentes a essa análise de Goffman.

Os ambientes de trabalho confinados, pela pressão que exercem nos indivíduos, precisam ser reconhecidos e interpretados por estes como ambientes de contornos definidos e familiares. As simbolizações permitem essa "familiaridade" com tais contextos, na forma de abstração, necessária à permanência e à continuidade das atividades e da produção. A transformação dos conceitos em objetos, por meio das representações, é operada pelo agente social: o trabalhador. Dá-se, assim, o encontro dos pensamentos de Moscovici e Bourdieu, para quem essas representações são construções de um mundo inteligível, instituído pelas estruturas mentais e que existe porque foi pensado a partir de estruturas objetivas.

A naturalização desses pensamentos leva ao que Bourdieu (2007) denominou "dominação social". As crenças retiradas dos discursos dos sujeitos indicam uma naturalização de conceitos e de percepções, contribuindo para isso o tempo de permanência dos entrevistados no ambiente confinado.

A representação do espaço onde o trabalho se desenvolve simboliza a privação da liberdade, indicada por eles pela palavra "prisão". Aquele é o local do sacrifício, onde a contribuição dos trabalhadores em prol do compromisso com a organização se efetiva e em relação ao qual a construção do significado é feita sobre uma base mais objetiva e realista. Apesar da existência de mecanismos de defesa, verificados em seus discursos, pode-se inferir que eles ocorram mais em função da necessidade de sobrevivência ao ambiente do que por uma idealização daquele local. A apresentação do indivíduo como alguém capaz de se colocar frente às imposições sociais o torna agente ativo na interação, logo, agente transformador, embora também transformado pelo processo de estruturação do campo (Bourdieu, 2007).

Uma contribuição relevante desta pesquisa foi a constatação da capacidade do indivíduo em ultrapassar obstáculos de forma consciente, sem a completa submissão aos mecanismos que possibilitam a introjeção de valores e crenças do ambiente, achado este que encontrou respaldo em teorias que formaram a base conceitual do estudo.

Este estudo, apesar das limitações explicitadas, ampliou a compreensão sobre os fenômenos instigadores da pesquisa ao jogar mais luz nos caminhos propostos pelas teorias, possibilitando a imersão nos relatos de experiências vividas pelos sujeitos. Possibilitou, ainda, verificar a capacidade de adaptação e de superação de obstáculos pelos trabalhadores que operam em regime de confinamento, confirmando a presença do indivíduo na estruturação de seus ambientes sociais, apesar de ser, também, por eles estruturado.

O estudo faz reflexões sobre as implicações da organização do trabalho no comportamento organizacional em um ambiente peculiar, que agrega duas importantes dimensões: risco e confinamento. Sua contribuição se pauta, especialmente, em apresentar resultados que são escassamente verificados na literatura nacional e internacional. No Brasil, apesar do forte posicionamento da indústria petrolífera, pouco se contribui cientificamente com o assunto do comportamento organizacional naquele ambiente. Deste estudo decorre a necessidade de explorar, por meio de outros estudos, relações entre dimensões ainda pouco analisadas, tais como a relação da organização de tais ambientes e a capacidade produtiva dos empregados, entre outras. Futuros estudos poderão aprofundar os achados desta pesquisa.

Referências

ANDERSON, N.; COOPER-THOMAS, H.; VAN VIANEN, A. Changes in person--organization fit: the impact of socialization tactics on perceived and actual P-O fit. *European Journal of Work and Organizational Psychology*, v. 13, n. 1, p. 52-78, 2004.

ARENDT, Hanna. *A condição humana*. Rio de Janeiro: Forense Universitária, 2005.

BAUMAN, Z. *A sociedade individualizada*: vidas contadas e histórias vividas. Rio de Janeiro: Zahar, 2008.

BOURDIEU, P. *A economia das trocas simbólicas*. São Paulo: Perspectiva, 1992.

_____. *O poder simbólico*. 8. ed. Rio de Janeiro: Bertrand Brasil, 2005.

_____. *A dominação masculina*. 5. ed. Rio de Janeiro: Bertrand Brasil, 2007.

CABLE, D. et al. The phenomenology of fit: linking the person and environment to the subjective experience of person-environment fit. *Journal of Applied Psychology*, v. 91, n. 4, p. 802-827, 2006.

CARNELL, S. C.; FARMER, E. L.; PARKES, K. Living two lives: perceptions, attitudes and experiences of spouses of UK offshore workers. *Community, Work and Family*, v. 8, n. 4, p. 413-437, 2005.

CHANLAT, J. F. (Coord.). *O indivíduo na organização*: dimensões esquecidas. São Paulo: Atlas, 1993. v. 1.

CHEN, W-Q. et al. Determinants of perceived occupational stress among Chinese offshore oil workers. *Work e Stress*, v. 17, n. 4, p. 287-305, 2003.

DEJOURS, C. *O fator humano*. Rio de Janeiro: FGV Ed., 2002.

FREITAS, M. E. *Cultura organizacional*: identidade, sedução e carisma? Rio de Janeiro: FGV Ed., 1999.

GEORGE, J. M.; ZHOU, J. Dual tuning in a supportive context: joint contributions of positive mood, negative mood, and supervisory behaviors to employee creativity. *Academy of Management Journal*, v. 50, n. 3, p. 605-622, 2007.

GIBERSON, T. R.; RESICK, C. J.; DICKSON, M. W. Embedding leader characteristics: an examination of homogeneity of personality and values in organizations. *Journal of Applied Psychology*, v. 90, n. 5, p. 1002-1010, 2005.

GILL, R. Análise do discurso. In: BAUER, M.; GASKEL, G. (Ed.). *Pesquisa qualitativa com texto, imagem e som*: um manual prático. Petrópolis: Vozes, 2003.

GOFFMAN, E. *Manicômios, prisões e conventos*. São Paulo: Perspectiva, 1992.

_____. *A representação do eu na vida cotidiana*. Petrópolis: Vozes, 2005.

GUARESCHI, P.; JOVCHELOVITCH, S. (Org.). *Textos em representações sociais*. Petrópolis: Vozes, 2003.

HEWLIN, P. And the award for best actor goes to...: facades of conformity in organizational settings. *Academy of Management Review*, v. 28, n. 4, p. 633-642, 2003.

HUFF, A. S. Managerial and organizational cognition: islands of coherence. In: HITT, M. A.; SMITH, K. G. (Ed.). *Great minds in management*: the process of theory development. Nova York: Oxford University Press, 2005.

JASPARS, J. M. F.; FRASER, C. Attitudes and social representations. In: FARR, R. M.; MOSCOVICI, S. (Org.). *Social representations*. Cambridge: Cambridge University Press, 1984.

JODELET, D. The representation of the body and its transformation. In: FARR, R. M; MOSCOVICI, S. (Org.). *Social representations*. Cambridge: Cambridge University Press, 1984.

JOVCHELOVITCH, S. *Os contextos do saber*. Petrópolis: Vozes, 2008.

MALVEZZI, S. Prefácio. In: ZANELLI, J. C.; BORGES-ANDRADE, J. E.; BASTOS, A. V. B. (Org.). *Psicologia, organizações e trabalho no Brasil*. São Paulo: Artmed, 2004.

MINAYO, M. C. S. O conceito de representações sociais dentro da sociologia clássica. In: GUARESCHI, P. A.; JOVCHELOVITCH, S. (Org.). *Textos em representações sociais*. Petrópolis: Vozes, 2002.

MOSCOVICI, S. The myth of the lonely paradigm: a rejoinder. *Social Research*, v. 51, n. 4, p. 939-967, 1984.

____. Why a theory of social representations? In: DEAUX, K.; PHILOGÉNE, G. (Org.). *Representations of the social*. Oxford: Blackwell, 2001.

____. *Representações sociais*: investigações em psicologia social. Petrópolis: Vozes, 2005.

MOSER, G. Psicologia ambiental. *Estudos de Psicologia*, v. 3, n. 1, p. 121-130, 1998.

____; UZZELL, D. Environmental psychology. In: MILLON, T.; LERNER, M. J. (Org.). *Comprehensive handbook of psychology*. Nova York: Wiley, 2003. v. 5: Personality and social psychology, p. 419-445.

PORTER, L.; STEERS, R. M.; MOWDAY, R. T. W. Do employee attitudes towards organizations matter? The study of employee commitment to organizations. In: HITT, M. A.; SMITH, K. G. (Ed.). *Great minds in management*. Nova York: Oxford University Press, 2005.

POTTER, J.; EDWARDS, S. D. Social representations and discursive psychology: from cognition to action. *Culture and Psychology*, v. 5, n. 4, p. 447-458, 1999.

RAMOS, A. G. *A nova ciência das organizações*: uma reconceituação da riqueza das nações. Rio de Janeiro: FGV Ed., 1981.

SALLES, D. M. R. *Representações do trabalho*: um estudo sobre o regime de confinamento na indústria petrolífera. Tese (doutorado em administração) – Escola Brasileira de Administração Pública e de Empresas, FGV, Rio de Janeiro, 2009.

SCHNEIDER, B.; SMITH, D. B.; GOLDSTEIN, H. W. Attraction-selection-attrition: toward a person-environment psychology of organizations. In: WALSH, W. B. et al. (Org.). *Person-environment psychology*: new directions and perspectives. Londres: Lawrence Erlbaum Associates, 2000. p. 61-86.

SENNETT, R. *A corrosão do caráter*. Rio de Janeiro: Record, 2005.

SIMON, H. A. *Comportamento administrativo*. Rio de Janeiro: Usaid, 1965.

SPINK, M. J. Desvendando as teorias implícitas: uma metodologia de análise das representações sociais. In: GUARESCHI, P.; JOVCHELOVITCH, S. (Org.). *Textos em representações sociais*. Petrópolis: Vozes, 2003.

______; LIMA, H. Rigor e visibilidade: a explicitação dos passos da interpretação. In: SPINK. M. J. (Org.). *Práticas discursivas e produção de sentidos no cotidiano*: aproximações teóricas e metodológicas. São Paulo: Cortez, 2000.

THIRY-CHERQUES, H. R. Pierre Bourdieu: a teoria na prática. *Revista de Administração Pública*, v. 40, n. 1, p. 27-56, 2006.

6. Autodeterminação local e desenvolvimento: a dinâmica de transformação social, produtiva e econômica no município de São Roque de Minas (MG)

*Rodrigo Gava**

Resumo

As políticas de desenvolvimento no Brasil têm gerado uma formação heterogênea de seu território, dificultando aos locais com menor capacidade de retorno de capital alcançar melhores condições de vida. Nesta pesquisa, discutiu-se a superação dessas desigualdades analisando uma dinâmica social peculiar ao desenvolvimento de um pequeno município mineiro, São Roque de Minas, quando foi sugerido o conceito de autodeterminação local. A ênfase qualitativa da análise permitiu explorar a dinâmica social e o desenvolvimento local por meio da criação de uma cooperativa de crédito que viabilizou a ação coletiva num contexto das desregulamentações e privatizações da década de 1990. Apesar dos rompimentos com a prática dominante da centralização das decisões de desenvolvimento, foram identificados continuísmos, numa rearticulação produtiva típica de um capitalismo periférico. O paradoxo rompimento/continuísmo indica limitações ao desenvolvimento, mas também alento a determinações locais à revelia de decisões governamentais pela autodeterminação local; uma ação social coletiva em condições de estagnação econômica, conjugando esforços individuais e coletivos sustentados pela identidade local dos atores envolvidos e transformadora na medida em que absorve os interesses de bases locais.

* Doutor em administração pela FGV EBAPE. Professor associado do Departamento de Administração e Contabilidade da Universidade Federal de Viçosa (UFV). E-mail: <rgava@ufv.br>.

Introdução

O propósito desta pesquisa foi analisar o desenvolvimento de um pequeno município do estado de Minas Gerais a partir da dinâmica de relações sociais que levou a elite dirigente local a protagonizar um projeto de futuro que transformou sua realidade de estagnação no início da década de 1990.

Inserida num contexto de decorrências da mescla globalização/neoliberalismo, a realidade de escassez de um território desinteressante aos retornos do capital acabou gerando os esforços que culminariam na criação de uma cooperativa de crédito. Extrapolando a figura de mero agente financeiro para assumir um papel que permitiu a rearticulação da estrutura produtiva local, à revelia de apoio estatal, foi marcante a iniciativa dos cidadãos como agentes ativos em dimensões normalmente atribuídas às políticas públicas de governo, nesse caso, a do desenvolvimento.

São partes da análise as organizações produtivas, o crescimento econômico e o desenvolvimento, porém por uma perspectiva distinta da que, apesar da retórica democrática da participação popular, tem predominado no Brasil – de planificações estatais centrais, direcionadas a regiões já desenvolvidas e que privilegiam as grandes empresas. Sendo o Brasil um espaço marcadamente desigual, cujo processo histórico de construção social tem na dualidade[1] uma característica amplamente paginada, foi a partir dela que se optou por conjugar as referências teóricas com a realidade percebida para compreender a questão desenvolvimentista brasileira.

Um resgate histórico também denuncia, pela planificação e ação do governo central, grandes impulsos à industrialização, com a formação de empresas

---

[1] Em Furtado (2007), a dualidade se refere à estrutura produtiva, marcada pela convivência entre um setor de alta produtividade, ligado às exportações, e outro de subsistência, de baixa produtividade. Composição que teria impedido o crescimento do mercado interno e influenciado decisivamente o desenvolvimento brasileiro, especialmente a baixa e desequilibrada capacidade de investimentos pelo vasto território nacional. O autor ainda revela a relação dialética entre desenvolvimento e subdesenvolvimento – sentido em que Rangel (1957) situa a dualidade brasileira, que é encadeada por uma dinâmica que liga o polo externo (relações de produção dos países centrais) ao interno (relações de produção nacional), formando uma relação de dependência do Brasil com sociedades mais avançadas (centros dinâmicos). Com evidente origem exterior, nosso desenvolvimento tem forte influência da realidade externa ao país, cuja contrapartida política se reflete nos pactos de poder que se formam em torno do Estado (Rangel, 1962 apud Bresser-Pereira, 2006).

estatais e a atração de grandes multinacionais estrangeiras, fomentando a economia nacional. Mas a resultante é um cenário de desigualdades, com poucas regiões concentrando a maioria dos investimentos, com a mesma lógica desigual se dando em frações menores e as cidades se contrapondo entre o moderno e o atrasado. No conjunto das alterações no quadro do desenvolvimento de que trata este estudo, no ano de 2000, apenas 51 (menos de 1%) municípios representavam a metade do PIB e 30,5% da população. O Sudeste, com apenas 10% dos municípios, gerava cerca de 40% mais riquezas que os 50% dos municípios com menor PIB (entre 2002 e 2005). Já os 1.371 municípios de menor PIB responderam por apenas 1% deste (IBGE, 2007).

Com amplo amparo da mídia corporativa de massa, o neoliberalismo impõe-se fazendo o ponto de vista de uma classe se tornar a opinião das demais e da sociedade (Chaui, 2006). Trata-se de um jogo mais amplo de poder, em que se cria um campo dentro do qual o adversário é obrigado a se mover segundo a agenda de interesse do criador (Oliveira, 2007).

Os territórios passam a buscar integração ou inserção nos ambientes mercadológicos, econômicos, financeiros e culturais internacionais, refletindo uma busca pela mais eficaz aderência à modernidade. Trata-se do que Santos (2000:79) identifica como a proeminência de sistemas técnicos e de informação e a subversão do antigo jogo da evolução territorial. Sobre a imposição de novas regras, "os atores mais poderosos se reservam os melhores pedaços do território e deixam o resto para os outros". Essa lógica alcança o pensamento desenvolvimentista brasileiro. E no lugar de políticas com fins substantivos, como a melhoria das condições de vida, o bem-estar e o desenvolvimento humano, o que se nota é o alcance de objetivos marcados pela "lógica dos meios imposta pelo processo de acumulação comandado[2] por corporações transnacionais" (CTNs) (Furtado, 2002:36).

Em contrapartida, é sobre o município e seu entorno, assim como para as redes de relações que a partir dele e para ele se manifestam, que se espera que a racionalidade de desenvolvimento dominante possa ser repensada. Trata-se do espaço onde se efetiva a qualidade de vida das pessoas, "pois conhecem a

[2] Milton Santos vai mais longe. Em entrevista concedida em 1998, afirma que "a política é feita pelas grandes empresas. Os políticos não fazem política, o aparelho de Estado não faz política, são porta-vozes" (Amaral et al., 1998).

realidade e a escala de decisão coincide com o seu horizonte de conhecimento" (Dowbor, 2006:3).

A principal fonte de análise é o município de São Roque de Minas (oeste de Minas Gerais), historicamente marcado pela produção de queijos (queijo canastra), que passou a revelar uma reestruturação econômica com base na interação da rede produtiva rural com a urbana, com destacado desenvolvimento econômico decorrente. Com iniciativas da própria população, foi criada uma cooperativa de crédito para ocupar o espaço deixado pela última instituição financeira que saiu da cidade, a MinasCaixa. Por meio dela (Saromcredi), os munícipes conduziram o desenvolvimento econômico local, ocupando-se de ações sociais tipicamente esperadas dos atores político-administrativos. O município chega a crescer a uma média de 8,75% por ano entre 1992 e 1999 (Alemg, 2006), um crescimento superior à média nacional, que apresentou índice de cerca de 2% (Banco Mundial, 2006). O foco nesse município se justifica, teórica e empiricamente, pelo fato de a rearticulação[3] produtiva ter advindo de bases materiais locais, algo distinto do que é comum na maioria dos pequenos municípios. O caso ainda evidenciou a recuperação da capacidade de desenvolvimento de uma pequena cidade distante das grandes regiões industriais.

Crê-se ser importante um olhar mais atento sobre a relação entre a dinâmica social e o desenvolvimento econômico e social do município de São Roque de Minas. Assim, para facilitar a pesquisa sintetizou-se o problema na forma da seguinte questão:

> *Que dinâmica de relações sociais locais permitiu que o município de São Roque de Minas prosperasse rumo a um crescimento econômico superior à média nacional e a patamares de desenvolvimento pouco prováveis num contexto pautado pelo neoliberalismo?*

---

[3] Apesar de ter se tornado prerrogativa da esfera municipal a partir da Constituição de 1988, as políticas públicas voltadas para o desenvolvimento local ainda são parcas. Em São Roque, o ambiente macroeconômico não foi nada favorável ao município, pois privilegiava o grande capital e a atividade especulativa, mantendo os juros altos e promovendo a abertura indiscriminada ao capital e à competição estrangeiros, evidências típicas das observações de Boron (2001), Sader (2001) e Chomsky (2002).

Tendo em mente as dualidades e heterogeneidades nacionais, o argumento defendido é que os níveis produtivos, econômicos e sociais dos municípios de pequeno porte do vasto território nacional seriam mais bem articulados a partir de uma perspectiva de desenvolvimento marcada por uma dinâmica de relações que favorecesse a autodeterminação local. Sentido em que o desenvolvimento deixa de ser iniciado e conduzido exclusivamente pelo eixo central de poder econômico e político do país e passa a também ser organizado em função da capacidade de autodeterminação local.

A iniciativa que resultaria no destacado desenvolvimento do município em apreço se desenrolou por meio da ação e comando de poucas pessoas, mas com fundamental suporte social, obtido quando a coletividade local sentiu-se atraída e passou a legitimar o grupo. O desenvolvimento local revelou uma estrutura produtiva que se distanciou de uma situação de "enclave", deixando de ser um sistema de decisões exógeno, quando a maior parte do excedente produtivo gerado era captada pelos agentes financeiros existentes, para ser endogeneizado pela autodeterminação local, possibilitando impulsos transformadores do processo de estruturar o desenvolvimento por vias locais. A autodeterminação resultou da combinação de um impulso de ordem pessoal – os interesses de cada ator (os de ordem tanto material quanto imaterial) – com outros de ordem social, que reflete um querer agir para a comunidade. Ambos se relacionam intensamente e foram sustentados pelo nível de identidade local existente.

O local como espaço de acumulação: contra-argumentos à perspectiva neoliberal de desenvolvimento

O desenvolvimento local de ótica neoliberal é referenciado por meio dos potenciais a serem explorados pela dinâmica produtiva capitalista. Uma ótica que busca frações territoriais de sucesso já economicamente consolidadas, mesmo que edificadas diante de desigualdades na renda e nas condições de vida.

Apesar da força que tende a sufocar iniciativas distintas aos interesses das grandes empresas, não se pode desconsiderar que a economia de mercado é uma força subordinada às exigências dos homens. Também é difícil imaginar uma concepção de mundo fora das diretrizes estruturadas e estruturantes da reprodução capitalista, pois não se está diante de uma ideia em si mesma. Trata-se de um produto da mente humana, assim como seus resultados e indicações de sucesso, que adquirem sentido como partes da realidade feita pelo homem. E, se coube aos homens organizá-la, está em suas mãos a mudança de rumos.[4] Daí a busca por caminhos que minimizem a subordinação do local à estrutura de acumulação do capitalismo global, que associem o desenvolvimento do território local a algo externo, seja esse uma grande empresa estatal, privada, ou mesmo um fragmento da grande burocracia do Estado. Assim, a grande extensão de pequenos municípios terá restringidas suas possibilidades de desenvolvimento caso não haja no local algo que possa ser de interesse econômico, fazendo com que pequenos municípios distantes de grandes áreas metropolitanas e sem recursos naturais a serem explorados estejam condenados pela lógica neoliberal à própria sorte, limitando suas chances de desenvolvimento.

A primeira consideração aos que se voltam à análise desenrolada em determinada fração territorial refere-se, justamente, em fazer coincidir, à noção de território físico, a ocupação que lhe é feita pelo homem, pois é esta que lhe dá sentido (Santos, 1999). Assim, o território passa a ter como principal objeto de análise a ocupação que lhe faz o homem, ou seja, o território usado, que supõe objetos e ações. Como revela Santos (1999:8), "o uso do território não é apenas o conjunto de coisas naturais e de sistemas de coisas superpostas. O território tem que ser entendido como o *território usado*, não o território em si" (grifo no original). Não é, então, apenas

> o resultado da superposição de um conjunto de sistemas naturais e um conjunto de coisas criadas pelo homem. O território é o chão e mais a população, isto é, uma identidade, o fato e o sentimento de pertencer àquilo que nos pertence [Santos, 2000:96].

É, pois, pelas relações sociais dinamizadas sobre um território que é possível empreender análises sobre a realidade social vivida. Daí Santos (1998)

---

[4] Reflexão que reacende, de imediato, a afirmação de Marx (2008:48) de que "a humanidade não se propõe nunca senão os problemas que ela pode resolver, pois, aprofundando a análise, ver-se-á sempre que o próprio problema só se apresenta quando as condições materiais para revolvê-lo existem ou estão em vias de existir".

ressaltar os trabalhos empíricos, partindo do real, para entender a totalidade. Estão em jogo o elo constitucional (objetos, normas e ações – o conjunto indissociável) e o relacional, que evidencia os objetos por meio de redes de relações conflituosas e contraditórias a dinamizar os territórios.

Na contraposição local/global, têm-se o primeiro como o espaço de vivência dos vizinhos e o segundo como o de racionalidade e conteúdo ideológico de origem distante (Santos, 1998). Havendo verticalizações, as relações são dinamizadas pelo poder de fora, geralmente dos grandes atores globais (CTNs, países centrais e instituições multilaterais), que geram e organizam, por sua capacidade técnica, científica e informacional, um "conjunto de pontos adequados às tarefas produtivas hegemônicas" (Santos, 2000:106). É coerente com a verticalidade a presença de um cotidiano passivo, obediente e disciplinado aos interesses externos (Goulart, 2006). Nas horizontalidades, um território expressa um movimento de continuidade, de alastramento entre vizinhos, com produções localizadas e interdependentes, onde "todos agentes são, de uma forma ou de outra, implicados, e os retrospectivos tempos, mais rápidos ou mais vagarosos, são imbricados" (Santos, 2000:109).

> Relacionado ao conceito de território, mas ao mesmo tempo dele se diferenciando, por ser mais amplo, está o de espaço. Enquanto o primeiro refere-se ao "nome político para o espaço de um país" (Santos e Silveira, 2003:19), pois a formação do território é algo externo ao próprio território, o segundo é o lugar que contém a paisagem, a configuração territorial, a divisão territorial do trabalho e o espaço produtivo, ou seja, reúne formas e funções (humanas). O espaço é, portanto, um conjunto indissociável de sistemas de objetos e de ações, denominações por ele anteriormente identificadas como fixos e fluxos (Santos, 1996). O que Santos (1993) entende como sinônimo é a noção de território usado e de espaço habitado. Outra forma de diferenciar esses conceitos é relacionar território à configuração territorial que o define como um todo (produto da reflexividade homem-objeto) e espaço à conjunção entre configuração territorial, a paisagem e a sociedade, uma totalidade verdadeira (Santos, 1988) [Gava, 2009:72-73].

Os pilares das reformas neoliberais – no regime político, na constituição do Estado e na gestão pública – tinham, na síntese da reforma do Estado, o passo fundamental para implantação de uma nova racionalidade política (flexibilidade da mão de obra, desnacionalização e privatização da economia). A política se torna refém do mercado, e o cidadão, consumidor. Este último perde consciência política e contribui (por omissão) com o projeto neoliberal em construção. Cada passo representa um aceno à servidão ao mercado e ao consumidor, ação coerente com a ideia de uma democracia de mercado.

Para a promoção da ideia de autodeterminação que enseje novas formas de recuperação econômica, torna-se incompleto o suporte teórico até aqui organizado. Novos temas serão conjugados para discutir a organização social desenrolada em São Roque de Minas no auge da aplicação do neoliberalismo no Brasil, no início da década de 1990.

Articulações no local e dinâmica de transformação social

Dados do IBGE (2007) revelam que os mais altos PIBs *per capita* dos municípios brasileiros encontram-se naqueles cujo crescimento econômico está claramente vinculado a algum grande projeto externo a determinações locais. É o caso de Cascalho Rico (MG), que em 2005 aparecia como o mais bem posicionado em relação ao PIB *per capita* do país. Com apenas 2.618 habitantes, esta cidade abriga a terceira maior hidrelétrica do estado de Minas Gerais. Os demais casos se dividem entre hidrelétricas, grandes empreendimentos agrícolas com extrema concentração de renda ou empresas públicas ou privadas de grande porte.

A renda gerada e os excedentes apropriados nesses e noutros municípios de pequeno porte compactuam a ânsia de modernização, repaginando variados pontos do território nacional pela ideia de permanente transformação, provendo formas do desenvolvimento que podem ser associadas ao que Ianni (1994) chamou de "questão nacional", tema constante do pensamento brasileiro, referindo-se a como se cria e se recria a nação. O maior problema da ânsia modernista é que sua ideia de progresso não necessariamente coaduna-se com o sentido humano de desenvolvimento. As decisões costumam partir de um modo de compreensão do mundo valorizador do crescimento econômico e articulado por um modelo cultural norteado pela racionalidade, naturalmente incapaz de sensibilizar-se ante a diferença (Arocena, 2004).

As transformações falseadas como modernas (Rizek e Paoli, 2007) são alheias à questão social, ao desemprego, ao estatuto do trabalho, à politização dos conflitos de classe, aos movimentos sociais autônomos, à miséria e ao desarme do controle público sobre as ações corporativas, entre outros. Seria preciso um elo mais justo para conjugar modernização e identidades da nação, e não uma única e exclusiva identidade nacional, pois inúmeras são as identidades locais que da nacional se distinguem, dado que a nacional não é mera soma das locais. A identidade local é coerente com manifestações exclusivas do modo de ser e agir do lugar, sendo que a análise das diferenças do local ao nacional deve identificar a capacidade do ator social em exercer participação e controlar a realidade dos fatos que o atingem, assim como a percepção da ação em jogo e o retorno de suas ações. Além disso, a manifestação do indivíduo tende a ser maior onde é mais efetiva sua participação: o local. Por isso, a análise do local deve se comprometer com as relações concretas, socialmente construídas e territorialmente localizadas (Fischer, 1992). O local, como objeto de investigação, "não é [...] apenas fisicamente localizado, mas socialmente construído" (Fischer, 1992:107).

É local o sistema de poder que evidencia estarem em jogo relações entre grupos de natureza essencialmente local, onde a geração de riqueza é objeto de negociação entre grupos que se tornam estruturantes principais do sistema local de relações de poder. Se, para existir, uma sociedade local precisa gerar riqueza local, é intrínseca a presença de atores locais organizados numa hierarquia social regulada pela sua capacidade em influenciarem na produção e distribuição de excedentes. É complementar à constituição da dimensão local um sistema de valores próprios dessa espacialidade, nutrido pela própria história que, resgatada, se traduz absorvida em cada um dos seus membros (Arocena, 2004).

Esse pertencimento permitirá, em uma perspectiva cultural, a identidade coletiva ou social, por meio da qual a sociedade local se afirma, compartilhando traços identitários comuns, expressos por sua "maneira de ser" que a distingue de outras. Para Arocena (2004), essa identidade coletiva adquire sua máxima expressão quando acontece em um projeto coletivo. Sendo o local o espaço da emancipação possível para novas concepções ao desenvolvimento, assumido está que é nessa dimensão que jaz um sistema de ação. Mas assumir a sociedade local como um sistema de ações, cujo êxito consuma-se em um projeto, não é uma tarefa de fácil projeção diante das condições manifestas pela reprodução capitalista. O próprio autor questiona a capacidade dos atores locais frente à dificuldade de um movimento coletivo nesse contexto, o que torna questionável a capacidade de iniciativas de nível local por estarem elas imersas nas múltiplas determinações que de fora alcançam o espaço local – não só as determinações das organizações privadas transnacionais ou nacionais, mas aquelas vinculadas à herança de planificação central posta em curso pelo Estado.

No centro da análise das relações locais, está o ator social, sujeito que age na criação de espaços de oportunidades e interferência no futuro (Matus, 1996) e cuja definição circunscreve-se na cena social na qual desenrola sua ação (Arocena, 2004). Mantendo o foco da ação social no sentido do desenvolvimento, pode ser considerado ator social local qualquer indivíduo, grupo ou instituição que atue em nível local. Para Matus, os atores sociais ativam, impulsionam e agem na criação de espaços de oportunidades e interferência no futuro; são jogadores e não espectadores, não se limitando a comportamentos reativos e mecânicos, mas agindo como motores das mudanças. São eles

> que declaram as insatisfações, que processam ou ignoram as teorias para entender a realidade em que vivem; [...] criam visões diferenciadas, como se usassem óculos que os fazem ver a realidade com lentes de diferentes cores e graus; se rebelam contra o evitável e geram conflito [Matus, 1996:203].

O ator social, ao compartilhar memórias do passado, afirma características decisivas no sentido da mudança, não como um historiador, ou mediante ar nostálgico, mas como aquele em cujas memórias "o passado aparece estreitamente ligado ao presente. O passado, o presente e o futuro não formam mais que uma só realidade de desenvolvimento" (Arocena, 2004:25), sendo que é a continuidade acumulada dessa realidade que permite a acumulação cultural em termos de normas e valores que sedimentam a base da identidade coletiva. Resta destacar que o movimento dessa realidade não guarda em si uma forma linear, sem rupturas. Pelo contrário, são as rupturas que reforçam a construção da identidade, pois, uma vez superadas, solidificam as relações sociais a elas relacionadas, potencializando a geração de dinâmicas coletivas e reforçando o ator como o portador de alternativas.

O ator social goza de autonomia, que, para Blackburn, significa a capacidade de autodeterminação. Incorporar a ideia de autodeterminação à de autonomia ajuda a esclarecê-la, pois reforça que "um agente é autônomo quando suas ações são verdadeiramente suas" (Blackburn, 1997:31), mas desde que não sejam omitidos preceitos estruturalistas para entender pré-orientações nas ações dos atores. A perspectiva de Arocena (2004) ainda considera o ator local um guardião dos interesses locais, cabendo a ele submeter as iniciativas de desenvolvimento ao interesse local, adaptando as tecnologias e as características dos sistemas locais de produção.

O ator social é o elemento promotor da mudança. Foi, pois, observando a dinâmica de relações sociais localmente desenroladas em meio à força da identidade com o território que se chegou à percepção do desenvolvimento experimentado em São Roque de Minas, estando na centralidade da orientação dada pelo ator social a força para entender a dinâmica das relações sociais do desenvolvimento local. A intenção foi permitir uma análise que suportasse as singularidades da situação local, mas que percebesse suas regularidades estruturais.

Procedimentos metodológicos

Baseada em procedimento bibliográfico, documental e de campo, com entrevistas e observações diretas, e delineamento resumido no quadro 1, esta pesquisa teve prevalência de técnicas qualitativas, embora esforço quantitativo também tenha sido empregado. A perspectiva quantitativa aparece como instrumento útil em função de dados estatísticos sobre o local, principalmente os referentes à categoria desenvolvimento local. No entanto, a essência da análise teve alinhamento qualitativo segundo perspectiva interpretativa dos dados, tanto os provenientes das entrevistas quanto frente aos documentos e demais dados secundários disponíveis para análise. Mesmo sendo mais subjetivo que outros procedimentos, análises como essas "oferecem um maior grau de flexibilidade ao pesquisador para a adequação da estrutura teórica ao estudo do fenômeno administrativo e organizacional que deseja" (Vieira, 2004:18).

Os dados primários foram coletados em janeiro de 2008 e os secundários em diferentes momentos entre 2007 e 2009. Compartilhando esforço de Arocena (2004), dada sua equivalência com o que aqui foi desenvolvido, não se pretendeu definir macrorrealidades generalizáveis e teoricamente adequadas e transferíveis às mais distintas realidades sociais.

No procedimento de análise, duas categorias foram definidas. A primeira – dinâmica de relações sociais – compartilha a perspectiva de Arocena (2004), que as aborda mediante quatro subcategorias que, antes de representarem rupturas com o quadro teórico organizado, o reforçam. A outra categoria é o desenvolvimento, em duas perspectivas, uma econômica e outra social, buscando aproximar os dados de crescimento econômico à melhoria nas condições e qualidade de vida das pessoas. Arocena (2004) ainda serve de referência para a avaliação do modo de articulação da transformação socioeconômica local. Essa pauta analítica é destacada na figura 1.

Figura 1
Categorias de análise

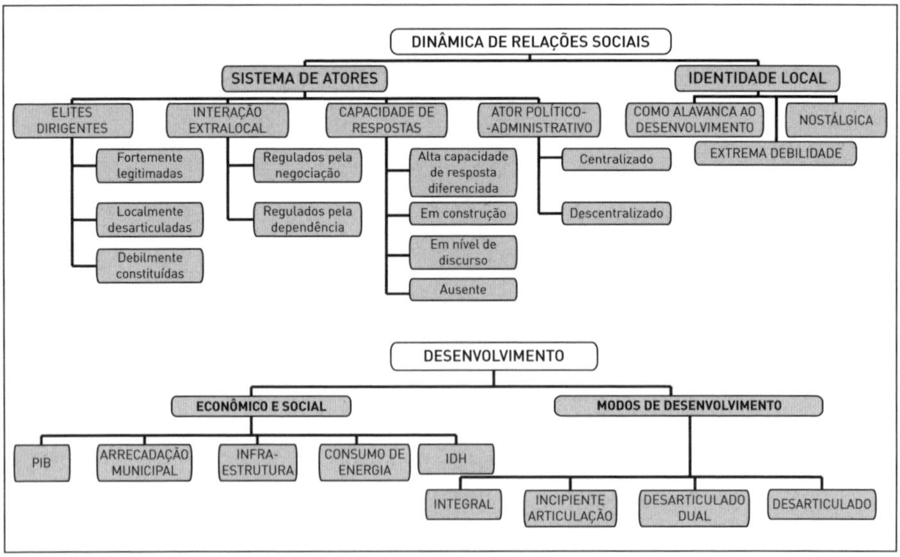

Fonte: organizada pelo autor.

Essas categorias são comentadas no próprio rumo da análise. Em dinâmica de relações sociais, constam as subcategorias sistema de atores e identidade local, expressões do ator social. O sistema de atores refere-se à totalidade de agentes (individualmente ou organizados) que interferem no processo de desenvolvimento de uma área. Um processo de desenvolvimento é dependente de idealizadores e condutores, de protagonistas de uma história social, geralmente de elites dirigentes, construtores de projetos.

Quadro 1
Resumo comparativo dos elementos norteadores da pesquisa

	Categoria dinâmica das relações sociais	
	Estrutura de análise planejada	**Estrutura de análise empregada**
Indicadores	a) Ator social Indivíduos ou grupos de indivíduos (organizações) Com poder suficiente para implementar ações e estratégias que levam a alterações na dinâmica de relações na rearticulação produtiva local	a) Sistema de atores: Elite dirigente Interação extralocal Capacidade de resposta diferenciada Ator político-administrativo b) Identidade local: Alavancando o desenvolvimento/nostálgica/de extrema debilidade
Coleta de dados	Entrevistas: Principais atores sociais (por indicação – *snowball*) Especialistas de fora da cidade com trabalhos na cidade durante o período de recuperação Observação	Entrevistas: Principais atores sociais (por indicação – *snowball*) Outros atores, não necessariamente participantes da articulação que levaria à criação da Saromcredi Observação
Análise de dados	Interpretativa	Interpretativa
	Categoria desenvolvimento	
	Estrutura de análise planejada	**Estrutura de análise empregada**
Indicadores	a) Econômico PIB (geral e setorial; rural e urbano) PIB *per capita* Arrecadação pública municipal Disponibilidade de capital Consumo de energia (residencial, industrial, comercial, serviços) b) Social IDH: Riqueza (PIB *per capita*) Longevidade (saúde e mortalidade perinatal) Educação (analfabetismo adulto e matrícula no ensino fundamental) Obs.: IDH comparado: município, estado e nação, segundo valores e velocidade	a) Econômico e social PIB Arrecadação municipal Infraestrutura Consumo de energia (residencial, industrial, comercial, serviços) IDH b) Modos de desenvolvimento Integral; incipiente; desarticulado dual ou desarticulado
Coleta de dados	Dados secundários Pesquisa documental	Dados secundários Pesquisa documental
Análise de dados	Mensurações simples, como análise de frequências e proporcionais	Mensurações simples, como análise de frequências, análises horizontais de dados contábeis da Saromcredi e análise de proporções Interpretativa

Fonte: organizada pelo autor.

Como em cada sociedade local há um sistema de relações de poder a ser investigado, destacar o papel desses atores permite maior atenção às formas de articulação de todos os atores, sejam locais ou extralocais, e da posição do ator político-administrativo local. Já a categoria desenvolvimento foi articulada na dimensão econômico-social com fins meramente descritivos das ocorrências resultantes do processo de autodeterminação local no território estudado. Mas para dar sentido agregador e analítico ao mesmo tempo, uma síntese é buscada no sentido de identificar o modo de desenvolvimento local articulado.

Em relação aos entrevistados, foram definidos informantes-guia que conduziam, pela estratégia de seleção de amostra por bola de neve, formas de acesso aos demais sujeitos que participaram do processo de autodeterminação local em análise. No total, foram entrevistadas 21 pessoas, cujos relatos representaram a história oral do desenvolvimento de São Roque de Minas a partir da fundação da Saromcredi. As entrevistas foram transcritas e codificadas por referência às categorias. Como de praxe, alguns trechos das entrevistas foram desconsiderados por serem entendidos como marcados por vieses. Durante o processo de codificação, a análise já se desenrolava, e, mesmo buscando nomeações para o significado de determinados trechos, não foram percebidas novas significações que merecessem a sugestão de novas categorias empíricas. A partir das categorias teóricas, foi possível interpretar o desenvolvimento local em meio às ações realizadas pelo sistema de atores de São Roque de Minas. O conteúdo dessa análise serviu de base para buscar, nas particularidades da dinâmica social local, a construção da ideia de autodeterminação local. Esse conceito resulta, então, como uma significação síntese das ações desenroladas nesse território em busca do desenvolvimento.

Da escassez à abundância pela autodeterminação local

O município de São Roque de Minas experimentou uma ampla desarticulação econômica com a saída da única agência bancária da cidade. A prioridade do lucro fez com que a cidade e sua população fossem percebidas como meros agentes potenciais. Uma vez não alcançada a expectativa planejada, ela acabou sendo abandonada como praça bancária. São ainda fontes da escassez econômica a criação do Parque Nacional da Serra da Canastra (Parna Canastra) e o fim do garimpo.

A elite dirigente e sua legitimação

O fechamento da área que deu lugar ao parque interrompeu a prática tradicional de alimentar o gado no período de seca, na parte alta da serra. Com o fechamento da MinasCaixa, um contexto de escassez inédita é inaugurado. Sem ter onde pagar uma conta de luz ou de telefone, toda transação bancária era realizada no município mais próximo, Piumhi, a cerca de duas horas de estrada de chão. Situação relatada por quem viria a liderar o processo de reorganização produtiva e o desenvolvimento local (entrevistado 1, ou E 1):

> Agora a outra terceira grande fonte de fluxo financeiro que São Roque tinha, na época da MinasCaixa, eram os aposentados. Então, primeiro, a prefeitura. Segundo, a própria produção pecuária de leite, porque a agricultura, como eu acabei de te explicar, era de subsistência. E a terceira, os aposentados. Oitocentos aposentados recebendo um salário mínimo. Vai lá na MinasCaixa, recebe; vai na farmácia, paga; vai no açougue, paga; vai na mercearia. O comércio devolve aquilo para a MinasCaixa e a MinasCaixa pega aquilo e manda pra fora. Então esse é o papel dos bancos nos pequenos municípios [ênfase]. Por isso a minha crítica do sistema, do modelo de sistema financeiro.

Entre esses poucos agentes econômicos ainda remanescentes no local, E 1 fala do queijeiro, presença histórica na região:

> O queijeiro, aquele cara que compra o queijo, que leva para São Paulo [...] que vende e que traz o cheque, ele precisava depositar o cheque aqui para, um, dois dias depois, ele sacar o numerário para retornar à propriedade e comprar mais queijo pra levar para São Paulo. Então, isso é um ciclo. Com o fechamento da MinasCaixa [...] esse ciclo foi cortado, esse cara passou a depositar lá em Piumhi. E ele passou a comprar as encomendas das fazendas – sal, ração, adubo, medicamento, macarrão, batatinha, coisa assim, – para abastecer aquelas propriedades rurais, pois naquela época poucos proprietários rurais tinham automóveis. [...] E na medida em que ele passou a comprar

> lá, o comércio de São Roque perdeu. [...] O comércio daqui, em vez de empregar, passou a desempregar. Fechâr porta.

Os movimentos, ações e estratégias dos idealizadores e condutores do projeto de futuro para o município os fariam protagonistas da história social local. Indivíduos que, como observou Arocena (2004), costumam fazer parte da elite local.

Do fechamento da MinasCaixa passaram-se sete meses até que um pequeno grupo de atores, liderados por E 1, decidiu, por influência de experiências exitosas em municípios vizinhos, criar uma cooperativa de crédito, a Saromcredi. A força das relações que viabilizaria o novo agente financeiro local traz consigo laços intensos de amizades de alguns desses atores sociais, dado o convívio que não é comum nas cidades maiores, unindo famílias e estreitando relacionamentos. Proximidade que seria central à coesão do grupo que se articulou incomodado com a estagnação econômica que o fechamento da MinasCaixa trouxe para a cidade.

Como João Leite era, entre os envolvidos, o único com formação no ensino superior, e filho de um agricultor respeitado localmente, a legitimação dada pelo grupo foi imediata. E nos inúmeros esforços para trazer para São Roque de Minas um banco tradicional, que minimizasse as dificuldades da vida decorrentes da ausência de um agente financeiro, a resposta foi uníssona: São Roque de Minas não é uma praça bancária, não retorna os investimentos para manter lucrativamente uma agência.

> A situação nossa é a seguinte, tem que entender. Nós criamos a cooperativa de crédito por quê? Porque não tinha nenhum agente financeiro local. O que tinha foi embora, a MinasCaixa. Outros não quiseram vir para São Roque. Qual a alegação? São Roque não era uma praça bancária, porque não tinha geração de produção nenhuma, a não ser a produção de leite de pequenos produtores. Isso não dava um volume financeiro para dar suporte à permanência de uma agência do Bradesco, do Itaú, do Banco do Brasil [...] Qual que é o primeiro momento da cooperativa de crédito? Foi [...] prestar serviços bancários [E 1].

Inicialmente criada para prestar serviços bancários, a Saromcredi amplia sua atuação, dinamizando a organização produtiva local e minimizando carências sociais do município.

> Nós tivemos uma época aqui que a cooperativa passou a fazer todo o papel social da prefeitura, foi um período muito crítico que nós passamos aqui com um prefeito, e a cooperativa passou a ser a patronal. Então, tudo que você precisava, de um medicamento para uma pessoa carente, em vez de bater na porta da prefeitura, batia na porta da cooperativa. Então ela desenvolveu esse papel social. Que foi muito bom também porque desvinculou a população do paternalismo da prefeitura. Então nós começamos a ver que a cooperativa era uma coisa nossa e que continuaria [E 2].

Foi assim que a formação e o caminho percorrido pelo sistema local de atores adquiriram legitimação e que, nos momentos de conflito com a prefeitura, o grupo manteve habilidade para identificar o que gerava a agregação coletiva para manter o projeto.

O sistema de regulação: negociação onde só havia dependência

"Fizeram quase tudo sozinhos", disse o proprietário de um dos postos de gasolina da cidade, ator que sempre esteve próximo ao grupo que dirigia a Saromcredi. A condição inicial da implementação do projeto de futuro foi a de quase isolamento do espaço sanroquense em relação ao nível global; não por vontade, mas por condicionalidade.

No histórico remanescente da cidade, as relações com atores extralocais ali chegaram por pavimentações de uma via de mão única. O fim do garimpo, os fechamentos da área de pastagem e da MinasCaixa ocorreram por fluxo hierárquico cujo ponto mais elevado tinha origem externa.

A capacidade de resposta diferenciada se inicia quando a elite dirigente dinamiza interações com a comunidade local e, sabendo agir sobre bases capitalistas, compartilha benefícios localmente – tanto os de ordem material, provenientes, principalmente, da reativação da produção agropecuária, quanto os de ordem imaterial. Do fechamento do parque ao início da Saromcredi (1972-1991) passou-se um período marcado por completa dependência, com fraca capacidade de negociação, restando aos sanroquenses adaptarem-se às determinações que chegavam ao território local. Ademais, como nesse período a elite dirigente ainda não havia se constituído em torno de um projeto, não se torna factível a indicação de sua forma de interação com atores extralocais, ou seja, os atores sociais ainda não se expressavam na forma de um sistema de atores.

A partir da organização do grupo em torno da Saromcredi, as interações se intensificam e, gradativamente, com maior capacidade de negociação. Trata-se de um lento movimento que acabou sustentando negociações menos dependentes, pois não ficou restrito ao campo de discussões da elite dirigente: conseguiu atingir certo grau de envolvimento com a comunidade. E de uma situação de baixa autoestima social se chegou ao exercício ativo de cidadania.

> A gente tem sim o direito de se manifestar, sobretudo no que diz respeito à nossa individualidade, à nossa região, mas nem sempre a nossa vontade vai prevalecer porque existem interesses nessa região que são estaduais, que são nacionais. Então, a gente discute os limites do parque sabendo que o parque vai crescer, que há um interesse nacional maior que o interesse regional. Mas a gente tem que ser ouvido, a gente tem que ser respeitado, que a gente tem que ser indenizado [E 3].

À medida que a cooperativa intensificava suas atividades e ampliava seu foco de ação, a legitimação da sociedade local aumentava quanto à força de negociação com atores extralocais. Formaram-se relações com Crediminas, Banco do Brasil, Tesouro Nacional, BNDES e BDMG (usavam a Saromcredi no repasse de crédito), Senai, Senar e Sebrae, com parcerias para a qualificação pessoal e empresarial local. Interações que partiram da elite dirigente e, ao se multiplicarem, tornaram-se mais reguladas pela negociação do que pela dependência.

A capacidade da elite dirigente local em elaborar resposta diferenciada

A experiência revelou a E 1 que "o Bradesco, o Itaú e o Banco do Brasil são bombas de sucção". Suas palavras ajudam a dar indicação da resposta elaborada pela elite dirigente local e refletem sua capacidade de percepção e leitura, tanto de estrutura quanto de contexto. Ele se referia à dinâmica do sistema financeiro e de sua experiência com relação aos bancos tradicionais que passaram pelo município. Se a lógica que os marcava manteve rígida sua relação com a comunidade, que para os bancos era povoada por clientes, não por cidadãos, aquele momento específico, no início da década de 1990, foi o que mais exigiu flexibilidade do banco, mas o que se viu foi o oposto. No contexto do neoliberalismo, os agentes financeiros mostraram-se ainda mais alheios à experiência de escassez de São Roque de Minas.

Noutro sentido, foi fundamental a informalidade nas relações entre os formadores do sistema local de atores, fazendo a opinião dos participantes ser escutada. Foi assim que E 4 sugeriu investimentos na produção agrícola, que, apesar de rudimentar, era prática antiga dessa comunidade, e que o Instituto Ellos (escola do ensino médio) surgiu para suprir uma demanda identificada pela própria população, e atendida pela Saromcredi. Adicionalmente, houve treinamento de corpo técnico para dar assistência à melhoria da pecuária leiteira, ao plantio de café e de madeira. Ainda foi criado um asilo, a associação comercial, um silo para armazenagem da produção de grãos que se multiplicava e feito o saneamento do sindicato rural.

O ciclo financeiro do município estava de volta. Era o fim da dinâmica que retirava os recursos locais e os enviava para longe. E 5 (ex-gerente da MinasCaixa) reconhece essa diferença, dizendo que "O Banco do Brasil suga o dinheiro local e não retorna". Em outro momento, E 6 (sitiante) reconhece:

> Já teve gente de tudo quanto é canto para ver a cooperativa aqui. Para levar o banco para a cidade deles. Que até tem o Banco do Brasil, mas que você sabe como é, o Banco do Brasil gosta é de dinheiro, não de ajudar os que precisam.

A Saromcredi definiu suas próprias políticas de funcionamento, mesmo contrariando os ditames das esferas nacionais e internacionais (mantendo, sem autorização, os juros abaixo do recomendado pelo Banco Central). Como avalia o gerente da Cooperativa Rural, E 7, a Saromcredi:

> Em todos os momentos, a Saromcredi sempre esteve presente, principalmente auxiliando financeiramente as iniciativas, como nos recursos que disponibilizou para que o Sindicato Rural oferecesse treinamento aos agricultores ou para que a Coocanastra oferecesse cursos de café, de milho, sobre madeira e construísse os silos de armazenamento. Quando não só intercedeu politicamente como deu garantias para o financiamento oferecido pelo BDMG. Ela sempre esteve por trás de tudo, investindo, projetando e avalizando. Hoje, o sindicato já, praticamente, anda com as próprias

pernas, faz leilão, tem seu próprio terreno, dá cursos [...]. Mas as coisas não foram de uma hora para outra. Foi um condensado de coisas. E veio para suprir uma série de vácuos que os outros – a prefeitura – não conseguiram suprir.

O último fragmento da entrevista selecionada aborda um ponto fundamental para qualificar o tipo de capacidade de resposta, pois, como diz Arocena (2004), consegue aproximar de comunidades com alta capacidade de resposta diferenciada aquelas que vão se constituindo ao longo de um grande intervalo de tempo no qual se gera uma complexa trama de relações em diferentes níveis.

A elite dirigente e o ator político-administrativo local

Ainda se manifesta dominante a ideia de uma única forma de administrar os diferentes territórios e as condições materiais que lhes são próprias. Aos governos locais, cabe apenas a execução de predefinições e rubricas predefinidas, com pouca abertura para que iniciativas de fora do âmbito centralizador de decisões possam ter espaços.

Um olhar mais aguçado sobre o presente indicador torna-se um importante relato para a manifestação da autodeterminação local, mas mediante uma licença teórico-operacional sugerida por Arocena (2004). Para ele, o foco da análise do ator político-administrativo diz respeito à relação da administração municipal com outros níveis da administração pública nacional, como o estadual e o federal, assim como entre as partes que os compõem, pois visa perceber possíveis vínculos entre secretarias, ministérios e agências. Mesmo tendo sinalizado para os frágeis laços do ator político-administrativo local com os respectivos extralocais, não se deixa de considerar suas manifestações, mas desloca-se a análise ao que naturalmente refletia a condição de negociador do espaço local, ou seja, as ações da comunidade, sejam elas por meio da cooperativa que organizaram ou pelas relações que diretamente passaram a estabelecer, principalmente com a esfera federal. Tal opção reflete a própria manifestação do objeto de estudo, dinamizador da autodeterminação local resultante do protagonismo dos atores na promoção do desenvolvimento.

Na relação dos atores locais com o poder público municipal, dois momentos vêm se alternando no tempo: de apoio, mas também de forte conflito, este ocorrido nas administrações de determinado prefeito. Apesar da falta de apoio desse ator político-administrativo, as ações autodeterminadas não cessaram dada a legitimação, o compartilhamento de valores locais e a capacidade de dar respostas agregadoras e promotoras de oportunidades aos atores locais.

"Em vez de mudar de São Roque, nós resolvemos mudar São Roque": a identidade local como força de coesão e impulso ao projeto de futuro

Essa análise parte de depoimentos de uma memória coletiva que dá sentido à relação entre o passado, o presente e o projeto de futuro. Por conter teor político, o ambiente de expressão dos acordos e conflitos que marcam a vida dessa sociedade, uma vez recobrado pela memória de sua gente, permite a volta ao passado local. Por isso, o espaço não é um espaço neutro, mera paisagem. As referências a ele são constantes, aparecendo em vários momentos da análise. Num momento de seu depoimento, E 4 ressalta que João "era uma pessoa apaixonada por ter nascido aqui, como todos nós". Com as alterações no município sendo percebidas,

> a primeira coisa que aconteceu foi o resgate da autoestima. Então as pessoas começaram a acreditar. Aquela coisa assim: nós somos poderosos, nós somos capazes de viver independente. E ainda ter o PIB de São Roque comparado aos Tigres Asiáticos. Conseguimos sobreviver sem ajuda externa. Hoje estamos exportando modelo de cooperativismo. [...] Vieram de Sergipe, Alagoas, França para trocar *know-how* de cooperativismo. E isso tudo aumenta nossa autoestima e confiança [E 4].

> Quando a coisa foi dando certo, o pessoal entusiasmou. E começou a plantar mais, a aumentar a produção [...]. A vontade de ficar na cidade era grande, o que facilitou a crença no projeto de futuro da cidade. E tudo coisa do pessoal daqui, todo mundo daqui [E 1].

Os depoimentos exprimem um tipo de volta ao passado identificado por Arocena (2004) como aquele que permite ao local reconhecer-se em uma história, sua história. Muitas foram as falas que ressaltavam tratar-se de um processo idealizado e realizado pelos indivíduos do local, evidenciando as relações que viabilizaram o projeto de futuro. A identidade firma-se, assim, como força de coesão da autodeterminação local, manifesta pelo apego ao local do cotidiano de suas vidas e esvaziada de conexões nostálgicas com o passado. Um projeto inicialmente marcado pela busca de criação de um simples agente financeiro, para pagamento de contas e intermediação financeira, mas que acabou alcançando o protagonismo do desenvolvimento local, em que se fazia presente, como impulso às ações do ator social líder, a vontade de permanecer na cidade e de nela constituir sua família, elementos essenciais para que o grupo continuasse dedicado ao projeto de viabilizar uma cooperativa de crédito que fosse passo fundamental para a recuperação da cidade.

Desenvolvimento resultante do processo de autodeterminação local

Com o crescimento da Saromcredi, a vida em São Roque de Minas também se modificou. Vinte e dois cooperados iniciaram a organização da cooperativa, basicamente produtores rurais da cidade. Em 2009, já eram quase 8 mil, número maior do que o de habitantes da cidade, pois a cooperativa já tinha postos de atendimento em outros quatro municípios.

Quanto à economia local, a produção de café, ainda na década de 1990, limitava-se a cerca de 300 mil pés, com cerca de 120 hectares de área plantada. Atualmente, são quase 9 milhões de pés, numa área de 2,5 mil hectares. Na safra 2007/2008, a colheita gerou 80 mil sacas. E, para garantir a produção, uma das estratégias tem sido o pronto atendimento aos agricultores a partir do viveiro de mudas, financiado pela cooperativa em cerca de 40%. Já a área plantada com milho saltou de cerca de 800 hectares em 1997 para 6 mil em 2008, com produção total próxima a 22 mil toneladas, muito além da capacidade dos silos da Coocanastra, construídos em parceria com a Saromcredi, em 2004, armazenam cerca de 9 mil toneladas de grãos. No lugar de importar esse produto, passou-se a exportar pelas melhores cotações do mercado. A bovinocultura de corte também retoma o padrão de antes do fechamento do Parna Canastra.

Criada em 1991 com as economias de pouco mais de 20 pessoas, e contrariando o argumento de que a cidade não era praça bancária, a cooperativa chegou, em junho de 2008, a ter um ativo de R$ 36.798.771,34 para um passivo de R$ 33.378.286,13, dado o capital de giro de R$ 3.420.485,21.

Contava com ativo permanente de R$ 3.005.215,03 e um patrimônio líquido de R$ 6.425.700,24 que, somando outros avais, a fazia ter valor financeiro total de R$ 43.937.197,72, conforme dados de sua Assessoria de Marketing e Comunicação. Depois de três anos de funcionamento, em 1994, suas operações de crédito passaram a evoluir significativamente de um ano para outro. A média de seu crescimento foi de 40%, chegando a crescimentos de 71%, de 1996 para 1997.

São Roque de Minas chegou a um PIB de mais de R$ 60 milhões em 2006. Considerando a pesquisa de Lima (2003), o PIB de São Roque de Minas cresceu, entre 1992 e 1999, 8,74% ao ano, enquanto a microrregião de Piumhi, na qual se insere, 5,15%. Comparando a taxa média da cidade com o desempenho do estado de Minas Gerais (3%) e com o Brasil (2,6%), as diferenças são ainda maiores.

Quanto ao índice de desenvolvimento humano da cidade (IDH-M),[5] houve melhoras desde 1991 até 2009. Comparando o IDH municipal de 1991 com o de 2000, percebe-se uma melhora geral. São Roque de Minas saltou de um IDH de 0,674 para 0,766, enquadrando-se junto à maioria dos 4.910 (89,15%) municípios brasileiros que registraram desempenho médio no IDH (entre 0,500 e 0,799). Mas, pela tendência, deve se aproximar do pequeno grupo de 574 cidades (10,42%) que apresenta alto IDH (acima de 0,800). A mudança fez o município saltar da 249ª para a 186ª posição na classificação no estado de Minas Gerais e da 1.816ª para a 1.426ª na classificação nacional – um avanço de 390 posições. Considerando cada um dos três componentes básicos usados para medir o IDH, tem-se: a longevidade saltou de 0,682 para 0,785 (com esperança de vida ao nascer passando de 67,18 para 73,91 anos); a renda de 0,636 para 0,698 (com a renda *per capita* passando de R$ 176,71 para R$ 256,16, um aumento de 45%), e a educação de 0,636 para 0,698 (com mudança na taxa bruta de frequência às escolas de cerca 44% para, praticamente, 60%; e, na taxa de alfabetização de adultos, de 80,33% para 88,06%).

---

[5] Adaptado metodológica e conceitualmente para aplicação no nível dos municípios, o IDH-Municipal representa as condições de desenvolvimento humano efetivamente vigentes nas cidades brasileiras. A metodologia de cálculo do IDH-Municipal envolve a transformação das três dimensões por ele contempladas (longevidade, educação e renda) em índices que variam entre 0 (pior) e 1 (melhor), e a combinação desses índices em um indicador síntese. Quanto mais próximo de 1 o valor desse indicador, maior será o nível de desenvolvimento humano do município ou região.

Os modos de desenvolvimento são as diferentes formas assumidas pelas estruturas socioeconômicas dos territórios locais nas últimas décadas, decorrentes de dinâmicas de relações sociais locais. São Roque de Minas não evidenciou uma forma precisa e unitária de um entre os quatro modos de desenvolvimento de Arocena (2004), exatamente pelas características da integralidade ou articulação desse processo em seu território.

Para ser um desenvolvimento integral, a transformação da realidade deveria ter alcançado um nível mais alto de integração com todos os setores da sociedade local, identificação que não pode ser atribuída ao processo de desenvolvimento de São Roque de Minas. Mas, apesar do impacto da dimensão produtiva na economia local, suficiente para levar à integralidade do processo de desenvolvimento, isso não ocorreu até 2009. Assim, o modo de desenvolvimento aproximou-se do que Arocena (2004) identificou como de incipiente articulação. Ressalta-se que a identificação do modo de desenvolvimento exige uma precisa demarcação temporal, pois a cada movimento do sistema de atores novos rumos podem ser desenhados. Se o desenvolvimento ideal é abrangente, dando-lhes oportunidades e condições de melhorar suas vidas, é preciso que os atores sociais tenham consciência de que esse processo se desenrola em bases capitalistas, em que prevalece o lucro como referência e objetivo da organização social.

Considerando que a cada dia São Roque de Minas vê sua condição de esquecida alterar-se, pois crescem os interesses pelos produtos do desenvolvimento que experimentou, também devem se tornar mais intensos os movimentos de verticalização sobre esse espaço e, consequentemente, o aparecimento de forças centrífugas, que tendem a fragmentar e desagregar sua base territorial, fazendo prevalecer novamente uma lógica exógena, alheia aos interesses locais, fazendo o território retroceder depois de tantos passos dados.

Síntese analítica: rompimento e continuísmo na conjunção entre a autodeterminação local e o desenvolvimento

Ao pretender analisar a relação entre a dinâmica social local e o desenvolvimento econômico e social do município de São Roque de Minas, o principal questionamento assumido foi sobre qual teria sido a dinâmica de relações sociais locais que permitiu ao município prosperar e ter um crescimento econômico superior às médias estadual e nacional.

A partir de uma situação de estagnação produtiva e econômica, o município começa a apresentar, a partir de 1992, um crescimento médio do PIB que se aproximava dos nove pontos percentuais ao ano, enquanto o comportamento desse indicador para o estado de Minas Gerais era de três pontos e, para o Brasil, cerca de dois pontos e meio.

As primeiras aproximações em busca das razões que desencadearam o fenômeno do desenvolvimento, tanto por meio de dados secundários quanto pelos primários, indicavam reincidências de que a cooperativa de crédito local era um elemento decisivo para a compreensão das mudanças no cenário local.

A questão de pesquisa acentuava sua relevância à medida que o aprofundamento no quadro teórico ressaltava o planejamento centralizado como ação predominante sobre o desenvolvimento nacional. Nesse sentido, havia uma importante particularidade a partir do movimento que promovia o progresso local, pois todo o processo tinha sido desenrolado por iniciativa da própria população, sem qualquer tipo de apoio governamental. Sair da corriqueira posição de passividade para, em seu lugar, assumir uma de sujeitos ativos no processo que mudaria os rumos da cidade foi o principal estímulo à discussão teórico-empírica do conceito de autodeterminação local.

Quando se fizeram notadas a escassez e a estagnação iminentes com a saída do último agente financeiro da cidade, a autoestima da população local fazia expandir reclamações e desesperanças para que a situação pudesse ser revertida. Esse fato gerou inúmeras resistências quando pequeno número de pessoas tomou a iniciativa de criar sua própria agência bancária, após frustradas tentativas de fazer retornar um banco ao município, quando recorreram ao ator político-administrativo local e a alguns deputados estaduais.

O centro da resistência local se restringiu a comentários, a provocações que menosprezavam a iniciativa, como se não fosse possível àquelas pessoas humildes contornar a situação daquele lugar que sequer despertava o interesse dos bancos. Afinal, se os bancos não se interessavam pelo município, como teria êxito uma agência bancária criada por cidadãos locais?

A criação da cooperativa de crédito inicia atividades suprindo demandas básicas, como pagar contas e descontar cheques. Mas, em seu decurso, promoveu ações típicas de um agente de desenvolvimento, exatamente naquilo que, historicamente, coube ao governo federal, e apenas recentemente tem sido articulado com a participação dos municípios. A estrutura produtiva foi alavancada e o desenvolvimento econômico alcançou o patamar anteriormente indicado.

Para iniciar o esforço de compreensão do movimento de rearticulação econômica do município, o ponto de partida foi a identificação dos atores sociais-chave no processo de retomada do desenvolvimento local. Como havia sido reincidente nos trabalhos de Arocena (2004), em São Roque de Minas a iniciativa de planejamento e ação para o desenvolvimento foi iniciativa da elite local. Essa indicação tem coerência direta com a própria condição econômica e patrimonial que difere os membros da elite da maioria da população. Essa elite não só era a que teria mais a perder com a drástica retração da economia local, como dispunha dos recursos em padrões superiores aos da maior parte da população do município. Além disso, esses atores eram lideranças com parte significativa do poder econômico-produtivo local, expressão importante da força socioterritorial, e alguns possuíam tradição como dirigentes políticos locais. Além dessa condição, eles adquirem legitimação pela capacidade de interpretar aquilo que levava à agregação coletiva, além da habilidade de gerar um bom nível de articulação entre os envolvidos, elementos-chave ao alcance do crescimento econômico local consequente.

O impulso e todo o esforço acumulado para o andamento do projeto só se tornou viável com apoio externo, mas este se tornou prontamente disponível e manteve-se por completa informalidade. Eram pessoas do território vizinho, a cidade de Iguatama, cuja cooperativa de crédito já demonstrava êxito, o que serviu de apoio decisivo para a organização formal exigida por lei para a constituição da cooperativa em São Roque de Minas. A partir desse ponto, foram articulados recursos e forças do próprio território sanroquense para a produção dos fatos necessários ao desenvolvimento do município. De uma economia estagnada a um PIB anual de mais de R$ 60 milhões em 2006 (IBGE, 2007), muitas foram as decisões e ações que partiram da Saromcredi.

Ao primeiro olhar, a recuperação da trajetória de desenvolvimento local poderia restringir-se a um retrato dos passos de uma instituição criada por iniciativa de parte da população e usada para conduzir o desenvolvimento onde seria provável apenas a passividade. No entanto, buscando por contrastes e diálogos com o quadro teórico, acumulavam-se momentos em que a cada nova apreciação dos dados ia se cristalizando um paradoxo.

A referência ao pensamento que estimula o Estado como articulador do desenvolvimento também sinaliza contraposição para a construção de um pensamento que sugira maior participação popular nesse processo. A partir dessa posição, duas conclusões tornaram-se pertinentes. Ambas derivaram de um só elemento: a centralidade do Estado no planejamento e organização do desenvolvimento nacional, característica que representa, ao mesmo tempo, tanto uma fragilidade quanto uma força para o desenvolvimento nacional.

Historicamente, o protagonismo do Estado na articulação do desenvolvimento tem alijado desse processo a manifestação política da população. Mas esse fato não deve sugerir um desmerecimento ou sufocamento da ação do Estado. A nenhuma outra instituição cabe a lógica que lhe é própria, de garantir os princípios da justiça tanto distributiva quanto participativa. É o Estado que deve "disciplinar a distribuição social da riqueza e comandar a inserção nacional dos interesses multinacionais, o que lhe outorgou a posição decisiva na reprodução econômica, social e política", como reforça Fiori (1990:6). É ele, portanto, o agente privilegiado para avaliar e realizar a síntese das inúmeras cadeias de reações provocadas pelas várias decisões emanadas do espaço nacional pelas determinações das instâncias internacionais que nos alcançam. É, portanto, o Estado um agente fundamental para a organização e manutenção da força do mercado e do sistema capitalista para a geração de riqueza.

O Estado continua sendo o sujeito do desenvolvimento por natureza, mas também deve se sensibilizar no sentido de intensificar negociações com a sociedade, entendendo suas demandas políticas e acentuando que o público não é só o governo, o que expande a ideia de políticas públicas para além da exclusividade governamental; uma reafirmação do papel do Estado como mais amplo que o de governo. No entanto, estando o Estado brasileiro estreitamente associado à burguesia industrial e financeira nacional, o que se acumula é a promoção de um desenvolvimento fortemente influenciado por interesse dessa burguesia, posição que tem tornado difícil a realidade dos municípios que não representam atrativos diretos à acumulação capitalista dos industriais.

Em contextos marcados pelo neoliberalismo, o Estado tende a priorizar as finanças em detrimento da produção, e a privilegiar os centros dinâmicos em vez dos menos expressivos, como se a sociedade pudesse ser reduzida à referência econômico-financeira. Sendo desinteressante ao sistema econômico mundial e pouco comum a participação das pessoas na reversão de quadros econômicos desfavoráveis, como o sistema de atores dessa pequena cidade reverteu a situação?

As ocorrências no local de estudo guardam em si uma experiência importante. Empiricamente, por revelar possibilidades distintas das usuais, caso do rompimento inicial posto em prática. Mas, à medida que benefícios decorridos da autodeterminação se acumulam, logrando patamares mais intensos de produção e geração de renda, também se iniciam ações típicas do sistema econômico extralocal, que criou a condição de escassez que demarcou o início do processo de rompimento. Por isso, trata-se de uma experiência que conjuga igualmente traços de ruptura e continuísmo, sendo uma manifestação empírica importante para o pensamento desenvolvimentista dominante.

O processo de autodeterminação local rompeu com a passividade de esperar que determinações extralocais atingissem o território e promovessem seu crescimento, marcando esse momento inicial como uma rescisão da estrutura predeterminante de comportamentos coadjuvantes frente a projetos de desenvolvimento.

A manifestação do desenvolvimento local revelou que a estrutura produtiva se distanciou de uma situação de "enclave", deixando de ter um sistema de decisões exógeno, no qual a maior parte do excedente produtivo gerado era captada pelos agentes financeiros atuantes localmente, mas com sedes distantes do município, para ser paulatinamente endogeneizado pela autodeterminação local, possibilitando impulsos transformadores do processo estrutural de desenvolvimento. Nesse sentido, muitos foram os benefícios econômicos e sociais para o município.

Outra consideração importante refere-se à interação da elite dirigente com um dos atores político-administrativos do município. As entrevistas evidenciaram privilégios à organização produtiva dos que se encontravam estabelecidos, os prósperos agricultores locais – não coincidentemente, parte significativa dos fundadores da cooperativa, e setor mais expressivo no retorno dos investimentos, fazendo incidir no território local o movimento marcante da história do desenvolvimento nacional. Esse fato reforça os limites das mudanças que poderiam alcançar uma parcela maior da população.

Alguns esclarecimentos são válidos para justificar o fato de o setor agrícola ter sido privilegiado no destino dos investimentos. Inicialmente, porque a própria Saromcredi surge como uma cooperativa de agricultores, limitação definida por legislação. Além disso, não havendo indústrias no local, e sendo premente a rearticulação econômica para a reversão do quadro de esvaziamento de fluxos financeiros, que outro setor poderia trazer retornos mais rápidos e dinâmicos do que o agrícola? Deve-se considerar, ainda, que se trata de uma prática tradicional desse espaço. Era a partir do setor agrícola que ainda havia alguma movimentação financeira em São Roque de Minas.

Frente aos aspectos que retratam as iniciativas da elite local na dinamização do projeto de futuro, vale destacar que o projeto de desenvolvimento articulado em São Roque de Minas não pode ser considerado uma alternativa de contornar qualquer deterioração de termos de troca entre o local e o extralocal. No município, o momento que antecede a idealização do projeto exprimia trocas ínfimas a partir da economia local com instâncias extralocais, tornando sua elite desacreditada. Mesmo assim, é ela quem exerce o protagonismo da nova fase, e, diferentemente do que costuma ocorrer na dimensão nacional, desenrolou-se um projeto mais sensível a uma fração mais expressiva da sociedade, e não restrita a si, pelo menos nos níveis do que ocorrera na dimensão nacional.

Mais uma vez, a capacidade de promover um desenvolvimento agregador no nível local foi significativamente mais bem-sucedida do que em nível nacional. Evidências foram notadas neste estudo, porém o que se deve observar é a permanência na condição que prioriza o setor agrícola. Mesmo a cooperativa de crédito tendo ampliado a possibilidade de adesão para qualquer tipo de cooperado, e não mais e exclusivamente agricultores, chegando a promover várias iniciativas de relevância social, como na construção de creche, asilo, escola, associação comercial, entre outras, poucos setores foram ativados por ela com o mesmo afinco que o agrícola. Os riscos mais eminentes parecem ser, justamente, os advindos do próprio crescimento e modernização da agricultura, que atrai mão de obra, mas desemprega pela mecanização (que gera renda), sendo concentrada e inserida no encadeado sistema de produção mundializado das transnacionais, fato que torna pertinente ao território estudado, mantidas as condições da análise, sua potencial fragmentação.

A partir da decisão da elite dirigente local de sair da situação inicial de urgência, na qual as metas eram de curto prazo, para passar a articular o destino do município com investimentos e retornos de termos mais longos, acumularam-se decisões que emergiram do pensamento de longo prazo e originadas por uma dinâmica endogeneizada que ajuda a evitar que o território seja considerado apenas na dimensão mercadológica, como produto à venda, mas sim como objeto de sua gente.

Uma das decisões que trouxe retornos para a economia local refere-se à formação e destino do excedente gerado, que fica restrito aos limites da economia local. O agente financeiro institucionalizado prioriza a manutenção dos ganhos produtivos provenientes da agricultura no próprio local, financiando novas unidades produtivas e intensificando as existentes. Evitou-se, assim, o empréstimo de capital externo, aliviando compromissos que poderiam sufocar o andamento do projeto ao diminuir as riquezas geradas pelo pagamento de juros.

Essas indicações permitem anunciar a iniciativa de desenvolvimento estudada como típica de uma organização política que coordenou valores locais rumo à conquista de melhores condições de vida para a maioria da população, confrontando processos políticos sufocantes e acionados da elite para a base da pirâmide social.

A força para reverter a lógica do desenvolvimento foi identificada, mas não significa que tal fato possa ser feito pela simples escolha de um indivíduo e em um curto espaço de tempo. Essas são questões que demandam legitimação, acordo, conflitos e cooperações dinamizadas em meio a relações de poder, que paulatinamente contam com atores extralocais, tendendo a dificultar as mudanças.

Um rompimento mais expressivo com as diretrizes estruturantes da econômica política internacional mostrou-se, na análise da realidade de São Roque de Minas, de difícil manifestação. Não se insere, portanto, entre os movimentos que podem ser apontados como um desenvolvimento de expressão alternativa. Nesse sentido, guarda traços de um desenvolvimento como expressão do capitalismo periférico, um elo do crescimento total. E seria mais representativo se fosse concebido como alternativa, o que significa que não poderia reproduzir a forma estrutural, como alertou Oliveira (2001).

Nessa situação, em que o novo aparece como expressão de continuidade, ainda é possível ressaltar que, pelo menos, trata-se de uma manifestação de erros derivados da iniciativa da população, e não por ordem impositiva externa ao território local, ou sua não ocorrência pela omissão, que se faz traço comum no país. Nesse caso, ao mesmo tempo estar-se-ia projetando sobre o território o desenvolvimento e a cidadania, expressos por meio de conflitos, expressão natural da vida política cotidiana e passo fundamental para o amadurecimento dos cidadãos locais, afastando a perspectiva neoliberal de uma cidadania não conflituosa. É preciso tentar, errar e amadurecer a atitude política dos cidadãos como participantes ativos de seus destinos. Nesse sentido, é grande a relevância do que vêm passando os habitantes de São Roque de Minas.

A autodeterminação local minimizou o desestímulo neoliberal à participação popular, no que se refere aos movimentos organizativos dos trabalhadores, fazendo crer que não seria somente por meio deles a única forma de organização social de oposição e mudança de cenários. A consciência de classe não se faz mais nítida, mas ainda é de grande potencial a conscientização dos excluídos, sejam eles trabalhadores ou não.

Também foi percebida a fraqueza do PIB como referência aos processos de desenvolvimento. Na análise de dados secundários a partir de jornais e revistas impressos ou em forma digital, ele foi o maior destaque dado ao município. No entanto, como foi possível observar, seu crescimento não significou o compartilhamento da riqueza gerada. Confirmam-se, assim, indicações já abundantes na literatura, uma vez que esse indicador capta a medida da produção, mas lhe escapa a qualidade desse crescimento. Dessa forma, seu uso como vetor de indicação da direção a ser tomada prioriza a quantidade e a velocidade produtiva, fazendo sobrepor a lógica do dinheiro a questões socioeconômicas e políticas.

Por fim, volto-me para indicações sobre as condições que aparentam ser propícias à autodeterminação, assim como os elementos que dão sentido ao termo, considerando os achados desta pesquisa. Trata-se de um movimento que tende a se manifestar quando é percebido, em determinados territórios, estados de carência ou estagnação econômico-produtiva cuja reversão é iniciada, em projeto e prática, a partir do esforço coletivo de atores da própria comunidade. Nessa dinâmica, sua emersão desenlaça-se onde a intervenção extralocal é pouco provável ou inexistente, seja ela pública ou privada.

Sua manifestação, então, conta com um compromisso da elite dirigente local ao colocar em movimento o projeto de futuro no qual a liderança de um dos atores é fundamental para contornar dúvidas que paralisam o movimento, papel geralmente ocupado por quem é reconhecidamente detentor do saber técnico e da história de envolvimento e identidade com o local alvo do desenvolvimento. Ainda são decisivas a força de coesão dos laços de amizade e a facilidade de convívio (típico de pequenas cidades), fatores que refletem outra característica importante: a informalidade, que torna possível a agilidade para contornar os obstáculos que surgem em contraposição ao andamento do projeto. Resulta dessa proximidade o agregar de forças que garante ao grupo envolvido a continuidade do projeto independentemente de apoio do Estado e de seus atores político-administrativos.

Mesmo sendo uma manifestação intensamente identificada com a capacidade dos atores locais de agirem em favor do desenvolvimento desse território, foi decisiva a participação de instâncias extralocais, mesmo que de forma pontual e especialmente no início do projeto. Esses contatos foram com atores do entorno geográfico do território, onde são comuns a identificação de dificuldades compartilhadas e uma nítida informalidade na interação. Assim, situações iniciais de grande dependência nas relações extralocais devem levar ao alcance de maior poder de negociação, à medida que a força de sua economia auto-organizada se fortalece. Dependia, então, para ser viabilizada, da capacidade de resposta erigida pela elite dirigente.

A viabilidade do projeto autodeterminado é maior dependendo do grau de legitimação atingido pelo grupo, o que depende diretamente da capacidade do mesmo em alcançar os demais setores que não somente os de base produtiva e econômica e, dentro deles, um maior número de atores. Assim, deve ser capaz de envolver os setores sociais, econômicos e políticos locais. A legitimação, assim como a sustentabilidade do desenvolvimento resultante, deriva da capacidade da elite dirigente de compreender tanto a estrutura quanto o contexto. Entendo que é mais duradoura e agregadora quanto mais for regida por uma natureza endógena compartilhada, especialmente na geração e destino dos excedentes criados localmente. Mesmo que a capacidade de resposta diferenciada erigida em réplica ao contexto de escassez seja iniciada apenas no nível do discurso, deve orientar-se pela perspectiva da construção, sempre buscando alcançar mais setores e atores da realidade local enquanto processo de desenvolvimento, procurando elevar sua capacidade de resposta.

Outro traço marcante do processo de autodeterminação local para o desenvolvimento é que, mesmo sem apoio do ator político-administrativo, suas ações não cessaram. Novamente, isso é possível pela legitimação alcançada, pelo compartilhamento de valores locais e da capacidade de manter em andamento respostas que se diferenciam por serem agregadoras e promotoras de oportunidades para novos atores locais.

Nota-se que a identidade local esteve presente desde o primeiro momento da sustentação do projeto: a identificação coletiva em relação a uma situação prejudicial a todos, tornando a estratégia de saída um projeto que, paulatinamente, foi compreendido como de compromisso dos que compartilhavam a situação identitária reconstituída. Como já percebido, a identidade local firma-se como força de coesão da autodeterminação local, manifestada pelo apego à região e ao compartilhamento do cotidiano.

Espero que tantas ressalvas ao rico processo promotor do desenvolvimento local em São Roque de Minas fiquem mais claras a partir das percepções que tive da conjunção entre a força da modernização e a identidade local. Tendo o ímpeto modernizador se tornado orientação desde que a Saromcredi assume decisões desenvolvimentistas, valores de inovação e crescimento produtivo e econômico tornam-se referências às mudanças do espaço local. Por isso, indiquei como provável que, a cada avanço à modernidade, a potencialidade de agir por estímulo a uma identidade local pudesse ser incitada, levando a esse lugar um movimento capaz de ignorar as territorialidades, sufocando e também homogeneizando os costumes, hábitos e modos de conduta.

Como me disse um dos entrevistados, "a necessidade é a mãe da invenção", mas o poder local constituído para a viabilidade do projeto e fonte da rica diferença do desenvolvimento de São Roque de Minas, ao ser objeto de estudo acadêmico, contribui para que teóricos e praticantes que procuram alterações na ordem vigente de exclusão possam aproximar-se e discutir o país.

O poder local compõe um eixo estratégico de transformação social, carregando em si a esperança de que novos movimentos e ações locais possam adicionar diferenças para conjugar mercado e planejamento econômico-social. É preciso transformá-los, pois são dois dos mais influentes mecanismos de controle da sociedade moderna. É necessário minimizar a força dogmática do primeiro e a extrema centralização do segundo, principais responsáveis pelas heranças de heterogeneidades do território nacional.

A autodeterminação local será movimento de transformação na medida em que estiver sustentada por interesses locais, quando associada a uma dimensão que torne possível a contraposição a determinações advindas de fora do território, valorizando a participação do cidadão local nas determinações de seu próprio território. Nesse sentido, trata-se de uma expressão das tradições e culturas locais, conjugando memória autobiográfica com memória histórica, sendo, portanto, uma afirmação essencialmente social, organizada nos termos do poder local, cuja constituição emana das relações pertencentes a grupos locais. Isso porque uma sociedade local existe não só quando há geração de riqueza local, mas pelo fato de a produção dessa riqueza ser objeto de negociação entre os grupos socioeconômicos que se tornam estruturantes principais do sistema local de relações de poder.

Entendo que tais conjugações sustentam a tese de que os níveis produtivos, econômicos e sociais dos municípios de pequeno porte do vasto território nacional podem ser mais bem articulados a partir de uma perspectiva de desenvolvimento marcada por uma dinâmica de relações que favoreça a autodeterminação local. Situação propícia ao amadurecimento da condição política de participação e intervenção das pessoas naquilo que se refere ao local em que vivem.

Conclusão

A iniciativa analisada, entendida por autodeterminação local, originou-se de poucas pessoas que, sob liderança de uma delas, assumiram posição de repulsa a qualquer alternativa que não fosse ficar no município onde nasceram e formaram sua identidade. Ademais, foi fundamental o complemento dado pelo apoio extralocal, mais precisamente o advindo de um município vizinho, mantido por completa informalidade. Mediante intensa articulação de forças e recursos próprios desse território, foram produzidos os fatos necessários ao seu desenvolvimento.

Ao manter contrastes e diálogos entre o quadro teórico e a realidade empírica, deparei-me com momentos em que se cristalizava um paradoxo. Empiricamente, por revelar possibilidades de rompimento, pela ação autodeterminada, contra a passividade política e o sistema econômico dominante, mas também de continuísmo, na medida em que esse grupo de indivíduos logra patamares mais intensos de produção e geração de renda, manifestando-se coerentemente com padrões do sistema econômico extralocal. A autodeterminação local estudada rompeu com a passividade de esperar que determinações extralocais atingissem o território e promovessem seu desenvolvimento. Inicialmente, uma rescisão da estrutura predeterminante de comportamentos coadjuvantes frente a projetos de desenvolvimento, e, com o tempo, decisões que refletem prática já comum, que privilegia atividades já dinamizadas e a concentração de renda. Daí as características estruturais da sociedade serem importantes elementos determinantes de nosso comportamento.

O desenvolvimento local decorreu de um sistema de decisões exógeno, no qual a maior parte do excedente produtivo gerado era captada pelos agentes financeiros existentes até 1991, para ser paulatinamente endogeneizado pela autodeterminação local, possibilitando impulsos transformadores do processo estrutural de desenvolvimento.

A autodeterminação local formou-se segundo um movimento próprio de um estado de carência ou estagnação econômico-produtiva cuja reversão é iniciada, em projeto e prática, a partir do esforço coletivo de atores da própria comunidade. Uma dinâmica cuja emersão se dá onde a intervenção extralocal é pouco provável ou inexistente, seja ela pública ou privada.

A autodeterminação resulta da combinação de um impulso de ordem pessoal, em que os interesses de cada ator, tanto os de ordem material, imaterial ou social refletem um querer agir para a comunidade, com direta sustentação do nível de identidade local. Sua manifestação conta, então, com o compromisso da elite dirigente local, em que a liderança de um dos atores é fundamental para contornar dúvidas que paralisam o movimento, papel geralmente ocupado por quem é reconhecidamente detentor do saber técnico e da história de envolvimento e identidade com o local do desenvolvimento. A viabilidade do projeto autodeterminado é maior dependendo do grau de legitimação atingido pelo grupo, o que depende da capacidade do mesmo em alcançar os vários setores da sociedade local e manter a natureza endógena compartilhada, especialmente na geração e destino dos excedentes criados localmente. Ainda são decisivas a força dos laços de amizade e a facilidade de convívio, informalidades que viabilizam o contorno dos obstáculos que surgem, garantindo ao grupo a continuidade do projeto independentemente do apoio do Estado e de seus atores político-administrativos. Também foi importante a participação de instâncias extralocais com dificuldades compartilhadas, com nítida informalidade na interação.

Como o território é o nexo entre um lugar específico e todos os outros lugares (Rullani, 1997 apud Saquet, 2007), o que parece explicar a evolução ampla de sua economia está mais próximo de uma revolução produtiva do que de uma revolução burguesa. E, em vez de estar relacionado ao desenvolvimento nacional, como em Oliveira (2003), percebe-se essa dinâmica também nesse espaço local. Por fim, estando vinculada às tradições e culturas locais, conjugando memória autobiográfica com histórica, a autodeterminação local é uma afirmação essencialmente social e será movimento de transformação na medida em que estiver sustentada por interesses locais, contrapondo-se a determinações advindas de fora do território ao valorizar a participação do cidadão local nas determinações de seu próprio território.

Limitações e propostas de discussões

Limitações são partes inerentes e fontes constantes de aprendizado sobre o processo de pesquisa. Em destaque a dificuldade em perceber, nos depoimentos, o sentido da informação gerada em meio ao otimismo dos entrevistados com o desenvolvimento local, que foi generalizado. Em todas as entrevistas, foi marcante o contágio da ideia de sucesso da iniciativa local nas falas dos entrevistados. Nesse sentido, teria sido mais rica e proveitosa uma permanência mais duradoura no município, aproximando-me de um esforço etnográfico. A convivência mais longa na recuperação do passado local seria, pelo menos, um alento a essa percepção.

No entanto, a decisão sobre o tempo de permanência decorreu da própria saturação dos dados e da reincidência nas sugestões de nomes para novas entrevistas, seguindo a estratégia de "bola de neve" planejada. Foi justamente pela saturação que adveio a segurança para, em meio à brevidade do tempo ainda disponível para o término do estudo, decidir por encerrar a coleta de dados por meio de entrevistas.

Talvez essa segurança seja percebida como um excesso de confiança, e, portanto, uma limitação do processo de coleta de dados da pesquisa, mas não é fácil abstrair-se dela quando sua ênfase é qualitativa.

Nesse mesmo sentido das características da pesquisa qualitativa, a herança positivista costuma identificar como uma limitação a falta de detalhes sobre os processos por meio dos quais as conclusões são alcançadas. Como em outros casos, da mesma forma que essa pode ser uma limitação é também sua maior qualidade, pois a ênfase é no processo interpretativo do pesquisador, em que pouco ou nenhum apoio matemático minucioso é empregado por ele, senão o próprio esforço de abstração.

Como se buscou situar as opiniões dos entrevistados em um processo mais abrangente de análise histórica e estrutural, espera-se que os resultados alcançados tenham ido além das aparências superficiais do processo de pesquisa, resultante de conexões teórico-empíricas norteadas pelas categorias definidas para a análise.

Reconhecendo a necessidade de novos aprofundamentos sobre os achados desta pesquisa, há expectativa de que novos estudos procurem avançar nas possibilidades de o Estado ser mais democratizado em suas ações de desenvolvimento, sem que seja abandonado seu papel de dirigente do processo, para o qual não há outro agente com mesma lógica e talento. Afinal, em 2013 os municípios com até 20 mil habitantes representam cerca de 70% dos municípios brasileiros (IBGE, 2013), muitos em condições similares de escassez de alternativa às de São Roque de Minas no início da década de 1990.

Também colaborariam para fortalecer a discussão sobre o conceito de autodeterminação local investigações que abordassem territórios que, diferentemente de São Roque de Minas, exprimissem iniciativas potenciais de autodeterminação local cuja emersão seja coincidente com intervenções extralocais, sejam elas públicas ou privadas. Nesse caso, suponho, as relações de poder e o processo de legitimação poderiam ter uma dinâmica bastante distinta do local de meu estudo.

Em relação à especificidade da realidade estudada, sugiro que sejam investigadas, por não ter reunido dados suficientes para tanto, as razões que deixaram a histórica produção de queijos (atividade que sempre esteve presente no município) ficar praticamente alheia ao processo de desenvolvimento local, uma vez que são aproximadamente mil produtores, mas menos de 10 os que são capazes de vender em conformidade com o que exige a vigilância sanitária. Isso, desconsiderando o potencial mercadológico dessa produção, ainda não dinamizado. Ou seja, por que há constituída uma lentidão onde há tanta dinamização? Seria expressão de resistências dos próprios produtores? Mas por que teria sido possível dinamizar outros setores da produção rural e este não? São questões que podem ajudar a trazer mais esclarecimentos sobre a qualidade da dinâmica que se desenrola nesse território e alerta para outros que entendem como pertinente a possibilidade da autodeterminação local.

Referências

AMARAL, M. et al. Entrevista com Milton Santos. *Caros Amigos*, n. 17, 1998. Disponível em: <http://blog.controversia.com.br/2007/09/13/entrevista-milton-santos-na-revista-caros-amigos-1998/>. Acesso em: 15 out. 2007.

AROCENA, J. De las ciencias sociales internacionales. *Boletin Electrónico Centro de Investigaciones Psicológicas e Sociológicas*, Havana, ano 1, n. 3, p. 18-41, nov. 2004. Taller internacional sobre desarrollo local.

ASSEMBLEIA LEGISLATIVA DO ESTADO DE MINAS GERAIS (ALEMG). Comissão Especial do Cooperativismo. *Relatório final*. Belo Horizonte: Alemg, 2006.

BANCO MUNDIAL. Dados do Banco Mundial mostram taxas de crescimento convergentes entre as regiões em desenvolvimento. *Press Release n. 2006/363/DEC*. Disponível em: <http://web.worldbank.org/wbsite/external/extrussianhome/newsrussian/0,,contentmdk:20897845~iscurl:y~pagepk:64257043~pipk:437376~thesitepk:1081472,00.html>. Acesso em: 7 jul. 2007.

BLACKBURN, S. *Dicionário de filosofia*. Rio de Janeiro: Zahar, 1997.

BORON, A. A nova ordem imperial e como desmontá-la. In SEOANE, J.; TADDEI, E. *Resistências mundiais*: de Seattle a Porto Alegre. Petrópolis: Vozes, 2001. p. 37-88.

BRANDÃO, C. A. Teorias, estratégias e políticas regionais e urbanas recentes: anotações para uma agenda do desenvolvimento territorializado. *Revista Paranaense de Desenvolvimento*, Curitiba, n. 107, p. 57-76, jul./dez. 2004.

BRESSER-PREREIRA, L. C. *Rangel*: ciclos longos e dualidades. 2006. Disponível em: <www.bresserpereira.org.br>. Acesso em: 7 jul. 2007.

CHAUI, M. de S. A ética da política. In: GUIMARÃES, J. (Org.). *Leituras da crise*. São Paulo: Fundação Perseu Abramo, 2006. p. 17-57.

CHOMSKY, N. *O lucro ou as pessoas*: neoliberalismo e ordem global. 3. ed. Rio de Janeiro: Bertrand Brasil, 2002.

DOWBOR, L. *Democracia econômica*: no horizonte das teorias. 2006. Disponível em: www.dowbor.org/artigos.asp. Acesso em: 6 jun. 2007.

FIORI, J. L. *Para pensar o papel do Estado sem ser um neoliberal*. Rio de Janeiro: UFRJ/IEI, 1990.

FISCHER, T. Poder local: um tema em análise. *Revista de Administração Pública*, Rio de Janeiro, v. 26, n. 4, p. 105-113, out./dez. 1992.

FURTADO, C. *Em busca de um novo modelo*: reflexões sobre a crise contemporânea. Rio de Janeiro: Paz e Terra, 2002.

____. *Formação econômica do Brasil*. 34. ed. Rio de Janeiro: Companhia das Letras, 2007.

GAVA, R. *Autodeterminação local e desenvolvimento*: uma análise da dinâmica social no município de São Roque de Minas. Tese (doutorado em administração) – Escola Brasileira de Administração Pública e de Empresas, FGV, Rio de Janeiro, 2009.

GOULART, S. Uma abordagem ao desenvolvimento local inspirada em Celso Furtado e Milton Santos. *Cadernos EBAPE.BR*, v. 4, n. 3, 2006.

IANNI, O. *Teorias da globalização*. Rio de Janeiro: Civilização Brasileira, 1994.

INSTITUTO BRASILEIRO DE GEOGRAFIA E ESTATÍSTICA (IBGE). Diretoria de Pesquisas. *Cadastro central de empresas*. 2005. Disponível em: <www.ibge.gov.br>. Acesso em 29 out. 2008.

____. *Contas Nacionais, n. 22*: produto interno bruto dos municípios 2002-2005. Rio de Janeiro: IBGE, 2007.

____. *Perfil dos municípios brasileiros*. 2013. Disponível em: <www.ibge.gov.br/home/estatistica/economia/perfilmunic/2013/defaulttabzip_ods.shtm>. Acesso em: 24 jul. 2014.

LIMA, R. E. *Cooperativismo de crédito*: o caso de São Roque de Minas. 2003. Trabalho de conclusão de curso (especialização) – Instituto de Educação Continuada, PUC Minas, Belo Horizonte, 2003.

MARX, K. *Contribuição à crítica da economica política*. 2. ed. São Paulo: Expressão Popular, 2008.

MATUS, C. *Estratégias políticas*: chimpanzé, Maquiavel e Buda. São Paulo: Fundap, 1996.

OLIVEIRA, F. *O ornitorrinco*: crítica à razão dualista. São Paulo: Boitempo, 2003.

____. Política numa era de indeterminação: opacidade e reencantamento. In: ____; RIZEK, C. S. (Ed.). *A era da indeterminação*. São Paulo: Boitempo, 2007. p. 15-45.

OLIVEIRA, I. C. E. *Estatuto da cidade*: para compreender... Rio de Janeiro: Ibam/Duma, 2001.

RIZEK, C. S.; PAOLI, M. C. Depois do desmanche. In OLIVEIRA, F.; RIZEK, C. S. *A era da indeterminação*. São Paulo: Boitempo, 2007. p. 7-11.

RANGEL, I. *Dualidade básica da economia brasileira*. Rio de Janeiro: Iseb, 1957.

SADER, E. Hegemonia e contra-hegemonia para um outro mundo possível. In: SEOANE, J.; TADDEI, E. *Resistências mundiais*: de Seattle a Porto Alegre. Petrópolis: Vozes, 2001. p. 122-145.

SANTOS, M. O retorno do território. In: ____; SOUZA, M. A. A. (Org.). *Território*: globalização e fragmentação. 4. ed. São Paulo: Hucitec, 1998. p. 15-20.

____. Dinheiro e território. *Geographia*, ano 1, n. 1, p. 7-13, 1999.

____. *Por uma outra globalização*: do pensamento único à consciência universal. 10. ed. Rio de Janeiro: Record, 2000.

SAQUET, M. *Abordagens e concepções de território*. São Paulo: Expressão Popular, 2007.

VIEIRA, M. M. F. Por uma boa pesquisa (qualitativa) em administração. In: ____; ZOUAIN, D. M. (Org.). *Pesquisa qualitativa em administração*. Rio de Janeiro: FGV Ed., 2004. p. 13-28.